貨幣銀行學

理論與實際

例題解析

謝德宗
謝玉玫　著

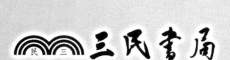

三民書局

國家圖書館出版品預行編目資料

貨幣銀行學:理論與實際例題解析 / 謝德宗,謝玉玫
著.－－初版一刷.－－臺北市:三民,2005
　　面；　　公分

　ISBN 957-14-4137-6　(平裝)
　1.貨幣－問題集 2.銀行－問題集

561.022　　　　　　　　　　　　　93018711

網路書店位址　http://www.sanmin.com.tw

© 　**貨幣銀行學**——理論與實際
　　例題解析

著作人　謝德宗　謝玉玫
發行人　劉振強
著作財
產權人　三民書局股份有限公司
　　　　臺北市復興北路386號
發行所　三民書局股份有限公司
　　　　地址／臺北市復興北路386號
　　　　電話／(02)25006600
　　　　郵撥／0009998-5
印刷所　三民書局股份有限公司
門市部　復北店／臺北市復興北路386號
　　　　重南店／臺北市重慶南路一段61號
初版一刷　2005年1月
編　　號　S 562210
基本定價　陸元肆角
行政院新聞局登記證局版臺業字第○二○○號

編輯大意

1. 本書係以貨幣銀行學——理論與實際為基礎而編撰的題庫。

2. 本書分成課本的習題解答與題庫兩部分。

3. 題庫內容涵蓋選擇題、問答題與計算題等三部分。

4. 題庫內容多數係由實際現象出發，要求以相關的理論來作答，目的在於提供讀者能夠將貨幣銀行理論運用至解釋實際問題。

5. 題庫中的問答題部份，本書僅提供摘要式的簡要答案，提供核心的答案內容，實際完整的答案仍需由讀者參閱課本自行作進一步發揮。

6. 本書嘗試從不同角度來設計題庫內容，以期使讀者針對同一現象，能有不同的思考方向。

貨幣銀行學──理論與實際 例題解析

目　次

1

第一篇

貨幣與
金融創新

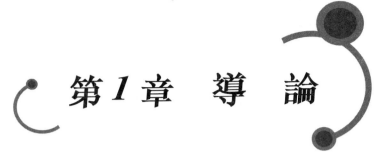

第1章 導 論

 習題解答

問答題

1. 銀行業與製造業對生產成本的看法有何差異?

解析 製造業採取買斷策略僱用生產因素,決策過程在於創造產品的附加價值最大,決策重點在於評估資本與勞動僱用成本的相對變化,非必要時並不討論原料成本波動的影響。金融業採取租賃策略僱用金融投入,採取買斷策略僱用勞動與資本等實體投入,支付實質成本(工資與資本使用成本)占營運成本比重極小,使用金融投入的成本(利息支出)占明顯重要比例,使用不同資金來源的比例決策焦點。

2. 試評論有關金融業營運的敘述:(a)在分析金融業決策行為時,損益表與資金成本將是觀察重點。(b)金融業營運風險主要來自資金來源與資金用途。(c)銀行產品與投入的區分極為清楚,兩者在銀行市場均屬租賃性質。

解析 (a)金融業決策係以觀察資產負債表變化為重點,只要掌握資產與負債組合變化,再加上預估資產報酬率與資金成本變化趨勢後,將可掌握預期營運成果。

(b)金融業募集資金,經過徵信調查進行授信活動,獲取利率差價而獲利。不過金融業募集資金必須承擔還本付息的財務風險,以及隨時面對要求提款的風險,從事資金運用將面臨倒帳風險,此即營運風險的主要來源。

(c)金融業的生產程序複雜無從確知,提供金融勞務多數屬於複合產品,使用的金融投入亦具有提供勞務性質,無法清楚區分銀行產品

與投入的差異性，不過兩者在銀行市場均屬租賃性質。

3.試比較銀行業與製造業募集資金時，有何差異之處？

製造業僅能採取間接金融（向銀行與壽險公司舉債融資）或直接金融（在資本市場與貨幣市場發行證券）募集資金。金融業（以銀行為核心）除可在存款市場向大眾吸收存款資金外，亦可向央行或金融業拆款市場借入短期資金，或在金融市場（資本市場與貨幣市場）發行證券募集長短期資金。

4.當銀行提供資產轉換勞務與經紀勞務時，扮演角色有何差異？

銀行提供資產轉換勞務，係吸收存款資金，經過徵信調查進行放款，將會轉變資金性質，賺取存放款利率的差價。銀行提供經紀勞務時，僅是扮演經紀商角色，並不涉及資金運用，賺取手續費收入。

5.直接金融與間接金融提供的金融勞務有何差異性？

直接金融係指由金融廠商居中撮合盈餘單位與赤字單位資金的互通有無，提供經紀勞務。間接金融係指金融廠商吸收資金，經過徵信調查進行放款，提供資產轉換勞務。

題 庫

選擇題

1.郭靖觀察世華銀行董事會如何推動業務後，何種看法將屬錯誤？ (a)世華銀行營運成果將與資產負債表、資金成本（或報酬率）變化有關 (b)世華銀行營運風險主要來自資金來源與資金用途 (c)世華銀行營運所需使用的因素投入均屬租賃性質 (d)資訊不對稱係世華銀行須考慮資本適足性的原因之一

2.第一銀行董事會擬定經營決策時，必須掌握的正確資訊內容為何？ (a)擬定

股利政策，應先提 10% 的法定盈餘公積　(b)銀行產品係在創造實質產權效用　(c)使用金融投入係採租賃策略　(d)強調損益表內容的變化甚於資產負債表內容

3. 李教授參與農民銀行董事會的運作後，對推動農銀業務的建議，何者屬於錯誤？　(a)觀察損益表的營運收入與營運成本變化，即可預期未來的營運績效　(b)銀行出售融資性商品與僱用金融投入均採取買斷策略　(c)推動土地證券化將可解決不動產抵押放款的流動性匱乏問題　(d)董事會經常討論逾放比例對資本適足性的影響

4. 廠商從事生產活動，何種性質係屬正確？　(a)形式效用係指廠商創造的附加價值，商品型態未必需要改變　(b)銀行提供客戶匯款業務，將資金從臺灣匯往美國，此即提供地方效用　(c)壽險公司提供 20 年期壽險保單，此即提供時間效用　(d)金融業提供資產轉換服務，此即提供金融性產權效用

5. 有關製造業的營運特質，何者正確？　(a)製造業屬於初級產業　(b)製造業當期生產的商品，可能在下期才出售，故將同時提供時間效用　(c)透過改變商品型態，創造形式效用吸引人們購買　(d)廠商營運收益以從事實質生產活動為主要來源

6. 在營運過程中，中國商銀採取的產銷模式，何者正確？　(a)從事資金與證券的交換業務，並未涉及實質生產活動，營運風險相對較低　(b)提供的金融商品與金融投入的性質完全不同　(c)多數採取租賃策略銷售金融商品　(d)決策模式係以損益表為觀察重點

7. 有關金融循環流程特質的敘述，何者錯誤？　(a)盈餘單位透過金融廠商與金融市場安排資產組合　(b)赤字單位在金融市場將屬於資金需求者　(c)慶豐銀行以賺取存放款利差為主要收益　(d)國際證券以提供資產轉換勞務為主

8. 比較台塑石化與中國商銀的營運性質，何種差異性係屬正確？　(a)兩者在營運過程中，同屬創造形式效用　(b)兩者募集營運資金方式相同　(c)台塑石化的營運風險來源，主要在於從事實體投資活動　(d)兩者營運獲利，董事會分配股利政策不受限制

9. 銀行特質顯著異於製造業者，何種說法係屬錯誤？　(a)銀行在生產過程中通

常具有風險性與管制性 (b)銀行係屬穩賺不賠的壟斷產業,通常享有超額利潤 (c)銀行能夠明確區分投入與產出的差異性 (d)銀行係為多元化且無法具體衡量價值的金融勞務生產者

| 1.(c) | 2.(c) | 3.(a) | 4.(d) | 5.(c) | 6.(c) | 7.(d) | 8.(c) | 9.(b) |

第 2 章　貨幣的起源

習題解答

一、選擇題

1. 有關複本位制度的運作方式，何者錯誤？　(a)一國同時採用兩種商品貨幣交易，可自由鑄造與熔化，並依據法定比率兌換　(b)當法定比率與市場比率不同時，市價較高的貨幣（良幣）常被市價較低的貨幣（惡幣）驅逐，亦即發生 Gresham 法則　(c)若金銀法定比率 1:14、市場比率 1:15，則銀幣為良幣　(d)若金銀法定比率 1:16、市場比率 1:17，銀幣充斥市場

2. 在通貨膨脹期間，其他資產雖然擁有較佳的價值儲藏功能，不過人們仍將持有貨幣，何種理由無法解釋此種現象？　(a)流動性極高　(b)貨幣是獨特的商品，無其他代替品　(c)交易活動中唯一被接受的商品　(d)獨一無二的計價單位

3. 在惡性通貨膨脹期間，何種狀況不會發生？　(a)貨幣購買力的下降速度很快　(b)貨幣不再具有價值儲藏功能，以物易物的交易數量大增　(c)負債者承擔的實質債務價值降低　(d)央行的鑄幣稅收入大幅上升

4. 中國自宋朝開始使用紙幣後，對經濟活動影響遍及各層面，何者正確？　(a)國民習慣將紙幣視為淨財富，央行增加紙幣發行，將促使國家更趨富裕　(b)紙幣若廣泛被接受為交易媒介，體系內將無其他資產可以替代　(c)央行發行通貨總額，即是等於政府部門的實質收入　(d)紙幣與支票同屬支付工具

5. 魏晉南北朝盛行以絹帛作為交易媒介，該類商品貨幣對經濟活動造成的影響，何者錯誤？　(a)絹帛屬於支付工具，符合等值互償條件　(b)絹帛供給常有季節性變動，是以南北朝物價水準容易不穩定　(c)金融交易活動利用絹帛

作為交易媒介，將隱含直接交換的性質　(d)南北朝使用絹帛作為交易媒介，相較元朝隨意發行紙鈔流通，更能抑制通貨膨脹發生

| 1.(c) | 2.(d) | 3.(d) | 4.(b) | 5.(c) |

☰、問答題

1.何謂複式三分？貨幣功能與貨幣需求動機間的關係為何？

解析 古典學派從總體觀點著眼，認為人們持有貨幣與交易媒介、記帳單位與價值儲藏三種功能有關。Keynesian 學派從個體觀點著眼，認為人們基於交易、預防與投機等三種動機而持有貨幣。兩者均屬於解釋體系對貨幣產生需求的原因，Hicks 稱為複式三分。貨幣扮演交易媒介角色，將同時兼具記帳單位功能，兩者提供流動性，正好滿足人們持有交易動機的貨幣需求。另外，貨幣扮演價值儲藏角色，正好滿足人們持有預防動機與投機動機的貨幣需求。

2.試說明雙重慾望巧合成立的條件。

解析 雙重慾望巧合成立的條件包括：
　(1)自願交易：交換活動屬於自願。
　(2)商品品質與交換比例：商品缺乏標準化而且品質變異性極大，促使雙方必須負擔鉅額的檢驗成本。縱使交換雙方滿意對方商品，不過合理交易比例仍然茫然無知，尚須耗費時間從事議價活動。
　(3)交易成本：人們須持有商品部位靜候交換機會。
　(4)訊息不全：人們散居各地缺乏交換商品的足夠訊息。

3.試說明媒介商品要成為貨幣的條件。

(1)技術性（客觀性）：在訊息不全下，交換雙方將檢驗對手持有的商品品質，檢驗成本愈低的媒介商品，愈容易升格為交易媒介。
　(2)經濟性（主觀性）：交換雙方交付對手媒介商品時，其被接受程度

與交付者的信用評等息息相關。人們的信用評等愈高，支付媒介商品被接受程度愈高，升格為交易媒介的可能性愈大。

4.試區別交易媒介與支付工具的相異處。

相異處取決於債權債務是否清結而定，後者具有實體價值，其轉手代表交易雙方因買賣而成立的債權與債務關係完全解決；前者類似承諾，其轉手代表交易雙方原先買賣行為結束，但卻成立新的債權與債務關係，尚須從事後續的債務清償動作。

5.試說明內在貨幣與外在貨幣的相異處。

外在貨幣係以資產為基礎而發行的貨幣，在體系內並無對應的負債抵銷項目。商品貨幣實際上係由商品本身支持價值，央行發行的通貨雖有資產（如：外匯準備或財政部發行的公債）為基礎，卻因資產歸屬全民所有，理論上係基於對人民負債而發行的貨幣，不過央行賦予無限法償權利，故屬於外在貨幣範圍。內在貨幣則係基於對其他部門負債為基礎而發行的貨幣，或在體系內存在對應負債抵銷項目的貨幣。銀行發行支票帳戶允許人們簽發支票交易，卻非銀貨兩訖而需另外償債務，故歸類為內在貨幣。

6.假設體系缺乏眾人接受的交易媒介，試回答下列問題：(a) 1 張熊皮可換 5 張鹿皮或 10 斤豬肉，則熊皮價格為何？(b)上述鹿皮價格能否決定？理由是？(c)社會中出現特殊黃石為人們接受為交易媒介，1 個黃石可換 2 張熊皮，則鹿皮絕對價格為何？

(a) 1 張熊皮可換 5 張鹿皮或 10 斤豬肉，則熊皮價格為 5 張鹿皮或 10 斤豬肉。

(b)上述鹿皮價格無法決定，理由是體系內缺乏記帳單位。

(c)黃石為交易媒介，1 個黃石可換 2 張熊皮，代表 1 張熊皮值 0.5 個黃石，是以鹿皮絕對價格為 2.5 個黃石。

題　庫

一、選擇題

1. 某國採取金幣 (G) 與銀幣 (S) 同時作為交易媒介的複本位制度，金融當局規定的流動性勞務函數為 $L = 2G + 20S$，而金、銀的市場比價為 2:21，何者正確？　(a)金幣為良幣　(b)銀幣為良幣　(c)僅剩下金幣在市場流通　(d)銀幣將被人們窖藏

2. Keynes 提出流動性偏好函數，特別強調古典學派忽略的貨幣功能為：　(a)交易媒介　(b)記帳單位　(c)價值儲藏　(d)支付工具

3. 觀察貨幣與金融資產間的差異性，主要反映在何種貨幣功能？　(a)價值儲存　(b)計價單位　(c)延遲支付標準　(d)交易媒介

4. 在貨幣經濟中，人們係以貨幣型態獲取所得，有關貨幣與所得概念的差異性，何者正確？　(a)貨幣為流量概念，所得為存量概念　(b)貨幣為存量概念，所得為流量概念　(c)兩者皆屬於存量概念　(d)兩者均屬於流量概念

5. 商品若要成為體系內效率使用的貨幣，必須滿足何種必要條件？　(a)容易標準化且確定其價值　(b)被廣泛接受　(c)具有耐久性且供給量有限　(d)儲藏成本很低

6. 桃園復興鄉居民選擇採取直接物物交換策略，何種因素將被排除於評估範圍？　(a)雙重慾望巧合是否存在　(b)適當的契約單位是否存在　(c)尋覓成本與儲藏成本高低　(d)鄉民們預擬交換的商品在復興鄉內出現的機率

7. 「清朝康熙年間施行複本位制度，將銀幣與銅錢的法定交換比例訂為 1:2」。然而直到雍正年間，銀銅在商品市場的交換比例卻變為 2:5，何者正確？　(a)雍正年間將發生 Gresham 法則描述的狀況　(b)雍正年間將出現通貨替代現象　(c)康熙年間的流動性勞務曲線呈現曲線型態　(d)雍正年間僅剩下銀幣在社會上流通使用

8. 有關記帳單位與交易媒介間的關係，何者正確？　(a)衡量未來商品價值的記

帳單位必須具備實體價值　(b)體系採取貨幣作為記帳單位,記帳價格必與絕對價格一致　(c)以記帳單位或交易媒介衡量商品價值, 將與時間因素無關　(d)支付工具與交易媒介均可滿足等值互償條款

9. 針對複式三分內涵,何種說法係屬正確?　(a)在連續性市場中,交易媒介必須滿足等值互償條件　(b)在物物交換體系內,每一商品均有絕對價格與記帳價格　(c)體系若無記帳單位時,複雜的價格矩陣將容易引發套利現象　(d)預防動機出現基礎在於貨幣扮演交易媒介功能

10. 當人們選擇間接交易策略時,將會出現何種現象?　(a)為提昇交易效率,人們必然使用交易媒介　(b)人們使用支票或本票完成交易,後續的清算體系將是相互通用　(c)當體系發生通貨膨脹或通貨緊縮時,間接交易比例將會大幅成長　(d)人們運用信用工具來實現間接交易,將意味著是銀行給予間接融通

11. 歐元 (E) 自 1999 年元旦作為嶄新貨幣登上歷史舞臺後,從 2002 年元旦開始正式流通,歐元區各國原有的貨幣將退出流通,歐元成為唯一合法流通貨幣。另外,美元 (D) 作為國際性貨幣,長期在歐洲地區流通交易,亦成為歐元區各國成員持有作為交易媒介。換言之,兩種貨幣在歐元區各國流通使用,該現象反映何者正確?　(a)當歐元與美元間的匯率發生波動,Gresham 法則將會發揮作用　(b)歐元區各國的流動性勞務函數可表為 $L(E, D) = aE + bD$　(c)不論美元與歐元間的匯率如何變動,歐元區各國的交易餘額仍將同時包括兩種貨幣　(d)通貨替代現象將與 Gresham 法則同時並存

12. 隨著臺灣經濟發展邁入採取間接交換活動的層次後,何種現象將屬正確?　(a)價值儲藏工具出現將能提昇間接交易效率　(b)張三豐簽發華南銀行支票來完成間接交換活動,並非算是銀貨兩訖　(c)張無忌利用數位信用卡來清算電子商務活動,係屬於銀貨兩訖　(d)間接金融與間接交換實屬一體之兩面的活動

13. 趙敏的口袋一直保有定額的貨幣,何種說法屬於正確?　(a)基於未雨綢繆而持有交易性貨幣(交易動機)　(b)為支援反元活動所需支出而持有融資性貨幣(融資動機)　(c)基於規避經濟環境變化而持有投機性貨幣(投機動機)　(d)基於怯避股市變動風險而改持有預防性貨幣(預防動機)

14. 阿里共和國在 n 種商品中選擇玉石充當計價單位,民間並以阿國紙幣作為交易媒介,何者正確? (a)阿國的商品記帳價格共有 $\frac{n(n-1)}{2}$ 種 (b)阿國的商品記帳價格共有 $n-1$ 種 (c)阿國商品的絕對價格共有 $n-1$ 種 (d)阿國的商品絕對價格共有 $n+1$ 種

15. 黃蓉自大學畢業後,前往臺北的花旗銀行上班,在銀行要求下簽訂三年的勞動契約,黃君須如何關心自己的權益? (a)衡量勞動契約價值的契約單位無須具備實體價值 (b)勞動契約若以美元計價,記帳價格將與絕對價格相同 (c)花旗銀行係以支票支付薪水,將可滿足等值互償條款 (d)勞動契約若以臺幣計價,黃君在未來三年將面臨購買力波動的風險

16. 楚留香研讀複式三分的內涵後,將領會出何種現象係屬正確? (a)台塑公司以支票交付原料貨款,將滿足等值互償條件 (b)張三豐買賣期貨,若在未來採取現金交割,將顯示貨幣同時作為記帳單位 (c)張無忌持有交易媒介,主要在滿足交易性貨幣需求 (d)張翠山持有預防性貨幣,顯示貨幣扮演交易媒介角色

17. 雲林農民在每旬定期前往北港牛墟(間斷市場)從事牛隻與其他商品交換活動,將會發生何種狀況? (a)北港牛墟僅選定記帳單位而無交易媒介,該市集的商品將無絕對價格 (b)農民在牛墟從事交換活動,必然會將記帳單位與交易媒介合為一致 (c)牛墟必須選擇價值穩定的契約單位,農民才會樂於參與交易 (d)牛墟將會發展出價值儲藏工具

18. 臺灣金融當局自 1980 年代後期積極推動電子金融業務,金融業迅速發展出電子資金移轉制度,何種運作現象屬於正確? (a)楚留香採取信用卡消費後,將須透過央行同業資金系統進行清算 (b)蘇蓉蓉簽發支票繳納國壽的保險費,國壽將其存入第一銀行,再透過票據交換所進行多邊總額清算 (c)裕隆公司透過關貿網路系統與上下游廠商進行支付貨款與轉帳活動 (d)電子金融盛行加速促使交易媒介與契約單位分離

19. 臺東蘭嶼鄉居民從事交易活動,偏好採取以物易物的策略,交易過程中將面臨何種問題? (a)交易活動均屬直接物物交換 (b)訊息成本遠低於交易成本 (c)無法從事跨期交易活動 (d)預擬交換商品出現機率將是決定選擇直接或

間接交換的主因

20. 北宋政府發行的「交子」與南宋的「會子」是中國最早的紙幣型態，此種貨幣出現對經濟活動的衝擊，何者錯誤？　(a)南宋末期發生嚴重通貨膨脹，追根究底在於政府藉著濫發紙幣取得鑄幣稅所致　(b)縱使南宋發生通貨膨脹，人們基於交易動機仍將持有貨幣　(c)南宋政府發行紙幣融通抗金戰爭，形同向人民課徵通貨膨脹稅　(d)南宋政府發行紙幣的實質收入即是增加發行紙幣的總額

21. 原始物物交換模式在 21 世紀蛻變成透過「實物交換公司」仲介，並以各自的市場價格計算，直接進行物物交換活動。依據美國商務部統計，美國每年以實物交換的交易額 7,000 億美元，占全球交易額的 25%。在該類物物交換活動中，何種現象將會發生？　(a)符合等值互償條款　(b)記帳單位與交易媒介合為一致　(c)價值穩定的交易媒介扮演決定性角色　(d)交換雙方仍需透過支付工具清算

22. 隨著人類社會由自給自足進化至交換經濟，何種現象將會發生？　(a)直接交換效率必然低於間接交換效率　(b)價值儲藏工具出現將提昇間接交換效率　(c)人們採取電子貨幣交易將屬於銀貨兩訖　(d)使用信用卡交易係屬間接交換，而信用卡又涉及銀行給予透支的間接金融，故間接金融與間接交換實屬一體之兩面

23. 寶來投信經理人建立寶來雙盈基金組合時，強調選擇資產的流動性，何者具有高度流動性？　(a)土銀發行金融債券 200 億元上櫃，每日交易值為 200 萬元　(b)鴻海股票每日成交價格波動幅度超過 9%　(c)每日票券交易利率變異性極小　(d)興櫃股票的買價與賣價差異擴大

24. 隨著網路通訊科技發達，支付系統逐漸改採電子資金移轉制度，何者錯誤？　(a)張無忌透過網路券商買進股票，將須透過票據交換所進行清算　(b)財政部發行公債募集資金，將透過央行同業資金系統進行多邊總額清算　(c)統一企業透過關貿網路系統與廠商進行支付貨款活動　(d)張三豐透過跨行通匯系統進行跨行 ATM 提款

25. 在通貨膨脹期間，其他資產相對擁有較佳的價值儲藏功能，然而人們仍然持

有貨幣，解釋此種現象的最佳理由為何？ (a)流動性極高 (b)屬於獨特的商品,無其他代替品 (c)是交易活動中唯一被接受的商品 (d)屬於唯一的衡量價值單位

26.在惡性通貨膨脹期間，何種現象將不會發生？ (a)貨幣的價值迅速趨近於零 (b)貨幣將喪失價值儲藏功能,採取物物交換的成交數量大增 (c)債務人因實質債務價值貶低而獲利 (d)人們仍然以貨幣作為衡量契約的單位

27.貨幣在體系內扮演三大功能，在何種情況下將逐漸喪失？ (a)景氣衰退 (b)政府預算赤字過高 (c)惡性通貨膨脹 (d)貿易逆差大幅增加

28.有關流動性定義內涵的解讀方式，何者正確？ (a)當資產真實價值變動時,資產價格變動的速度 (b)貨幣流通速度 (c)貨幣流通速度的倒數 (d)資產轉換成貨幣的容易程度

29.下列敘述，何者錯誤？ (a)貨幣係所有資產中最具流動性者 (b)信用卡餘額係貨幣的一種 (c)貨幣扮演價值儲藏功能時,將會面臨機會成本 (d)物物交換環境最難克服的是交易雙方需求必須互補

30.體系若採取金本位制度，則銀行券發行制度將屬於何種型態？ (a)十足準備發行制度 (b)固定保證準備制度 (c)比例準備發行制度 (d)伸縮發行制度

31.有關貨幣性質的敘述，何者正確？ (a)現金是最具流動性之資產 (b)縱使體系內無貨幣存在,借貸信用交易情形仍可存在 (c)任何商品貨幣皆可作為交易媒介 (d)外在貨幣係體系內的淨財富

32.假設世界上僅有 A、B、C 與 D 等四個國家，A、B 與 C 三國係實施金匯兌本位制度，則 D 國採取何種貨幣制度？ (a)金匯兌本位制度 (b)金幣或金塊本位制度 (c)紙幣本位制度 (d)複本位制度

33.商品貨幣制度若僅規定最低黃金兌換數量，卻未限制人們兌換黃金的用途，此即屬於何種本位制度？ (a)金幣本位制度 (b)金塊本位制度 (c)金匯兌本位制度 (d)複本位制度

34.有關複本位制度運作的內涵，何者正確？ (a)兩種商品貨幣均不得自由鑄造 (b)兩種貨幣的兌換比率由政府規定,具有穩定幣值的效果 (c)兩種貨幣的兌換比例完全由市場自由決定 (d)Gresham 法則容易發揮作用

35. 針對央行發行的新臺幣而言，何種特質係屬錯誤？ (a)屬於央行的負債，亦是強力貨幣的一部分 (b)採取最高發行準備制度 (c)屬於不可兌換的紙幣 (d)具有無限法償的性質

36. 假設央行可視經濟發展需要而調整發行紙幣數量，並無任何限制，此係屬於何種準備制度？ (a)全額準備發行制度 (b)固定保證準備發行制度 (c)保有全額準備的彈性發行制度 (d)未設限額的彈性發行制度

37. 央行採取全額準備發行臺幣，主要理由是： (a)穩定紙幣價值 (b)配合經濟發展 (c)央行持有外匯準備過多 (d)控制臺幣發行數量

38. 採取紙幣本位制度已經成為金融發展的主流，不過何者並非該制度的優點？ (a)節省使用商品貨幣作為交易媒介的實質資源 (b)發行量不受商品貨幣供給的限制 (c)降低商品貨幣供需變動對物價的衝擊 (d)將可完全控制物價的波動

39. 體系採取以物易物交易策略所產生的缺點，何者錯誤？ (a)不易達成意願的雙重一致性，使交易成本增加 (b)不利於分工專業化的進行 (c)商品運送風險大 (d)當某人收支時點不一致，則難以消費

40. 在貨幣扮演的眾多功能中，何者將屬於最重要者？ (a)投機功能 (b)計價單位功能 (c)交易媒介功能 (d)價值儲藏功能

41. 有關解釋體系出現貨幣的原因，何者正確？ (a)加速經濟成長 (b)降低交易成本 (c)促進物價穩定 (d)減少交易風險

42. 當體系陷入惡性通貨膨脹時，人們採取的交易型態將會趨向： (a)信用交換 (b)無實體交換 (c)間接交換 (d)物物交換

43. 何者屬於商品貨幣的範圍？ (a)趙敏皮夾中的新臺幣 (b)山頂洞人手中可供交易的龜甲 (c)亞森羅蘋口袋裡的英鎊 (d)韋小寶手中的臺銀本票

44. 隨著年關將近，大小搶案頻傳。某國英明的總統宣佈停止使用貨幣交易，何種現象將不會發生？ (a)不利分工專業化 (b)貧富差距擴大 (c)勞動生產力下降 (d)國民所得下降

45. 某立委急需現金以資助其椿腳參選市議員，由於手頭現金不足，只好處置手中資產，則優先選擇為何？ (a)大肚山麓的別墅 (b)長輩給予的臺銀支票

(c)家中所珍藏的張大千畫作　(d)手中持有的未上市股票

46.有關可兌換紙幣被不可兌換紙幣取代的主要原因，何者正確？　(a)政府將可無限制發行貨幣　(b)節省庫存黃金或白銀所造成的資源浪費　(c)降低交易成本　(d)促進分工專業化

47.何者並非作為優良交易媒介所需具備的特性？　(a)品質一致與易於辨識　(b)十分貴重　(c)易於攜帶　(d)可分割性

48.貨幣具有何種功能，促使人們可以清楚辨別不同商品間的價值差異性？　(a)延期支付功能　(b)計價單位　(c)交易媒介功能　(d)價值儲藏功能

49.就價值儲藏功能而言，持有土地、黃金與股票應較持有通貨優越，但為何人們依然願意持有通貨？　(a)通貨的流動性佳　(b)贈與手續簡便　(c)持有通貨的風險低　(d)持有通貨免課所得稅

1.(a)	2.(c)	3.(d)	4.(b)	5.(b)	6.(b)	7.(a)	8.(c)	9.(c)	10.(c)
11.(c)	12.(b)	13.(b)	14.(b)	15.(d)	16.(c)	17.(a)	18.(c)	19.(d)	20.(d)
21.(a)	22.(c)	23.(c)	24.(a)	25.(c)	26.(d)	27.(c)	28.(d)	29.(b)	30.(a)
31.(c)	32.(b)	33.(b)	34.(d)	35.(d)	36.(d)	37.(d)	38.(d)	39.(c)	40.(c)
41.(b)	42.(d)	43.(b)	44.(b)	45.(d)	46.(b)	47.(b)	48.(b)	49.(a)	

二、問答題

1.某國採取商品貨幣制度，係以豬作為交易媒介，試分析下列問題：(a)若發生口蹄疫，對該國有何影響？(b)若逢媽祖誕辰大拜拜期間，信徒須以牲口祭祀，對該國有何影響？(c)由前兩題的答案中，可獲得何種啟示？

(a)該國發生口蹄疫，將會導致豬的供給減少（豬價上漲），此將意味著貨幣供給減少，其他商品的價格將會下跌。

(b)若逢媽祖誕辰大拜拜期間，信徒須以牲口祭祀，將會導致豬的需求增加（豬價上漲），此將意味其他商品的價格將會下跌。

(c)商品貨幣的供需變動，將會導致物價水準波動。

2.何謂鑄幣稅？何謂通貨膨脹稅？兩者的異同為何？

 央行發行貨幣融通財政赤字（購買實質商品與勞務），形同向人們課徵通貨膨脹稅，實質收益 R 取決於人們持有實質貨幣餘額與名目貨幣餘額成長率：

$$R = (\frac{1}{P})(\frac{dM}{dt}) = (\frac{M}{P})[(\frac{1}{M})(\frac{dM}{dt})] = (\frac{M}{P})(\dot{M})$$

央行透過公開市場操作增加發行貨幣，換取私部門發行的證券，獲取生息資產收益，將稱為鑄幣稅，該項收益 R 取決於名目貨幣餘額成長率、生息資產報酬率 (r)、持有名目貨幣餘額及時間 (t) 等因素：

$$R = (rt)(\frac{dM}{dt}) = (rMt)[(\frac{1}{M})(\frac{dM}{dt})] = (rMt))(\dot{M})$$

3.在金本位制度下，央行獨占鑄幣權。假設體系的黃金產量減少，央行採取擬降低黃金準備比率發行貨幣，對體系將造成何種影響？

 黃金產量減少將會降低貨幣發行數量，央行採取擬降低黃金準備比率，促使在既定黃金作為發行準備資產下，增加貨幣發行，體系的貨幣供給將維持不變。

4.試評論：勞工與廠商簽訂勞動契約，若是選擇契約單位不當，則勞工必然吃虧。

 假設契約單位的價值因通貨膨脹而貶值，則勞工必然吃虧。反之，因通貨緊縮而增值，則廠商必然吃虧。

5.試回答下列有關貨幣本位制度的問題：(a)在複本位制度下，Gresham 法則如何發揮作用促使兩種貨幣比價維持穩定？(b)新臺幣係屬於何種貨幣本位制度？(c)在融資過程中，債務人是否可用 5 元硬幣清償債務，理由為何？

解析 (a)當兩種商品官方價格與市場商品價格發生差異時，人們透過套利活動將貨幣轉為商品，促使兩種貨幣比價將達於一致。

(b)新臺幣制度屬於不兌換的紙幣本位制度，人們將無法向央行要求以準備資產兌換持有的新臺幣。

(c)不可以。5 元屬於輔幣性質，不在央行規定的無限法償範圍內。

6.試以銀行定期存款為例，說明各項貨幣功能是否為貨幣所獨有？

	貨幣	定期存款
交易媒介	獨有，無替代品	不能
記帳單位	可以，但有眾多替代品	不能
價值儲藏	可以，但有眾多替代品	可以

7.試說明貨幣型態的演進。

 貨幣型態隨著生產和交換活動發展而不斷演變：(1)實物貨幣或稱全值貨幣、(2)金屬貨幣、(3)象徵性貨幣、(4)信用貨幣、(5)電子貨幣或數位貨幣。

8.試說明法定貨幣與商品貨幣的差異性。

解析 商品貨幣係以一定重量及成色的金屬充當幣材，持有者可依固定比例向發行者隨時兌現或贖回實際商品，如：金幣與銀幣，商品貨幣的價值與其作為商品的價值將維持等價關係。法定貨幣係指央行發行的通貨，具有賦予無限法償權利，持有者可用於清償債務與支付購買商品的價款，但無法向央行請求以商品贖回，本身缺乏實體價值，人們係基於對央行的信心而持有。

9.何謂貨幣？貨幣在體系內扮演的功能為何？人們持有貨幣的動機何在？試說明貨幣、利率與物價間的關係。

解析 凡是能夠當作交易媒介的商品即可稱為貨幣。貨幣扮演的功能包括交易媒介、計價單位與價值儲藏等。貨幣的價值（扮演交易媒介功能）即是物價的倒數，而持有貨幣的機會成本（扮演價值儲藏功能）即是利率。

10.(a)試說明貨幣在經濟活動中扮演的價值儲藏功能。(b)在經濟體系中，貨幣是否為唯一具備該功能者？(c)比較貨幣與其他金融資產，其間差異性何在？(d)試說明長期債券的價值儲藏功能。

 (a)貨幣出現改變買賣合一的交換方式，人們出售資源旨在換取交易

　　媒介，在未用於購買商品時，將保有原先出售資源的價值，此即價
　　值儲藏功能。

(b)除貨幣外，金融資產（債券、股票）與實體資產（不動產）同樣具
　　有價值儲藏功能。

(c)貨幣具有完全流動性、無收益與安全性等特質，其他資產則是流動
　　性較差、有收益與具有風險性。

(d)長期債券具有固定利息收益、到期能以面值清償，缺陷是在持有期
　　間若要變現，可能將會面臨資本損失。

11.從古至今，許多政府嘗試以發行紙幣來取代金屬貨幣，有成功也有失敗的案
　　例，試問其中原因為何？

解析　金屬貨幣具有等值互償作用，屬於全值貨幣。至於央行發行的紙幣缺
　　　乏實體價值，人們願意接受使用係基於對央行的信心。央行必須因應
　　　人們需求發行通貨，嚴格控制發行數量，才能穩定紙幣購買力，否則
　　　將釀成通貨膨脹，造成紙幣制度的崩潰。

12.美元紙幣上有一行文字，說明該紙幣為法定支付工具，可用於支付公共及私
　　人債務。試問該敘述是否成立？為什麼？

解析　該敘述僅具有法律效果。就經濟層面而言，人們使用紙幣係基於央行
　　　穩定幣值的信心，而維持幣值穩定則有賴央行適度控制貨幣數量。一
　　　旦美國聯準會未能控制美元發行，勢必引發通貨膨脹，損及人們持有
　　　美元的信心，從而在交易過程中拒絕接受美元作為支付工具。

13.在商品貨幣社會下的金幣本位制度，黃金既可當作貨幣使用，也可作為非貨
　　幣用途，試回答下列問題：(a)繪圖說明體系對黃金需求曲線的導出結果。(b)
　　引進黃金供給曲線後，說明均衡黃金價格對金幣本位制度下的一般物價水準
　　之意義，並分析黃金供給面變動對一般物價水準之影響。(c)依據上述分析，
　　「只要任何形式的貨幣數量增加，無論被用來作為貨幣的商品為何，都會引
　　起商品價格上漲」，是否同意此一論點？為什麼？

(a)將黃金作為貨幣與非貨幣用途的需求曲線進行水平加總，即可獲得體系內的黃金需求曲線。

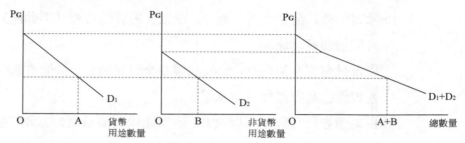

(b)當黃金需求曲線與供給曲線相交時，即可決定黃金的均衡價格。當黃金作為貨幣使用時，黃金價格的倒數即是一般物價水準，是以黃金供給增加，導致黃金價格下跌，將意味著物價水準上漲。

(c)同意。任何商品若被用作貨幣，亦即以其用於交換其他商品，是以當該商品貨幣本身價格上漲，將可換取更多其他商品，此即反映其他商品價格下跌。

14.針對貨幣價值的變動，說明下列相關問題：(a)何謂貨幣的功能？(b)貨幣價值與物價水準是否具有因果關係？(c)如何衡量貨幣價值的變動？(d)貨幣存量與貨幣流量有何差異？(e)貨幣流量或存量增加促使總需求增加，貨幣價值是否一定下降？(f)通貨膨脹係屬於何種現象？

(a)貨幣的功能係指貨幣在經濟活動中扮演交易媒介（延遲支付工具）、計價單位（契約單位）與價值儲藏角色。

(b)貨幣價值即是貨幣的一般購買力，係指可以換取的商品數量，相當於一般物價水準的倒數。

(c)衡量貨幣價值變動可用消費者物價指數、躉售物價指數、GDP 物價平減指數衡量。

(d)貨幣存量係指在固定時點上，在體系內流通的貨幣數量與銀行業發行的活期存款；貨幣流量係指在固定期間內，體系內流通的貨幣數量完成既定的交易總額。

(e)貨幣流量代表體系內的總需求，當貨幣存量增加將促使總需求增

加，貨幣價值的變動將視物價水準的變動而定（必須考慮總供給的變化）。

(f)通貨膨脹係屬於物價持續上漲的現象，通常係因貨幣成長率過高所致。

第3章　金融創新與貨幣定義

 習題解答

一、選擇題

1. 針對下列敘述，何者正確？　(a)投資人競相將臺幣定存轉為外幣定存，對 M_2 貨幣定義將造成立即收縮效果　(b)當 M_2 成長率趨於擴大且 M_{1B} 成長率呈現萎縮時，未來股市預期將邁入多頭市場　(c)新臺幣發行餘額在農曆春節期間呈現暴增現象，金融環境將處於寬鬆狀況　(d)遺失貨幣數量的增減與票據交換速度息息相關

2. 依據央行訂定的 M_2 貨幣定義，何者並非屬於準貨幣範圍？　(a)個人及企業在貨幣機構之定期性存款　(b)外匯存款　(c)政府部門在銀行之活期性存款　(d)企業及個人持有銀行及郵匯局之附買回交易證券

3. 張三豐將活期存款帳戶資金轉存至定期存款帳戶，則：　(a) M_{1B} 下降而 M_2 不變　(b) M_{1B} 不變而 M_2 上升　(c) M_{1B} 不變且 M_2 不變　(d) M_{1B} 上升而 M_2 下降

4. 央行經濟研究處在解讀 M_2 成長率波動現象時，將可揭露何種涵義？　(a) M_2 成長率遞增顯示潛在的立即購買力遞增，通貨膨脹壓力將會擴大　(b) M_2 成長率擴大將隱含間接金融占有率隨之擴大　(c) M_2 成長率變異性擴大的原因，在於準貨幣與其他金融資產的替代性擴大　(d) M_2 成長率擴大將隱含銀行信用成長率同步遞增

5. 體系內 M_2 與 M_{1B} 兩種貨幣定義的消長，將會形成何種效果？　(a) M_2 餘額必然大於 M_{1B} 餘額，是以前者成長率也將高於後者　(b)隨著央行頻繁採取寬鬆貨幣政策時，將誘使人們將 M_2 轉向 M_{1B}　(c)當 M_2 成長率與 M_{1B} 成長

率同步遞減，兩者的趨勢線相交時，該點稱為死亡交叉 (d)當 M_2 成長率上升速度超過 M_{1B} 成長率時，通貨膨脹與股市泡沫化的疑慮將會遞增

6. 當人們偏好使用信用卡消費時，何者錯誤？ (a)使用信用卡消費，對經濟活動將會造成擴張效果 (b)人們透支使用信用額度，無需支付利息 (c)以繳款截止日為利息起算日，對消費者最有利 (d)信用卡的寬限期愈長，對消費者愈有利

7. 金融創新活動自 1970 年代後期躍居金融業營運主流，何種現象屬於錯誤？ (a)寶來證券致力於資產組合多元化活動，係屬金融創新的風險管理活動 (b)台灣工業銀行積極推動放款證券化後，經營方向將轉向直接金融業務 (c)第一銀行將房屋放款證券化出售，或以放款債權擔保發行金融債券，兩種取得資金方式對資產負債表的影響完全不同 (d)玉山銀行投資玉山票券將是規避跨業經營限制的組織結構創新

| 1.(d) | 2.(c) | 3.(a) | 4.(c) | 5.(b) | 6.(b) | 7.(a) |

■、問答題

1. 說明資產證券化的類型及對銀行造成之影響。

解析 資產證券化類型包括：(1)現行證券化商品：股票（資本型證券化）、公司債與商業本票（負債型證券化）；(2)不動產證券化：包括不動產有限合夥、不動產投資信託；(3)資產擔保證券化：包括汽車放款、消費貸放款、信用卡應收帳款；(4)抵押貸款擔保證券：包括住宅抵押放款、一般抵押放款；(5)其他債權資產證券化：包括汽車放款債權、信用卡放款債權 (CARDS)、應收帳款債權、以租賃債權等為擔保之證券化。

至於資產證券化對銀行造成的影響包括：(a)正面利益：以利息收益為主的銀行盈餘，逐漸擴大手續費收益來源的比重、降低資本適足性需求、提昇資產報酬率、由商業銀行的經營型態朝投資銀行型態轉變。

⒝負面效果：反金融仲介效果將減弱資產成長率、僅高品質資產適合證券化，銀行保留的放款資產均屬評等較差者。

2. 央行經濟研究處針對臺灣的各種貨幣性資產對臺灣景氣循環變動的影響進行迴歸分析，並且認為下列實證結果最佳：

$$\Delta Y = 3{,}000 + 0.8\Delta C^P + 0.64\Delta DD + 0.48\Delta SD + 0.24\Delta Q$$

上式中的係數值均符合 $\alpha = 5\%$ 的顯著水準。假設央行發布各種貨幣性資產的餘額分別為：$C^P = 1{,}000$、$DD = 2{,}000$、$SD = 3{,}000$、$Q = 4{,}000$。請回答下列問題：⒜央行應採何種貨幣定義？數量為何？⒝各種貨幣性資產的流動性數值為何？⒞體系內存在的流動性數量為何？

⒜央行應採取 M_2 貨幣定義：

$$M_2 = C^P + DD + SD + Q = 1{,}000 + 2{,}000 + 3{,}000 + 4{,}000 = 10{,}000$$

⒝$\Delta Y = a + 0.8\Delta C^P + 0.64\Delta DD + 0.48\Delta SD + 0.24\Delta Q$

$\quad = a + 0.8(\Delta C^P + 0.8\Delta DD + 0.6\Delta SD + 0.3\Delta Q)$

各種貨幣性資產的流動性數值為：

C^P 是 1、DD 是 0.8、SD 是 0.6、Q 是 0.3

⒞$M^* = C^P + (\frac{b_2}{b_1})DD + (\frac{b_3}{b_1})SD + (\frac{b_4}{b_1})Q$

$\quad = 1{,}000 + 0.8 \times 2{,}000 + 0.6 \times 3{,}000 + 0.3 \times 4{,}000$

$\quad = 1{,}000 + 1{,}600 + 1{,}800 + 1{,}200 = 5{,}600$

3. 試說明下列情況對 M_0、M_{1A}、M_{1B} 與 M_2 將會發生何種影響？　⒜股市邁向多頭環境、⒝人們普遍使用信用卡進行消費活動、⒞投資人將定存資金轉向債券基金、⒟人們預期臺幣匯率大幅貶值。

⒜人們會將 M_2 轉換為 M_{1B}，預擬投入股市交易，造成 M_2 下降與 M_{1B} 成長。

⒝人們將減少持有 M_{1A}，改以信用卡消費，再以 M_{1B} 清償信用卡消費的金額。

⒞定存資金屬於準貨幣，債券基金並非準貨幣，投資人的轉換行為將造成 M_2 減少。

(d)人們預期臺幣匯率大幅貶值，將臺幣定存轉為外幣定存，對 M_2 將無影響。若將臺幣活期儲蓄存款轉為外幣定存，將造成 M_{1B} 下降，但對 M_2 無影響。

4.家計部門選擇將儲蓄存入銀行儲蓄存款帳戶或存入郵匯局存簿儲金帳戶，不同的選擇決策對各種貨幣定義將造成何種影響？

解析 銀行儲蓄存款帳戶屬於 M_{1B}，郵匯局存簿儲金屬於準貨幣而列入 M_2 範圍。家計部門將銀行儲蓄存款轉入郵匯局的存簿儲金將造成 M_{1B} 下降，對 M_2 無影響。

5.試評論：發卡銀行與信用卡公司積極推動人們使用信用卡或現金卡交易與透支，長期將導致 M_{1A} 與 M_{1B} 成長率趨勢呈現不一致的現象。

解析 人們將減少利用 M_{1A} 消費，改以信用卡消費，同時將活期帳戶轉為儲蓄帳戶，再以 M_{1B} 清償信用卡消費的金額。

6.央行如何定義 M_0、M_{1A}、M_{1B} 與 M_2？試說明四者在經濟活動中分別扮演何種角色？

解析 $M_0 = M_B = C^P + R$，屬於支付工具與扮演立即購買力的角色。

$M_{1A} = C^P + DD$，屬於交易媒介與扮演立即購買力的角色。

$M_{1B} = M_{1A} + SD$，屬於暫時購買力儲藏處與扮演潛在購買力的角色。

$M_2 = M_{1B} + $ 準貨幣，屬於價值儲藏與扮演資產的角色。

7.金融創新的意義為何？體系內為何會出現金融創新活動？

解析 金融創新是金融業追求永續經營，面對經濟環境與技術進步刺激，針對金融商品與交易方式進行創新性變革，從而滿足市場需求變化的散播過程。金融創新活動出現的理由：(1)需求面：名目利率上漲、金融資產價格變異性擴大、租稅不對稱、代理成本、風險重分配、提高流動性、學術實務結合；(2)供給面：交易成本臆說、迴避管制或管制誘發臆說、管制性辯證法臆說。

8.試說明美日之金融控股公司與歐洲之綜合銀行的異同。

(1)綜合銀行：打破商業銀行與投資銀行間的界限，提供包括資本市場、貨幣市場、不動產市場、保險市場及其他資產、衍生商品交易的金融服務。銀行直接兼營各種金融業務，致力於金融業務交叉研究，創新多功能金融商品。

(2)金融控股公司：金融廠商透過控股方式分別從事銀行、證券、保險等業務。金融控股公司透過資本調度和規劃不同期限綜合發展計畫，調整集團內金融子公司的資源配置形成最大競爭力。子公司彼此透過簽定合作協議，實現客戶網路、資訊、行銷能力等方面的優勢互補效果，共同開發多元化金融產品，降低整體營運成本。

 題　庫

一、選擇題

1.中租迪和財務部門追求降低負債比例，採取何種策略將屬適當？　(a)發行可轉換公司債取代傳統公司債　(b)採取售後租回策略　(c)進行借款證券化提昇流動性　(d)利用計畫性融資方式取得融資

2.根據央行發布的 M_2 定義內容，何種項目不包括在內？　(a)外幣存款　(b)指定用途外匯信託基金　(c)外國人持有之新臺幣存款　(d)企業及個人持有貨幣機構及郵匯局附買回交易債券

3.張無忌將臺幣資金轉換為銀行的歐元存款，對其性質與產生的影響，何種說法係屬錯誤？　(a)係以臺幣存入而以歐元計價，到期可選擇領取外幣或臺幣　(b)張無忌將需承擔臺幣對歐元匯率波動的風險　(c) M_2 貨幣餘額不受影響　(d)銀行授信能力將會衰退

4.下表是高僑自動化公司的資產負債表：

資產 (ASSET)		負債 (LIABILITY)	
現金及銀行活期存款	50	國外負債（美元）	1,050
國外資產（美元）	1,400	長期負債（固定利率）	1,250
長期投資			
股票	480	淨值 (EQUITY)	
公司債（浮動利率）	100	資本（股數）	300
固定資產			
閒置	250		
非閒置	320		
	2,600		2,600

假設你是高僑的財務經理，何種調整報表活動將屬錯誤？　(a)面對臺幣升值趨勢，必須賣出美元資產 350　(b)將非閒置資產 320 出售給租賃公司後再租回　(c)預期未來利率趨於上升，可考慮將公司債出售　(d)為取得營運資金且不增加公司財務負擔，可評估發行零票面利率的可轉換公司債 480

5.在固定期間內，每單位貨幣供給平均轉手的次數即是：　(a)貨幣流量　(b)貨幣需求變動量　(c)通貨收付次數　(d)貨幣流通速度

6.央行評估可以納入準貨幣範圍的金融資產，應該具有何種特質？　(a)交易媒介　(b)兼具支付工具與透支功能　(c)低交易成本的金融資產　(d)具有高流動性與低交易成本的流動性資產

7.長榮航空採取何種財務操作策略，將無助於提昇資產流動性？　(a)將航空機隊採取售後租回　(b)實施庫藏股操作策略　(c)發行公司債購買飛機　(d)將機票售予旅行社的應收帳款出售

8.有關新觀點貨幣供給理論的敘述，何者錯誤？　(a)非銀行金融中介也具備創造信用的功能　(b)定期存款係決定存款貨幣擴張的形式之一　(c)存款貨幣機構創造存款貨幣能力，實際上取決於經濟活動狀況　(d)央行的法定準備不是控制貨幣擴張的唯一措施

9.遠傳電訊財務部門為改善資產流動性，可評估採取何種操作策略？　(a)將發射電訊的基地臺採取售後租回　(b)買進利率交換合約改變負債性質　(c)將銀行貸款轉為公司債　(d)將遠傳的應收帳款賣給遠東銀行

10. 依據你對舊觀點貨幣供給理論的瞭解，何種詮釋屬於正確？ (a)銀行放款與投資餘額成長率係影響經濟活動的主因 (b)貨幣成長率係影響景氣循環的推手 (c)強調貨幣扮演暫時購買力儲藏所的角色 (d)臺灣銀行與國泰人壽創造存款貨幣的能力將不分軒輊

11. 彭淮南總裁在央行理監事會議，提出影響 M_{1B} 變動的因素與釀成的後果，何者錯誤？ (a)提昇票據交換效率有助於提高活期存款淨額 (b)金融重建基金介入基層金融經營，紓解其擠兌危機，將有助於提昇通貨發行淨額成長率 (c)每年 5 月底是所得稅申報截止日，此時的 M_{1B} 成長率將呈遞增現象 (d)央行外匯局為避免臺幣貶值幅度過大，在外匯市場賣超美元，將使 M_{1B} 成長率隨之遞減

12. 富蘭克林資產管理公司建議臺灣客戶將臺幣定存轉向外幣定存，法人機構接受建議並付諸行動，此種轉換行動將會釀成何種影響？ (a)法人機構的收益率確定會提昇 (b) M_2 貨幣數量短期變化不確定 (c)臺灣銀行創造存款貨幣能力不受影響 (d)臺灣金融環境將趨於緊縮

13. 央行經研處解讀 M_2 成長率波動現象，將可揭露何種的涵義？ (a) M_2 成長率遞增顯示潛在的立即購買力遞增，通貨膨脹壓力擴大 (b) M_2 成長率擴大隱含間接金融占有率擴大 (c) M_2 成長率變異性擴大的原因，在於準貨幣與其他金融資產的替代性擴大 (d) M_2 成長率擴大隱含銀行信用成長率同步遞增

14. 體系內 M_2 與 M_{1B} 兩種貨幣定義的消長，將會形成何種效果？ (a) M_2 數量大於 M_{1B} 數量，成長率也將高於後者 (b)央行頻繁調降重貼現率，將誘使人們將 M_2 轉向 M_{1B} (c)當 M_2 與 M_{1B} 成長率同步遞減，兩者的趨勢線相交時，該點稱為死亡交叉 (d)當 M_2 成長率上升速度超過 M_{1B} 成長率，通貨膨脹與股市泡沫化的疑慮將會遞增

15. 各家銀行競相向人們推銷使用信用卡預借現金，有關循環利息計算方式，何者錯誤？ (a)信用卡循環利率存在上限 (b)循環利率以月計息 (c)若以繳款截止日為利息起算日，則對持卡人最有利 (d)持卡人若已預借現金，可向別家銀行申請較低利率之信用卡代償

16. 金融創新活動自 1970 年代後期成為國際金融發展主流後，何種現象屬於錯誤？　(a)直接金融成長率凌駕於間接金融　(b)花旗銀行積極推動放款證券化,將使經營方向往投資銀行業務傾斜　(c)不動產證券化與不動產信用證券化的性質相同　(d)財務工程將是金融創新活動的基礎

17. 國泰人壽在 2000 年 11 月 5 日宣佈四度執行買回庫藏股票策略,並以低於每股淨值的市價總計買回 12,251 張股票,何種狀況不會發生？　(a)買回的股票應列為國壽的資產　(b)降低在外流通的股數,有助於推動國壽股價上升　(c)若將庫藏股消除後,投資人持有國壽股票的每股淨值將會增加　(d)國壽的自有資本比例將會下降

18. 景氣衰退氣氛瀰漫臺灣的天空,遠東百貨趁著週年慶期間進行跳樓大拍賣出清存貨,此舉對財務狀況將產生何種效果？　(a)提昇淨值　(b)大幅改善財務結構　(c)削減利率風險　(d)提昇資產流動性

19. 臺灣金融業致力於金融處理技術創新活動,將對金融體系造成何種衝擊？　(a) M_{1B} 成長率將小於 M_2 成長率　(b)交易媒介與價值儲藏工具的差異性縮小　(c)人們使用支付工具完成交易比例,將大於使用交易媒介比例　(d)電子商務交易必須透過間接金融給予融通才能完成

20. 花旗銀行以不動產抵押放款作為抵押品,發行抵押擔保債券募集資金時,形成的影響為何？　(a)此種證券化活動屬於表外交易　(b)謝嫦婷在金融市場買進抵押擔保債券,將意味著花旗銀行將不動產抵押放款出售　(c)呂袖連投資該類債券所獲收益,係來自不動產抵押借款人清償的貸款利息　(d)此種證券化活動無法提昇花旗銀行的自有資本比例

21. 中國信託商業銀行在 2004 年 1 月推出房屋抵押放款證券化商品,此種發展趨勢對其未來營運的影響為何？　(a)存放款利差將是未來的主要利潤來源　(b)放款的流動性風險仍然存在　(c)房屋抵押放款債權仍然留在銀行帳上　(d)經營方向將朝從事直接金融活動發展

22. 金融創新活動已經成為國際金融發展主流,何種活動的性質係屬錯誤？　(a)統一黑馬基金從事資產組合多元化活動,係屬金融創新的風險管理活動　(b)土地銀行積極推動不動產抵押放款證券化,經營方向將轉向直接金融業務

(c)中信銀行將房屋抵押放款證券化出售，或以放款債權擔保發行金融債券，兩種募集資金方式均屬資產負債表內活動　(d)國泰人壽轉型為國泰金融控股公司將屬於規避跨業經營限制的組織結構創新

23.央行經濟研究處採取新觀點貨幣供給理論，剖析金融活動變化趨勢，何者正確？　(a)金融業創造的準貨幣將是影響經濟活動的主因　(b)只有銀行創造的流動性資產（銀行信用）才能影響經濟活動　(c)銀行創造存款貨幣能力不受非銀行金融中介影響　(d)銀行與壽險公司資產面變動造成的衝擊，將大於銀行負債面變化造成的衝擊

24.傳統銀行迅速朝電子銀行經營型態蛻變，多數係金融處理技術創新的結果，何種現象屬於正確？　(a)張無忌安排交易餘額時，儲蓄存款所占比重大幅上升　(b)臺銀與彰銀從事多筆外匯交易時，將透過金資跨行支付系統進行淨額清算　(c)台塑石化公司透過票據交換結算系統與加盟的加油站進行貨款清算活動　(d)電子資金移轉制度促使 M_0 與 M_{1A} 貨幣對經濟活動的影響力日漸衰退

25.主計處公佈 2002 年 10 月份失業率高達 5.31%，消費者物價指數負成長（−0.18%），顯示景氣衰退陰霾在臺灣的天空揮之不去。太平洋 Sogo 百貨財務部門應採取何種策略，維持穩定安全的流動性部位，以度過通貨緊縮期間？ (a)積極推廣 Sogo 卡刺激消費者刷卡消費　(b)將 Sogo 卡累積的應收帳款賣給世華租賃　(c)從事組織結構創新轉型為控股公司　(d)將長期負債轉為短期負債，以減輕財務負擔

26.央行經濟研究處提交理監事會議的金融情勢分析報告中，針對構成 M_{1B} 的單項資產成長率發生變動的前因後果提出說帖，何種說法可以接受？　(a)提昇票據交換效率有助於降低遺失貨幣餘額，活期存款毛額成長率將會上升 (b)淨退票金額成長率大幅上升，充分反映民間信用全面趨於惡化　(c)中興銀行的淨值淪為負數，若是釀成擠兌現象，M_{1B} 成長率將會降低　(d)央行在外匯市場買超美元，將臺幣匯率穩定在 34 元兌換 1 美元，此舉將使 M_{1B} 成長率遞增

27.所羅門美邦公司建議臺灣客戶將臺幣定存轉換為外幣定存,此種轉換行動產

生的衝擊為何？　(a)投資人將需承擔匯率風險　(b)銀行係吸收以外幣計價的臺幣資金，到期亦以臺幣資金償還，將無須承擔匯率風險　(c)銀行授信能力不受影響　(d)臺幣資金的利率下跌、臺幣匯率趨於升值

28.日盛投顧為投資人解讀 M_2 成長率波動現象時，何種說法係屬正確？　(a)人們將定期存款列入閒置餘額組合，M_2 成長率遞增顯示預擬支出隨之遞增　(b)金融創新大幅提昇準貨幣與其他金融資產間的替代性，導致 M_2 成長率變異性擴大　(c)M_2 數量必然大於 M_{1B} 數量，成長率亦將高於後者　(d)央行理監事會議連續 13 次調降重貼現率，將加快 M_2 成長率

29.中租迪和係臺灣最大的租賃公司，資本適足性為13%，面對預期利率持續下降趨勢，財務部門追求穩健安全的財務狀況，採取何種策略係屬正確？　(a)將固定利率資產透過利率交換轉為浮動利率資產　(b)將應收帳款證券化出售　(c)推動售後租回業務，大量買進廠商的不動產再租出去　(d)將長期負債轉為短期負債，減輕利息支付的財務負擔

30.法國里昂銀行臺北分行將新臺幣 88 億元企業貸款債權信託予萬通銀行發行金融資產證券化商品，已於 2003 年 9 月在店頭市場掛牌的第一檔證券化商品。里昂銀行採取此種證券化策略的特質，何者錯誤？　(a)此種證券化活動屬於表外交易　(b)里昂銀行資產負債表上的企業貸款債權資產將會消失　(c)張無忌持有該項商品的收益，來自於里昂銀行支付的利息　(d)此種證券化活動將提昇里昂銀行的流動性資產部位

31.雖然人們採取信用卡付款方式逐漸成為常態，然而信用卡仍然不是貨幣，理由是：　(a)僅是提供交易方便性，本身並無價值　(b)非為政府發行　(c)非為計價單位　(d)僅為促使融資較為方便的認同卡而已

32.資產證券化活動係指：　(a)銀行發行、銷售以銀行持有之證券作為擔保的資產　(b)銀行發行、銷售以銀行持有資產作為擔保的憑證　(c)銀行購入與銀行資產組合相當之資產　(d)銀行投資、購入由其他金融廠商保證的證券組合

33.下列敘述，何者錯誤？　(a) $M_{1A} > M_{1B} > M_2$　(b) M_{1A} 成長率 $> M_{1B}$ 成長率 $> M_2$ 成長率　(c)金屬貨幣是商品貨幣的典型例子　(d) M_{1B} 與 M_2 之差異是準貨幣

34.銀行吸收資金的成本優勢，將不受何種金融創新活動的衝擊？　(a)貨幣基金　(b)商業本票　(c)垃圾債券　(d)信用卡

35.假設張無忌將常遇春簽發票面金額 100 萬元的中國商銀支票,存入國泰世華銀行,經過臺灣票據交換所交換兌現後,體系內貨幣供給額將如何變化？　(a)增加　(b)減少　(c)不變　(d)無法確定

36.何者屬於不適合作為金融資產證券化之案例？　(a)證券公司公債附買回交易餘額證券化　(b)銀行信用卡循環信用證券化　(c)銀行對企業放款證券化　(d)壽險公司對保戶房屋放款證券化

37.有關金融資產證券化活動之敘述,何者錯誤？　(a)創始機構係指規劃安排證券化作業流程的證券商　(b)某些金融資產證券化商品的利息收入享有分離課稅,對高稅率投資人具有額外誘因　(c)信用增強目的在於確定證券的現金流量,降低信用風險　(d)設立特殊目的公司在於管理與行銷獨立,避免非必要費用產生,稀釋投資收益

38.依據央行發佈的 M_2 貨幣定義內容,何種資產並不包括在內？　(a)外匯(外幣)存款　(b)人們持有之貨幣基金　(c)銀行及郵匯局之證券附買回交易　(d)外國人持有新臺幣存款

39.央行估計臺灣的「貨幣」數量時,何者不在統計範圍內？　(a)商店收銀機裡的現鈔　(b)總統犒賞三軍將士的加菜金　(c)自動提款機中的現鈔　(d)與銀行承作債券附買回的餘額

40.下列何者係屬於央行估計「準貨幣」數量的統計範圍內？　(a)張無忌在郵匯局的定期存款　(b)在自動提款機中的現鈔　(c)土地銀行的庫存現金　(d)趙敏在華南銀行儲蓄存款帳戶的資金

41.臺灣採取紙幣制度,何者正確？　(a)需由央行壟斷鑄幣權　(b)央行增加發行紙幣的面額,即是央行的實質收入　(c)通貨膨脹稅即是鑄幣稅　(d)人們接受紙幣,將視發行紙幣是否具有準備資產而定

42.在其他條件不變下,何種因素將造成 M_{1A} 增加？　(a)名目利率下降　(b)信用卡交易比重提高　(c)人們預期國幣貶值　(d)人們預期未來物價上漲

43.依據央行公佈的金融統計月報資料顯示:國內存款貨幣機構的活期存款淨額

1,500 億元、通貨發行淨額 1,500 億元、支票存款 1,000 億元、商業銀行庫存通貨 100 億元與商業銀行在央行的存款 250 億元。國內 M_{1A} 貨幣供給為：
(a) 4,100 億元　(b) 4,000 億元　(c) 3,900 億元　(d) 4,350 億元

44. 下列何者既非存款貨幣，也非法定貨幣？　(a)王永慶皮夾中的零錢　(b)殷素素在彰銀的活期儲蓄存款　(c)裕隆公司在台銀的支票存款　(d)劉德華手中的花旗銀行信用卡

45. 何者並不在央行定義的 M_{1B} 範圍內？　(a)黃飛鴻於中信銀行的活期儲蓄存款　(b)聯電公司持有中國商銀的美元存款　(c)鴻海公司在世華銀行的支票存款　(d)谷小萱手中的 10 元硬幣

46. 所羅門共和國在 2003 年在外流通現鈔 100 億元、硬幣 30 億元、銀行庫存通貨 20 億元、活期存款 40 億元、支票存款 30 億元與活期儲蓄存款 25 億元。該國在該年的 M_{1A} 貨幣供給為何？　(a) 245 億元　(b) 200 億元　(c) 225 億元　(d) 220 億元

47. M_{1A} 與 M_2 兩種貨幣定義的最主要的差異為何？　(a)流動性高低　(b)可否作為交易媒介　(c)人民的接受程度　(d)獲利性高低

1.(a)	2.(b)	3.(a)	4.(d)	5.(d)	6.(d)	7.(c)	8.(c)	9.(d)	10.(b)
11.(b)	12.(d)	13.(c)	14.(b)	15.(b)	16.(c)	17.(a)	18.(d)	19.(b)	20.(d)
21.(d)	22.(c)	23.(d)	24.(d)	25.(b)	26.(d)	27.(a)	28.(b)	29.(b)	30.(c)
31.(a)	32.(b)	33.(b)	34.(d)	35.(c)	36.(a)	37.(a)	38.(b)	39.(c)	40.(a)
41.(a)	42.(a)	43.(b)	44.(d)	45.(b)	46.(b)	47.(b)			

二、問答題

1. 試說明在資產證券化過程中，債務人、發起者、信託機構、發行銀行、信用強化機構、承銷商、投資人等參與者間之關係。

解析 債務人向金融廠商借款，後者即是證券化資產的創始機構或發起人，亦即是放款債權資產持有人。發起人將取得債權售予特定目的信託

機構，透過信用增強機構提昇信用等級，並經信用評等機構認證評
等，再發行證券由承銷商公開出售予投資人。

2. 張無忌考慮將儲蓄存入商業銀行或存入郵匯局，兩種選擇方式對金融環境造
　成的影響是否不同？另外，張無忌前往銀行存款，採取臺幣計價或外幣計價
　對金融環境產生的影響是否相同？

解析 (1)銀行吸收存款經由授信過程讓資金回歸體系，經由借款者回存過
　　　　程，對經濟活動發揮擴張效果。郵匯局吸收郵政存簿儲金，無法直
　　　　接授信，其中部分轉存央行，對經濟活動形成銀根緊縮效果。

　　　(2)張無忌前往銀行存款，將臺幣資金以外幣計價方式存入銀行，銀行
　　　　為求規避匯率風險，將需買進等值的外匯資產部位持有，由於無法
　　　　從事臺幣資金的授信活動，將會造成臺幣資金緊縮狀況。至於張無
　　　　忌將臺幣資金以臺幣計價方式存入銀行，經由臺幣授信過程讓資
　　　　金回歸體系，經由借款者回存過程，對經濟活動發揮擴張效果。

3. 在央行發行的金融統計月報中，存款回轉次數是如何計算？支票存款、活期
　存款與活期儲蓄存款的回轉次數高低順序為何？

解析 存款回轉次數係指在一定期間內，每元存款存入銀行帳戶及提領次
　　　　數，將顯示存款貨幣的流通速度快慢。

$$年回轉次數 = (\frac{全月借記總額}{當月每日平均餘額})(\frac{全年營業日數}{當月營業日數})$$

　　　　固定期間內各類存款之借記總額(存款者在一定期間內提領存款的總
　　　　金額)，與該期間內各類存款平均餘額的比值，再乘上全年營業天數
　　　　占當月營業天數的倍數後，即是按年計算之回轉次數。
　　　　支票存款回轉次數 > 活期存款回轉次數 > 活期儲蓄存款回轉次數

4. 郵匯局將存簿儲金由轉存央行改為轉存華南銀行，導致轉存央行的餘額下
　降。試討論此舉對貨幣供給的影響。

解析 郵匯局將存簿儲金轉存央行，將代表強力貨幣減少，貨幣供給收縮。

現在若將轉存央行的資金改存華南銀行，將代表強力貨幣增加，貨幣供給增加。

5. 試評論下列敘述：(a)投資人將臺幣定存轉為外幣定存，對 M_2 貨幣定義將造成立即收縮效果。(b)當 M_2 成長率趨於擴大且 M_{1B} 成長率呈現萎縮時，未來股市勢將邁入多頭市場。(c)新臺幣發行餘額在選舉期間往往呈現暴增現象，金融環境將處於寬鬆狀況。(d)遺失貨幣數量的增減與票據交換速度息息相關。(e)政府預算赤字縮減有助於提昇通貨淨額 C^P 成長率。

解析 (a)非，投資人將臺幣定存轉為外幣定存（兩者均是 M_2 定義），對 M_2 定義並無立即影響。就長期而言，銀行吸收外幣定存，將無法用於臺幣授信，從而形成緊縮效果，M_2 可能出現縮小。

(b)當 M_2 成長率趨於擴大，代表人們持有的閒置餘額增加，M_{1B} 成長率萎縮，反映人們預擬用於支出的潛在購買力下降，兩者同時出現，顯示人們對未來股市係屬於空頭市場走勢。

(c)新臺幣發行餘額暴增，代表活期存款與儲蓄存款會轉往現金，亦即 M_0 增加、M_{1A} 與 M_{1B} 下降，而後者的降幅超過前者的增幅（銀行創造信用的擴張效果），此即顯示金融環境處於緊縮狀況。

(d)遺失貨幣係指待交換的票據，票據交換速度愈慢，該數量將會擴大。

(e)政府預算赤字縮減反映政府部門持有現金增加，亦即發行在外的通貨淨額 C^P 下降。

6. 國內郵匯局兼辦郵政儲金業務的支局高達 1,300 家以上，吸收郵政存簿儲金，卻不能放款，吸收儲蓄存款約占全體存款貨幣機構存款總額15%，試回答：(a)貨幣定義中如何處理郵政儲金的問題？(b)央行執行貨幣政策與郵政儲金的關係為何？

解析 (a)郵匯局吸收郵政存簿儲金，無法直接授信，其中部分轉存央行，對經濟活動形成銀根緊縮效果。但是存款者又可以隨時提領郵政存簿儲金，屬於潛在的購買力，是以央行將其排除在 M_{1B} 定義，但又

列入 M_2 定義。

(b)郵匯局吸收的郵政儲金有半數轉存於央行,是以央行利用郵匯局轉存款進行控制貨幣供給。當央行預擬採取寬鬆貨幣政策,可將郵匯局轉存款再轉存至銀行;若要採取緊縮政策,則可提高郵匯局轉存央行比例。

7. 試評論下列問題:(a)瑞士信貸銀行針對其持有的房屋抵押放款債權,採取發行抵押轉支付證券或抵押擔保債券策略,然後透過證券化市場出售以取得資金。兩種策略對提昇銀行資產流動性與改善財務結構的效果完全一致。(b)台積電公司的財務副總評估未來的利率將呈攀升走勢,而美元匯率則呈貶值走勢,故決定將公司的固定利率臺幣負債,透過利率交換與通貨交換轉變為浮動利率的美元負債。

解析 (a)瑞士信貸銀行發行抵押轉支付證券將代表將銀行放款出售,大幅提昇銀行資產流動性,若將其用於歸還負債,將會改善銀行財務結構。至於銀行若是採取發行抵押擔保債券策略,將是負債與現金資產同時增加,銀行資產流動性雖然可獲改善,財務結構卻有惡化狀況。

(b)台積電公司的財務副總評估未來的利率將呈攀升走勢,對支付固定利率的負債無須採取任何動作;另外,評估美元匯率將呈貶值走勢,須透過通貨交換將公司的臺幣負債轉換為美元負債。

8. 試依據經濟日報在 2001 年 11 月 20 日公佈國內的相關金融資產交易資料,比較(a)中興銀行與聯華電子、(b)寶來得利債券基金、鴻運股票基金與中華店頭 50 開放型股票基金等兩組個別金融資產的流動性高低,並說明你所堅持的理由。(T 是交易日, $T+n$ 是取得現金的日期)

資產類型	交易價格波動區間	成交數量	通告時間 ($T+n$)
中興銀行	1.17（跌停）	42,000 股	$T+2$
聯華電子	38～39.8	73,410,000 股	$T+2$
寶來得利債券基金	13.8217	（隨時贖回）	T
鴻運股票基金	6.20～6.30	16,000 單位	$T+2$
中華店頭 50 開放型股票基金	4.16 (11.19) 4.05 (11.20)	（隨時贖回，但以次日的淨值為贖回價格）	$T+5$

 比較下列 5 種資產的流動性高低，可由通告時間長短 ($T+n$)、成交數量、交易價格變異性等方向進行評比。

(1)中興銀行與聯華電子：兩種股票變現所需的通告時間相同，不過中興銀行當日跌停，投資人能夠變現的股數僅有 42,000 股，極度缺乏流動性。反觀聯華電子的成交量高達 73,410,000 股，股價變異性「$(39.8 - 38) \div 38 = 4.74\%$」雖然較高，但顯然較中興銀行具有流動性。

(2)寶來得利債券基金、鴻運股票基金與中華店頭 50 開放型股票基金

(a)寶來得利債券基金的流動性最高，理由是：投資人在當天 (T) 可用固定價值項隨時無限制的贖回，同時迅速取得資金。

(b)鴻運股票基金的流動性次之，理由是：投資人在當日可在 6.30～6.20 之間變現，價格變異性「$(6.30 - 6.20) \div 6.20 = 1.6\%$」不大，不過該類資產的成交量偏低顯示其流動性不高，投資人可在 $T+2$ 日內取得現金，變現時間較短。

(c)中華店頭 50 開放型股票基金的流動性較低，理由是：投資人在當日向投信公司要求贖回 (4.16)，係以次日的淨值 (4.05) 在 $T+5$ 日內取得現金，變現時間較長，不過該類資產將可隨時贖回而不受限制。

9.試說明經濟理論採取兩種方法，如何判定何種資產將可列入貨幣範圍？

 (1)功能性方法：基於「貨幣是什麼」來規範貨幣範圍，依據貨幣在體系扮演之角色來決定何種資產是否可以列入貨幣的範圍。

(2)實證方法：最適貨幣定義不能脫離實用範圍，是以運用實際資料證明何種定義之貨幣數量與經濟活動間的關係最密切，此種方法解決「貨幣做了什麼」的困惑。

10.試說明金融創新與金融監理的關係。

解析 在金融創新過程中，金融監理活動面臨兩種反應力量的引導：(1)金融廠商反應：金融廠商尋找最適金融商品規避管制，降低金融監理約束形成的衝擊。(2)金融當局反應：金融當局從事監理活動，係在追求擴大其政治權力，任何規避金融監理的創新，將會降低金融法規有效性和侵蝕金融監理權力，促使其重新修訂金融法則，而新的金融法則同樣在市場和技術變遷後，亦將成為金融創新所欲規避的目標。是以規避金融管制、金融創新與金融監理將持續循環不止。

11.何謂流動性？試以資產流動性的高低比較 M_{1A}，M_{1B} 與 M_2 的差異性。

解析 (1)流動性：資產轉換成現金的難易程度或必須支付的成本，如：時間成本或金錢成本。

(2)若以流動性高低來比較，$M_{1A} \succ M_{1B} \succ M_2$。

12.何謂電子貨幣？電子貨幣的發行是否會影響貨幣供給量？

解析 電子貨幣或數位貨幣係指發行者將消費者支付貨幣之價值，以電子、磁片或光學形式儲存在電子裝置。電子貨幣的具體形式包括電子資金轉帳和電子現金兩類。電子貨幣類似現金，將取代部分通貨，透過改變強力貨幣及貨幣乘數而影響貨幣供給。

13.央行公佈臺灣地區的貨幣供給可區分為 M_{1A}，M_{1B}，M_2 三種，試說明三種貨幣供給各自包括那些項目？

解析 (a) $M_{1A} = C^P + DD$

DD 是活期存款淨額，係指活期存款毛額（包括活期與支票帳戶餘額），扣除在票據交換所等待交換的票據，再加上外商銀行在本國央行的活期餘額。

(b) $M_{1B} = C^P + DD + SD$

$\qquad = M_{1A} + SD$

SD 僅限於存款貨幣機構的儲蓄帳戶餘額，郵匯局吸收的郵政存簿儲金排除在外。

(c) $M_2 = M_{1B} +$ 準貨幣

準貨幣包括銀行定期存款、郵政儲金總數（包含劃撥儲金、存簿儲金及定期儲金）、外匯存款（含外幣定期存單）、銀行及郵匯局之證券附買回交易、外國人持有新臺幣存款（含活期及定期）等五種。

14.試說明下列情況發生對 M_{1B} 與 M_2 貨幣需求將會造成何種影響？同時說明該影響與貨幣扮演功能間的密切關係： (a)人們利用自動提款機，隨時從儲蓄帳戶提領現金。(b)百貨公司及商店行號均接受信用卡的付款方式。(c)提高定期存款或儲蓄存款利率。

 (a) M_2 需求增加：定期性存款屬於準貨幣，僅扮演價值儲藏功能，若可隨時提領現金，其扮演交易媒介功能將會提昇。

(b) M_{1B} 需求增加：信用卡交易盛行，人們將會減低對現金的需求，M_{1B} 扮演交易媒介功能將會提昇，因其將用於清算信用卡支出。

(c) M_2 需求增加：定期存款或儲蓄存款利率上升，將促使 M_2 需求增加，亦即其扮演價值儲藏功能增強。

15.試說明理論性與實證性貨幣定義的內容與當中的爭議。

 理論性貨幣定義係基於「貨幣是什麼」，依據貨幣在體系扮演的角色進行規範，這些功能屬於事前或主觀認定，故稱為先驗或規範性方法。至於實證性貨幣定義係基於「貨幣做了什麼」的概念，運用實際資料證明何種定義之貨幣數量與經濟活動間的關係最密切。前者強調原則性而無法指出何種貨幣定義最能解釋景氣循環變化，後者強調貨幣定義的有用性，認為貨幣與景氣循環存在密切關係，採取迴歸分析驗證何種貨幣定義最能反映經濟活動變化。

三、計算題

1. 央行經濟研究處基於 St. Louis 模型,利用國內資料驗證近似貨幣與政府支出 G 對消費者物價指數 CPI 的影響,分別獲得三條迴歸方程式如下:

(1) $\Delta CPI = 3{,}244 + 0.7\Delta C^P + 0.63\Delta DD + 0.56\Delta SD + 0.49\Delta Q + 0.115\Delta G$　$R^2 = 0.92$
　　　(2.00)　(2.02)　　(2.46)　　　(2.37)　　(2.33)　　(0.953)

(2) $\Delta CPI = 1{,}234 + 0.8\Delta C^P + 0.72\Delta DD + 0.64\Delta SD + 0.63\Delta TD + 0.02\Delta G$　$R^2 = 0.89$
　　　(1.98)　(2.01)　　(2.56)　　　(2.17)　　(1.09)　　(0.79)

(3) $\Delta CPI = 2{,}356 + 0.9\Delta C^P + 0.81\Delta DD + 0.72\Delta SD + 0.63\Delta TD - 0.51\Delta FD + 0.103\Delta G$
　　　(1.99)　(2.04)　　(2.36)　　　(2.27)　　(2.16)　　(2.25)　　　(0.87)
　　　$R^2 = 0.892$

顯著水準 $\alpha = 5\%$ 時,$t = 1.96$。另外,央行在 2004 年 7 月份的金融統計月報,發佈國內的 $C^P = 1{,}000$,$DD = 1500$,$SD = 2{,}000$,$TD = 2{,}500$,$FD = 500$,$Q = TD + FD$ 是準貨幣,單位是億元。依據上述資訊回答下列問題:(a)在 $\alpha = 5\%$ 顯著水準下,央行經研處應建議彭總裁採用何種貨幣定義?試說明當中的理由為何?該定義的貨幣數量為何?(b)針對上述問題,體系內存在的流動性總量為何?同時,請說明政府支出對 CPI 的影響。

解析 (a)應該選擇(2)迴歸結果,採取 $(M_{1B} + TD)$ 的貨幣定義,理由是:準貨幣中的 FD 對經濟活動的影響為負值,亦即扮演資產角色,不該列入貨幣定義範圍。

$(M_{1B} + TD) = 1{,}000 + 1{,}500 + 2{,}000 + 2{,}500 = 7{,}000$

(b) $M^* = C^P + (\dfrac{b_2}{b_1})DD + (\dfrac{b_3}{b_1})SD + (\dfrac{b_4}{b_1})TD$

　　　$= 1{,}000 + 0.9 \times 1{,}500 + 0.8 \times 2{,}000 + 0.7 \times 2{,}500$

　　　$= 1{,}000 + 1{,}350 + 1{,}600 + 1{,}750 = 5{,}700$

政府支出對 CPI 毫無影響

2. 央行在 2001 年 9 月底公佈臺灣地區的名目貨幣供給數量為 1,000 億元,當月份的物價指數為 $P = 100$。據報載製造偽鈔集團運用電腦科技嫻熟,在 10 月中推出維妙維肖的仿冒新版千元鈔票 20 億元上市流通,不論民眾或金融當局均無從判別真偽,造成 10 月份的物價指數上漲至 $P = 102$,試計算偽鈔

集團在 10 月份的非法出擊中，至 10 月底為止的實質獲利為何（央行在同期內並無增加發行通貨的行動）？

解析 偽鈔集團的實質獲利為 20 億元 ÷ 1.02 = 19.6078 億元

3. 中研院經濟所利用國內資料進行實證研究,探討貨幣性資產變化對國內景氣循環變動的衝擊，分別獲得三條迴歸結果如下：

(1) $\Delta GDP = 2,400 + 0.9\Delta C^P + 0.81\Delta DD + 0.72\Delta SD$ $\quad R^2 = 0.911$
$\quad\quad\quad\quad (1.98)\quad (2.01)\quad\quad (2.56)\quad\quad\quad (2.17)$

(2) $\Delta GDP = 3,600 + 0.8\Delta C^P + 0.64\Delta DD + 0.56\Delta SD + 0.48\Delta TD$ $\quad R^2 = 0.921$
$\quad\quad\quad\quad (1.99)\quad (2.04)\quad\quad (2.36)\quad\quad\quad (2.27)\quad\quad\quad (2.12)$

(3) $\Delta GDP = 5,400 + 0.7\Delta C^P + 0.63\Delta DD + 0.56\Delta SD + 0.49\Delta TD - 0.42\Delta FD$
$\quad\quad\quad\quad (2.03)\quad (1.99)\quad\quad (2.04)\quad\quad\quad (2.36)\quad\quad\quad (2.27)\quad\quad\quad (2.59)$
$\quad\quad\quad\quad R^2 = 0.931$

依據金融統計月報顯示，央行在 2003 年 12 月底發布貨幣性資產餘額分別為：$C^P = 1,000$，$DD = 2,000$，$SD = 3,000$，$TD = 4,000$，外幣存款 $FD = 500$。同時，依據統計學的迴歸分析，經濟所採取 $\alpha = 5\%$ 的顯著水準進行檢定，t = 1.96。試回答下列問題：經濟所選擇的最適貨幣定義為何？理由為何？(b) 央行應該控制的貨幣數量為何？ (c)各種貨幣性資產的流動性為何？(d)臺灣金融體系在 2003 年 12 月底存在的貨幣等值為何？

解析 (a)經濟所選擇的貨幣定義為 $(M_{1B} + TD)$，理由是：(2)迴歸方程式的解釋能力優於(1)，而在(3)迴歸方程式中，FD 的迴歸係數為負值，顯示其扮演價值儲藏角色，並非貨幣的一環，故只有(2)迴歸方程式才能解釋經濟活動的變化，是以選擇的貨幣定義將是 $(M_{1B} + TD)$。

(b) $(M_{1B} + TD) = 1,000 + 2,000 + 3,000 + 4,000 = 10,000$

(c) $\Delta GDP = 3,600 + 0.8\Delta C^P + 0.64\Delta DD + 0.56\Delta SD + 0.48\Delta TD$
$\quad\quad\quad\quad = 3,600 + 0.8(\Delta C^P + 0.8\Delta DD + 0.7\Delta SD + 0.6\Delta TD)$

C^P 的貨幣性為 1，DD 的貨幣性為 0.8，SD 的貨幣性為 0.7，TD 的貨幣性為 0.6。

(d) $M^* = C^P + (\dfrac{b_2}{b_1})DD + (\dfrac{b_3}{b_1})SD + (\dfrac{b_4}{b_1})TD$
$\quad\quad\quad = 1,000 + 0.8 \times 2,000 + 0.7 \times 3,000 + 0.6 \times 4,000$

$$= 1,000 + 1,600 + 2,100 + 2,400 = 7,100$$

4. 依據央行金融統計月報發布的資料顯示，某月底的相關金融資產數值分別如下：（單位：百萬元）

庫存現金 25,787、通貨發行額 152,505、活期儲蓄存款 130,916、支票存款淨額 92,861、準貨幣 782,134。

試計算 M_{1A}、M_{1B}、M_2 三種貨幣供給數量。

解析 M_{1A} = 通貨淨額 + 支票存款餘額 + 活期存款餘額

$$= (152,505 - 25,787) + 92,861 + 114,410 = 333,989$$

$M_{1B} = M_{1A}$ + 活期儲蓄存款餘額

$$= 333,989 + 130,916 = 464,905$$

$M_2 = M_{1B}$ + 準貨幣

$$= 464,905 + 782,134 = 1,247,039$$

第二篇

2

融資型態
與資產選擇

第4章 資金融通與金融監理

習題解答

一、選擇題

1. 雙元金融體系是指何種現象？ (a)貨幣市場與資本市場並存 (b)外匯市場與本國貨幣市場並存 (c)中央銀行與商業銀行並存 (d)正式金融市場與非正式金融市場並存

2. 資金供需雙方進行外部融資時，有關融通策略與發行證券類型的關係，何者正確？ (a)金融廠商主要採取發行初級證券方式募集資金 (b)次級證券均屬債務融資性質 (c)次級證券屬於直接金融工具 (d)企業發行初級證券募集資金，均屬債務融資性質

3. 為因應大膽西進的資金需求，台塑集團評估各種融資策略時，董事會成員應有何種正確觀念？ (a)利用歷年保留盈餘與公積金融資，將無須考慮資金成本 (b)採取直接金融策略無須考慮期限問題 (c)在美國發行存託憑證(ADR)將屬於直接金融的一環 (d)採取舉債融資必然是間接金融

4. 臺北迪化街是臺灣享有盛名的地下金融中心,試判斷其從事金融交易活動內涵的正確性： (a)金融壓抑策略愈成功，迪化街的金融交易活動將會萎縮 (b)迪化街金主對融資期限較長者,通常給予優惠而收取較低的融資利息 (c)迪化街的金融交易活動屬於債務融資性質 (d)中小企業透過金融掮客向迪化街金主借貸，將屬直接金融的一環

5. 臺灣地下金融活動占全部融資達到 25% 以上，有關該類金融活動的運作狀況,何者正確？ (a)地下金融屬於直接金融的一種 (b)人們參與互助會活動,屬於安全性的投資活動 (c)中小企業利用股東往來向員工借款,係屬於內部

融資的一種　(d)丙種經紀人是地下金融中提供上市股票信用交易者

6.富邦金控公司所屬的子公司從事金融活動時，何種說法屬於正確？　(a)富邦銀行透過放款活動換取次級證券　(b)富邦人壽發行次級證券（壽險保單）向投保壽險者吸收資金　(c)富邦銀行發行初級證券向儲蓄者吸收存款　(d)富邦銀行購買東元電機發行的商業本票，將屬於直接金融的範圍

| 1.(d) | 2.(b) | 3.(c) | 4.(c) | 5.(d) | 6.(b) |

二、問答題

1.試說明直接金融與初級證券、間接金融與次級證券的關係。

解析 廠商採取直接金融策略募集資金，將是發行股票、債券或票募等初級證券募集資金，此係最終資金需求者發行的證券。

人們透過創造銀行信用的金融廠商（以銀行與壽險公司為主），間接將資金轉貸赤字單位，取得銀行與壽險公司等中間借款者發行的次級證券，如：存款、與壽險保單等。創造銀行信用的金融廠商發行次級證券向投資人募集資金，經過徵信調查後，對赤字單位授信以換取放款契約、股票、債券與票券等初級證券。

2.試說明金融雙元性形成的原因。

解析 金融雙元性係指正式金融與非正式金融並存的現象，或稱納入管理與未納入管理之金融體系，或稱有組織與無組織的金融體系，或稱合法與非法金融體系，後者俗稱地下金融、民間借貸市場或黑市資金市場。在經濟發展過程中，開發中國家面臨長期資金匱乏與重點發展特定產業政策的理由，對金融部門採取嚴格管制與資金配置政策，從而衍生金融壓抑與金融雙元性的問題。

3.金融廠商出現對經濟活動將會造成何種影響？

解析 金融廠商對經濟活動的影響：(1)降低融資成本、(2)削減融資風險、(3)

提昇資金流動性、(4)承辦長期融資、(5)促進證券多元化。

4. 金融當局經常採行的金融監理類型為何？

 金融監理係指金融當局採取各種策略維護金融秩序，而金融秩序係指能讓人們使用存款貨幣（支票）順利安全完成清算的環境。金融監理類型有二：

(1) 干預標準：依據金融干預標準，價格管制係指匯率與利率管制，非價格管制為金融價格以外之其他形式干預，如：信用數量管制與金融業務管制等。

(2) 干預性質：針對金融業的法令規章、監督、指揮與管理之金融行政體系等項目而進行干預，包括結構性（事前）管制、安全性（事後）管制、貨幣政策與財政政策等四類。

5. 何謂金融自由化與金融國際化？兩者有何關連？

 金融自由化係指金融當局逐步減輕乃至解除利率與匯率管制，由全面性禁止金融價格競爭，演變為部分管制以迄全面解除管制（或金融價格僵化、彈性化以迄自由化）之過程。在開放體系，金融當局逐步開放外商參與國內金融市場，放寬國人從事國際金融活動的限制，解除有關貿易帳及資本帳的外匯管制，導引國內外金融市場相互整合。金融當局逐步修正國內金融法規制度及交易習慣，使其趨向符合國際金融交易慣例，是以對外的金融自由化即是金融國際化。

6. 試比較結構性管制與安全性管制的差異性。

 結構性管制係針對金融廠商設立與業務、增設分支機構等有關金融業組織型態的運作進行事前管制，目的在於確保金融廠商營運健全性，維護金融業穩定運行。安全性管制則針對金融廠商進行營運所產生的事後資產負債表進行監理，包括要求符合資本適足性及限制資產組合內容，確保其流動性與償債能力。

題 庫

一、選擇題

1. 開發中國家採取金融壓抑策略釀成的影響，何者錯誤？　(a)金融雙元性是否出現尚須其他條件配合　(b)商業銀行進行信用分配具有恆常性　(c)官方金融的利率趨向多元化　(d)地下金融要求較高利率係反映較高的倒帳風險

2. 有關地下金融活動內容的描述，何者正確？　(a)客戶借款期限越短，金主須承擔破產風險較低，故可收取較低利息　(b)地下錢莊與客戶間直接融資，支付的交易成本較間接融資為低　(c)金主提供資金將考慮財務風險,通常要求較高利率　(d)客戶進行票貼須承擔財務風險，僅願支付較低利率

3. 彰銀在金融體系從事金融中介活動，何種操作方式係屬正確？　(a)彰銀係以資金向企業換取次級證券　(b)存款者以其資金向彰銀換取次級證券　(c)彰銀可在次級市場上發行可轉讓定存單募集資金　(d)彰銀向企業購買次級證券謀取利益

4. 裕融企業的財務經理規劃營運資金來源，必須瞭解何種性質係屬正確？　(a)銀行持有裕融發行的票券,將屬於直接金融範圍　(b)裕融取得銀行的票券發行融資額度,將列入長期負債項目　(c)裕融採取發行票券或票券發行融資募集資金,產生的財務效果相同　(d)裕融可向 Morgan-Stanley 投資銀行申請間接金融額度

5. 華碩接獲大筆手機訂單，為擴大產能而需求龐大資金，財務經理規劃資金來源時，何種認知係屬錯誤？　(a)內部融資無須面臨財務風險　(b)發行公司債募集資金係屬於直接金融　(c)採取間接金融募集資金必然是債務融資　(d)直接金融面臨的風險與資金成本均低於間接金融

6. 金融業與聯電集團建立資金往來關係，何者正確？　(a)台灣工銀發行初級證券向聯電集團吸收存款,再轉用於中長期授信　(b)聯電集團投資交通銀行發行的金融債券,將歸入間接金融範圍　(c)聯電集團透過 Morgan-Stanley 銀行

在海外發行 GDR 募集資金，即是直接金融　(d)中華開發工銀購買聯電集團的公司債即屬於直接金融

7. 開發中國家偏好金融壓抑措施，何種狀況將不會發生？　(a)金融市場價格機能將可充分發揮　(b)金融部門分割現象趨於嚴重　(c)利率與匯率變動趨於僵化　(d)擴大金融業壟斷性與金融市場不完全性

8. 在臺北迪化街盛行的金融活動中，何種現象係屬錯誤？　(a)金融交易充分顯現金融自由化與競爭性的結果　(b)借款期限越短，金主承擔的到期日風險較低，將收取較低利息　(c)金融交易均屬債務融資性質　(d)赤字單位與金主直接融通，屬於外部融資的一種

9. 臺灣的金融機構屬於雙元金融體系，其運作方式，何者正確？　(a)貨幣市場與資本市場同時中介資金　(b)廠商同時在直接金融與間接金融市場募集資金　(c)商業銀行與投資銀行共同提供融資　(d)證券集中交易市場與股票盤商市場同時存在撮合股票

10. 臺北迪化街是臺灣享有盛名的地下金融中心，其金融交易性質，何者正確？　(a)金主直接借錢給赤字單位，屬於直接金融型態　(b)金主基於高違約風險，將要求較高利率　(c)金融交易活動屬於內部融通性質　(d)赤字單位透過金融掮客向迪化街金主借貸，屬於間接金融型態

11. 黃大戶在地下金融市場充當金主，將不會考慮何種問題？　(a)放款期限較長，利率將可優惠　(b)違約風險較高將要求較高利率　(c)流動性風險將是考慮重點　(d)實際報酬率遠高於正式金融

12. 訊連科技評估採取間接金融或直接金融募集資金，何種看法係屬正確？　(a)直接金融是廠商取得資金的主要來源　(b)間接金融成本高於直接金融　(c)廠商採取間接金融風險將高於直接金融　(d)間接金融的資訊不對稱成本小於直接金融

13. 高僑公司財務部門與金融業建立往來關係，何種概念係屬正確？　(a)將資金存入中華開發工業銀行，換取後者發行的初級證券　(b)持有華南銀行發行的次級證券，可在次級市場出售　(c)從上海銀行取得直接金融資金　(d)土地銀行購買高僑公司債即屬於間接金融

14. 有關融通策略與發行證券類型的關係，何者正確？ (a)壽險公司主要採取發行初級證券募集資金 (b)次級證券均屬債務融資性質 (c)初級證券均屬於間接金融工具 (d)廠商發行次級證券募集資金，均屬債務融通性質

15. 有關臺灣地下金融活動的運作狀況，何者正確？ (a)地下金融屬於間接金融的一環 (b)人們參與互助會活動,屬於安全性的投資活動 (c)中小企業利用股東往來向員工借款,具有內部融通性質 (d)盤商市場是地下金融中提供未上市股票信用交易的中介場所

16. 國泰金控公司集團從事營運時，何種說法屬於正確？ (a)國泰世華銀行透過授信活動換取次級證券 (b)國泰人壽發行次級證券 (壽險保單) 向投保壽險者吸收中長期資金 (c)國泰投信發行初級證券向儲蓄者吸收存款 (d)國泰世華銀行購買遠紡發行的公司債，將屬於直接金融的範圍

17. 丙種經紀人評估在何種狀況下，將降低股票融資要求的風險加碼？ (a)融資者買進股票的成交量大幅萎縮 (b)融資者的財務狀況訊息透明化 (c)票據交換所公佈的退票家數大幅攀升 (d)融資借款期限縮短

18. 金管會主委追求維持金融體系穩定運行，必須瞭解何種活動性質係屬錯誤？ (a)中長期資金運用制度是矯正金融市場不完全性的政策金融 (b)財政部發行公債將影響金融業營運,屬於金融干預型態之一 (c)中興銀行負責人違法放款而遭財政部勒令撤換,此係屬於安全性管制 (d)要求強化銀行業資本適足性，顯然背離金融國際化潮流

19. 在 1997 年的亞洲金融風暴中，東南亞國家發生許多銀行營運危機，追究原因部分與金融當局採取的政策有關，何者正確？ (a)金融監理上的縱容 (b)要求銀行採取標準會計制度 (c)要求銀行嚴守訊息公佈規定 (d)利率自由化與匯率自由化

20. 金檢單位對銀行監理的新趨勢係在強調： (a)資產管理 (b)負債管理 (c)資本適足管理 (d)風險管理

21. 在何種情況下，體系將會出現金融反中介現象？ (a)金融市場利率相對較高時期 (b)金融機構之利率相對較高時期 (c)金融機構資金氾濫時期 (d)金融市場發生崩盤時期

22. 觀察臺灣金融與經濟發展的經驗,阻礙金融業促進經濟持續發展的限制因素中,何者錯誤? (a)金融壓抑政策 (b)金融市場不完全 (c)金融雙元性 (d)經濟發展程度

23. 經濟成員評估在金融中介機構或金融市場進行交易,何種訊息係屬錯誤? (a)金融中介機構的交易成本小於金融市場的交易成本 (b)股票市場是廠商營運資金的主要來源 (c)人們透過金融中介機構進行投資,可降低資訊不對稱的成本 (d)金融中介機構資訊不對稱成本小於金融市場的資訊不對稱成本

24. 中小企業在地下金融市場直接尋求金主融通資金,何種問題將不會發生? (a)流動性溢酬偏高 (b)融資期限過短 (c)信用風險溢酬偏高 (d)直接融通的成本較低

25. 下列何種事件屬於間接金融的活動? (a)台灣高鐵向中國商銀貸款 100 億元 (b)源興科技公開承銷其公司股票 (c)世平興業委託台灣工銀將應收帳款 20 億元證券化 (d)華邦電子在公開市場發行可轉換公司債十億元

26. 有關間接金融存在的說法,何者錯誤? (a)資本市場規模過於龐大,促使間接金融業者有立足之地 (b)資金供給者需隨時掌握公司營運情況,以避免被倒帳,但對個人而言,監視成本過於昂貴 (c)就資金供給者而言,個人持有小額資金無法購買面額較大的股票或公司債 (d)就資金需求者而言,小型企業無法直接發行股票或公司債籌資

27. 某幫派的大哥目前從事放高利貸的工作,則他係從事何種金融活動? (a)地上金融 (b)間接金融 (c)直接金融 (d)地下金融

28. 何者並非金管會對銀行的管制活動範圍? (a)限制銀行的業務範圍 (b)規定銀行放款對象每月需公開公佈其財務報表 (c)強制銀行加入存款保險 (d)年度金融檢查

29. 聯強公司財務部評估採取間接金融或直接金融募集資金時,前者具備何種優勢? (a)贈與手續簡便 (b)獲取利潤較高 (c)稅負極輕 (d)可降低融資風險

1.(a)	2.(d)	3.(b)	4.(b)	5.(d)	6.(c)	7.(a)	8.(a)	9.(d)	10.(a)
11.(a)	12.(b)	13.(d)	14.(b)	15.(d)	16.(b)	17.(d)	18.(d)	19.(a)	20.(d)
21.(a)	22.(d)	23.(b)	24.(d)	25.(a)	26.(a)	27.(d)	28.(b)	29.(d)	

二、問答題

1. 相較於在金融市場流通的初級證券，金融中介機構發行的次級證券，具有何種特質更能滿足盈餘單位需求？

解析 次級證券對盈餘單位而言，具有的優點包括：(a)資產可以分割、(b)到期期限具有彈性、(c)資產風險較低。

2. 金融中介機構對赤字單位提供何種服務功能？

解析 (1)協助赤字單位取得較大融資、(2)降低融資期限的限制、(3)降低融資成本、(4)提供赤字單位各種資訊與服務。

3. 試述金融體系扮演之功能，說明直接金融與間接金融的意義。為何直接金融出現後，間接金融仍然持續存在？

解析 非正式金融面臨訊息不全而使融資成本大幅躍升、評估成本及附加風險溢酬偏高、初級證券缺乏流動性、資金供需雙方的條件南轅北轍、儲蓄資金有限，無法滿足大量資金需求，致使金融體系（包括金融市場與金融機構）出現來解決上述問題，亦即金融體系扮演的功能即在解決訊息不全、流動性、期限與資金量不足等問題。

直接金融係指金融市場提供初級證券交易場所，撮合資金供需雙方，經由公開資訊降低融資成本與風險。間接金融係指包括發行存款貨幣的銀行，或僅能發行儲蓄工具的非銀行金融廠商（如：壽險公司），吸收盈餘單位資金，透過放款與投資證券創造銀行信用。直接金融的信用工具必須符合一定門檻與條件，屬於標準化產品，此種限制將會排擠資金不足的儲蓄者加入該市場，以及排擠條件不符的廠商在市場募集資金，促使間接金融仍需要持續存在。

4. 何謂利率自由化？利率自由化的先決條件為何？利率差異的原因為何？

解析 利率自由化係指央行解除利率管制措施，金融市場利率取決於完全競爭市場供需，金融廠商依據資金狀況自行訂定並調整存放款利率。利率自由化的先決條件取決於健全運作的金融市場、金融資產多元化與金融管制的解除（資金自由移動）等。此外，金融市場各種利率差異的原因有二：(a)不同金融資產面對通貨膨脹率、稅率、交易成本、流動性與倒帳風險的反應迥異，報酬率顯然有別；(b)同類型金融資產的期限不同將使報酬率亦有差異。

5. 間接金融與直接金融有何差異？在亞洲金融危機爆發後，若干在危機期間受創嚴重之新興經濟體，何以致力於發展資本市場？對此發展策略，你的看法如何？

解析 (a)間接金融與直接金融屬於外部融通，直接金融透過金融市場進行，赤字單位發行的初級證券直接交予盈餘單位；間接金融則是透過金融中介機構進行，係由金融中介機構憑藉本身信用，發行次級證券，提供剩餘單位投資，再將所獲資金購入赤字單位發行的初級證券。

(b) 1997 年爆發的亞洲金融危機，主要原因是：銀行逾放比例偏高、企業過度仰賴銀行的融資管道，缺乏債券市場的資金挹注所致。是以在亞洲金融危機發生後，許多亞洲國家政府競相發行數量更多、面額更高的債券，提供多元化的企業金融來源。

(c)穩健的債券市場需歷時數年才能形成，許多亞洲企業仍以銀行放款作為主要資金來源。再者，亞洲金融危機暴露出亞洲國家政府干預信貸業務、多數放款抵押品的監理不周，以及銀行放款多以特權關係為標準等三大金融體系缺失，目前也未見改善。是以亞洲國家應該是強化金融體系的體質，而非積極推動債券市場發展。此外，由於銀行扮演極為重要角色，故應明訂銀行政策並提昇風險管理技術。

6.觀察臺灣的實際資料顯示：大企業採取直接金融方式取得資金的比重出現逐
　年遞增趨勢，反觀中小企業採取直接金融方式取得資金的比重卻未逐年遞
　增。針對該現象，試提出合理解釋。

解析 直接金融係指由金融市場募集資金，但須符合下列門檻：(a)股票上市
　　　或上櫃的資格與條件相對嚴格、(b)在金融市場募集股權資金，必須分
　　　散股權或經營權、(c)財務與營運資訊必須透明化，而中小企業在多數
　　　狀況均無法符合這些條件，是以由直接金融方式取得資金的比重並
　　　未逐年遞增。

第 5 章 利率理論

 習題解答

一、選擇題

1. 當中華信用評等機構調降華泰公司信用評等,導致其發行之債券價格下跌,可能原因是: (a)殖利率升高,流動性風險溢酬減少 (b)殖利率升高,違約風險溢酬增加 (c)票面利率升高,到期日風險溢酬增加 (d)票面利率及殖利率升高, 預期通貨膨脹風險溢酬增加

2. 遠東紡織公司發行 7 年期與 10 年期公司債,利率分別訂為 3% 與 4%,兩者間的差距 1% 係屬於: (a)違約風險溢酬 (b)期限風險溢酬 (c)預期通貨膨脹溢酬 (d)流動性溢酬

3. 依據 Fisher 效果,當體系預期通貨膨脹率從 6% 降至 4%, 在其他條件不變下,何者正確? (a)名目利率與實質利率兩者皆下跌 2% (b)名目利率與實質利率維持不變 (c)名目利率下跌 2%,但實質利率不變 (d)名目利率不變,實質利率下跌 2%

4. 依據流動性偏好理論與純粹預期理論對利率變動的看法,何者正確? (a)在預期利率上升時,前者的收益曲線斜率較後者更陡 (b)在預期利率不變時,兩者的收益曲線均呈現水平狀態 (c)在預期利率下跌時,後者的收益曲線較前者平坦 (d)在預期利率不確定時, 兩者的收益曲線均呈現小幅度變動

5. 下列敘述,何者正確? (a)古典學派認為投資增加會導致利率下降 (b)根據可貸資金理論,可貸資金供給增加時, 利率會上升 (c)Keynes 認為均衡利率水準由流動性偏好與貨幣供給決定 (d)當央行大幅提高貨幣成長率時,利率會下降

6. 張無忌以 10 萬元買入中華開發金控股票，一年後以 12 萬元賣出，在此期間獲得現金股利 1 萬元，則持有股票的收益率為：　(a) 25%　(b) 10%　(c) 16.67%　(d) 30%

7. 有關純粹預期理論對利率變動的看法，何者錯誤？　(a)遠期利率是未來利率之不偏估計值　(b)市場對未來利率變動之預期將反映於收益曲線的斜率　(c)收益曲線斜率為正時，將意味著市場預期短期利率會上漲　(d)當市場預期短期利率下跌時，收益曲線可能仍然呈現正斜率

8. 有關景氣循環與利率期限結構關係的敘述，何者正確？　(a)正常狀況下，收益曲線應呈現正斜率　(b)利率通常與景氣循環呈現反向變動　(c)實質利率變動通常大於名目利率變動　(d)當正斜率收益曲線變陡時，意味著經濟成長率即將下滑

| 1.(b) | 2.(b) | 3.(c) | 4.(a) | 5.(c) | 6.(d) | 7.(d) | 8.(d) |

二、問答題

1. 試說明 Mundel-Tobin 效果的內涵。Fisher 效果為何是其中的特例？

解析 當體系發生通貨膨脹，類似對資金供給者課徵通貨膨脹稅，透過金融市場交易將部分租稅轉嫁給資金需求者，實質利率與貨幣利率將反映預期通貨膨脹率變化，出現貨幣利率上升、實質利率下降，此即 Mundell-Tobin 效果。Fisher 效果係指當體系發生通貨膨脹後，實質利率基本上維持不變，貨幣利率反映預期通貨膨脹率變化而呈現等幅度上升，亦即可貸資金供給缺乏利率彈性，通貨膨脹稅將全部由資金需求者負擔。

2. 當銀行執行信用分配的效率越佳時，非正式金融利率將如何變化？

解析 銀行執行信用分配的效率越佳，非正式金融的資金需求越低，黑市利率將會相對較低。

3.試說明實質利率與名目利率為何經常發生差異?

解析 貨幣利率係指在金融市場交易的利率，其組合內容為:

$$i = r + \pi^e + d + l + m + t$$

是以貨幣利率變化未必反映實質利率的變動。

4.就長期而言，央行提高貨幣成長率將會促使物價上漲，經由實質貨幣供給減少而造成貨幣利率上升。試評論該項說法。

解析 此即 Gibson 矛盾。央行提高貨幣成長率，短期經由流動性效果迫使利率下跌，在物價與預期通貨膨脹率不變下，貨幣利率與實質利率同時下降，刺激投資與消費支出增加，透過乘數過程運作，所得與交易性貨幣需求隨之增加，貨幣利率反轉回升，此即所得效果。隨著央行持續提高貨幣成長率，將引發物價連續上漲，除造成實質貨幣供給減少外，同時形成通貨膨脹預期增加，引起資金供給者要求附加通貨膨脹溢酬而再度推動貨幣利率攀昇，形成膨脹性預期效果。

5.何謂收益曲線? 收益曲線通常呈現正斜率的理由為何?

解析 收益曲線 $r = f(N)$ 係描述債券殖利率 (r) 與到期期限 (N) 的關係。收益曲線呈現正斜率的理由包括預期短期利率上漲與流動性溢酬為正值，而且後者的存在係收益曲線呈現正斜率的主要原因。

6.試說明票面利率、當期收益率與到期收益率等概念。假設高僑公司採取溢價發行公司債，上述三種利率的關係為何?

解析 票面利率係證券票面所載的利率，當期收益率係證券每年收益率除以市場價格，即是目前收益率，到期收益率係人們買進債券持有至到期日為止的年平均報酬率，透過貼現方式求出票面利息收益 R_i、票面金額 F、現值 V (買進價格) 與殖利率 y 彼此間的簡化關係:

$$y = \frac{R + \frac{(F - V)}{n}}{V}$$

當高僑採取溢價發行公司債 $V > F$，在票面利息固定下，將可得到殖利率小於票面利率的關係。

7. 下表是 2003 年 3 月初及 6 月初之債券收益曲線資料:

債券到期期限	3 個月	1 年	3 年	5 年	10 年	15 年
3 月初殖利率	5.25%	5.50%	5.90%	6.30%	6.50%	6.60%
6 月初殖利率	6.50%	6.20%	6.20%	6.10%	6.10%	6.00%

(a)試以各種利率期限結構理論(預期理論、流動性貼水理論與市場區隔理論)解釋收益曲線的形狀。(b)試分析從 3 月初到 6 月初,債券市場可能發生何種狀況?(c)假設債券基金經理人於 3 月初即已預期收益曲線的變化,試問可採取哪些投資交易策略因應?

 (a)預期理論: 收益曲線由正斜率轉為負斜率。流動性貼水理論: 收益曲線由正斜率轉為負斜率。市場區隔理論: 收益曲線型態不確定。

(b)預期理論: 債券市場可能發生預期未來利率下跌的狀況。流動性貼水理論: 由於流動性溢酬存在的緣故,將可確定債券市場發生預期未來利率下跌的狀況。市場區隔理論: 債券市場發生長短期債券供需變化。

(c)債券基金經理人應該於 3 月初採取出售短期債券,買進長期債券的策略,規避短期利率上漲造成短期債券價格下跌的損失,進而賺取長期利率下跌引起長期債券價格上漲的資本利得。

 題 庫

一、選擇題

1. 國內銀行業組成銀行公會,對黑市利率可能造成的影響為何? (a)銀行採取信用分配方式愈具效率,黑市利率攀升速度愈快 (b)除銀行採取信用分配方式外,企業財務風險高低亦會影響黑市利率水準 (c)銀行採取缺乏效率的信用分配方式,黑市利率將大幅攀昇 (d)利率自由化後,銀行市場均衡利率將低於採取利率上限時的黑市利率

2. Standard-Poor 信用評等公司調高裕隆公司信評等級, 導致裕隆公司債價格

上漲，何種原因係屬正確？　(a)殖利率升高，流動性風險溢酬減少　(b)殖利率下降，違約風險溢酬下降　(c)票面利率下降,到期日風險溢酬下降　(d)票面利率及殖利率下降，通貨膨脹風險溢酬下降

3. 寶來債券部門依據預期理論操作債券,何種看法係屬正確？　(a)遠期利率是未來利率之不偏估計值　(b)市場對未來利率變動預期將反映於收益曲線之斜率　(c)收益曲線斜率為正時,將反映市場預期短期利率上升　(d)人們預期未來利率下跌，而收益曲線仍可能為正斜率

4. 日盛投顧接受投資人委託,從事代客操作業務,對金融資產報酬率的要求,何者正確？　(a)以較低價格投資興櫃股票,係因其流動性偏低　(b)要求垃圾債券提供偏高的報酬率,係考慮期限較長的緣故　(c)以較高價格投資上市股票,係因其違約風險較低　(d)投資零票面利率的可轉換公司債,係因其附加股票賣權的緣故

5. 建華證券為高僑公司發行公司債時,何種因素將促使報酬率的風險溢酬增加？　(a)流動性下降　(b)訊息成本下降　(c)稅率下降　(d)倒帳風險降低

6. 遠紡公司同時發行 7 年期與 10 年期公司債募集資金，發行利率分別訂為 3％與 4%,兩者差距 2% 將是屬於：　(a)違約風險溢酬　(b)期限風險溢酬　(c)投機風險溢酬　(d)非系統風險溢酬

7. 假設臺灣金融市場利率的變動完全符合 Fisher 效果的說法,而臺灣景氣衰退造成消費者物價指數膨脹率由 2000 年的 3%，在 2001 年遽降為 −1%，在其他條件不變下，金融市場的利率將呈現何種變化？　(a)貨幣利率與實質利率同時下跌 4%　(b)貨幣利率與實質利率同時下跌 1%　(c)貨幣利率下跌 4%，實質利率下跌 1%　(d)貨幣利率下跌 1%，實質利率維持不變

8. 中興票券評估短期資金市場變化,有關資金供需變化方向,何者正確？　(a)央行在外匯市場買超,將會增加可貸資金需求　(b)臺灣銀行發行的可轉讓定存單到期，將提昇資金供給　(c)農曆春節期間的通貨發行淨額激增,將帶動資金需求供給　(d)股票市場出現多頭走勢，將會帶動資金需求

9. 南亞與台塑兩家公司的營運條件相同,同時向中國商銀借入同期同額的資金，南亞提供資產擔保,支付貸款利率較台塑為低,理由是：　(a)使用貸款

所獲收益較少　(b)使用貸款營運的成本較高　(c)使用貸款營運的周轉效率較高　(d)使用貸款營運所需承擔的風險較大

10.依據流動性貼水理論與預期理論內涵，何者正確？　(a)在預期利率上升時，前者較後者的收益曲線斜率更小　(b)在預期利率不變時，前者較後者的收益曲線更向下傾斜　(c)在預期利率下降時，前者較後者的收益曲線平坦些　(d)在預期利率不確定時，前者比後者的收益曲線變動幅度更小

11.張三豐購買 7 年期遠紡公司債，要求的報酬率通常會附加：　(a)期限風險溢酬　(b)通貨膨脹風險溢酬　(c)違約風險溢酬　(d)流動性風險溢酬

12.有關利率決定的說法，何者正確？　(a)古典學派認為投資增加，將會導致利率下降　(b) Keynesian 學派認為均衡利率水準係由流動性偏好與貨幣供給決定　(c) Keynesian 學派認為體系所得增加時，利率將會下降　(d)根據可貸資金理論，人們降低持有貨幣意願，將推動利率下降

13.依據利率理論內容判斷，何者正確？　(a)張無忌要求附加倒帳風險溢酬，僅願以低價投資未上市股票　(b)垃圾債券報酬率偏高係因考慮通貨膨脹風險溢酬的緣故　(c)趙敏投資上市股票要求較低報酬率，係因其具有高度流動性　(d)預期通貨膨脹率上升將會推動實質利率上漲

14.臺灣的銀行公會實施利率上限制度，將對金融體系產生何種衝擊？　(a)銀行優先對高科技績優公司授信，將迫使黑市利率攀升到最高　(b)銀行藉由加強服務存款者來吸收資金，反而降低銀行資金成本　(c)銀行授信對象若以特權階級為主，將促使黑市利率飆漲到最高　(d)銀行公會推動利率自由化，存款市場的價格領導制度仍將存在

15.大華證券採取流動性貼水理論觀點操作債券，何種看法係屬正確？　(a)遠期利率是未來利率之不偏估計值　(b)收益曲線斜率將反映完全市場預期未來利率變動趨勢　(c)正斜率收益曲線必然反映市場預期短期利率上漲　(d)大華證券屬於風險怯避者

16.國內股票興櫃市場交易冷清，理論上將不會出現何種現象？　(a)買價與賣價的差距擴大　(b)興櫃股票價格偏高　(c)流動性溢酬偏高　(d)系統性風險偏高

17.銀行進行放款時，通常會訂定基本利率，何者正確？　(a)相當於金融業拆款利率　(b)使用信用額度者必須支付的利率　(c)信用評等最佳者所需支付的長期利率　(d)銀行評估資金成本、作業成本、合理利潤及風險係數，訂定對最優良客戶的短期放款利率

18.有關金融市場利率變動的敘述，何者錯誤？　(a)古典學派認為儲蓄增加會導致利率下降　(b)基層金融出現擠兌現象，利率將會出現下跌　(c)可貸資金理論認為廠商投資意願擴大時，利率會上升　(d)資金供需雙方採取理性預期形成方式，Fisher 效果將會成立

19.金寶與仁寶公司屬於相同等級的信用評等，同時由寶來證券承銷同期同額的普通公司債，前者提供中信銀行保證，後者屬於信用性質。何者錯誤？　(a)金寶公司債利率低於仁寶公司債　(b)金寶公司債風險低於仁寶公司債　(c)兩種公司債的利率差異係反映違約風險　(d)兩種公司債的利率差異係反映公司運用資金承擔風險的差異性

20.債券市場目前的 1 年期債券利率為9%，黃蓉預期未來三年的 1 年期債券利率分別為9%、8% 與 8%。依據市場區隔理論，目前的四年期債券利率應近似於：　(a)大於 9%　(b)小於 9%　(c)等於 8.5%　(d)各種利率均有可能發生

21.中興票券基於流動性偏好理論，評估何者係促使短期利率下降的因素？　(a)政府預算出現赤字缺口　(b)央行理監事會議宣佈調降 M_2 成長率目標　(c)央行為阻止臺幣持續升值，而在外匯市場買超美元　(d)主計處公佈臺灣的儲蓄率大幅攀升

22.大華證券的債券部門基於可貸資金理論研判利率走勢，何種看法屬於正確？　(a)貨幣供需係決定中長期利率走勢的主要因素　(b)央行的權衡性貨幣政策將主導中長期利率走勢　(c)可貸資金供需主要決定於儲蓄率與投資率　(d)貨幣供需的變動將會改變中長期利率的走勢

23.實務上，臺灣金融市場利率與消費者物價指數膨脹率間的互動關係係屬多元性質。行政院主計處於發佈 2001 年消費者物價指數下跌 0.01%，係 16 年來首度物價下跌，而 2001 年 12 月的 CPI 跌幅達 1.69%，更是 36 年以來的最

低水準。何種說法係屬錯誤？　(a) Fisher 效果若是成立，貨幣利率與通貨緊縮率將等幅度下跌　(b)銀行並未調降消費金融利率，此係反映 Harrod 效果在主導臺灣的金融市場　(c)企業的可貸資金需求若對利率變動完全不敏感，Fisher 效果將反映貨幣利率的下跌　(d) Mundell-Tobin 效果成立的前提是：可貸資金需求具有完全利率彈性

24.為因應臺灣空前的景氣衰退與投資意願低落，央行自 2000 年 12 月 29 日迄 2001 年 12 月 28 日之間連續 12 次調降重貼現率，而同期間的消費者物價指數一路呈現向下滑落，此種現象對金融市場造成何種衝擊？　(a)企業借款的實質利率負擔必然減輕　(b) Fisher 定理不會成立　(c)名目利率呈現向下滑落趨勢　(d)銀行並未調低消費金融利率，是以消費者的借款利息負擔不變

25.在其他條件相同下，目前 1 年期債券的殖利率是 7%，2 年期是 8%，3 年期是 9%，試問預期一年後的 2 年期債券的市場殖利率為何？　(a) 9%　(b) 10%　(c) 8%　(d) 7%

26.體系內預期通貨膨脹率上升，將對可貸資金市場造成的衝擊，何者正確？　(a)可貸資金供給減少、需求增加　(b)可貸資金供給減少、需求減少　(c)可貸資金供給增加、需求減少　(d)可貸資金供給增加、需求增加

27.當央行調高貨幣成長率時，將會造成何種效果？　(a)流動性效果促使利率下降　(b)所得效果促使利率下跌　(c)物價水準效果促使利率下降　(d)預期通貨膨脹效果促使利率下降

28.楊過運用目前收益率概念操作債券，何者正確？　(a)目前收益率可用於評估折價債券的利率　(b)目前收益率與債券價格呈正向變動關係　(c)當債券價格與其票面價值愈接近時,估計目前收益率將愈精確　(d)目前收益率必然不等於債券之票面利率

29.公司債票面價值為 10 萬元，何種公司債的到期收益率最高？　(a)遠紡公司債票面利率為 5%，成交價格為 10 萬元　(b)聯電公司債票面利率為 10%，成交價格為 10 萬元　(c)土銀金融債券票面利率為 5%，成交價格為 10 萬元　(d)華新科技公司債票面利率為 12%，成交價格為 12 萬元

30.郭裏運用收益曲線操作債券，何種看法係屬正確？　(a)收益曲線係用於表示

風險大小對金融資產報酬率造成之差異　(b)收益曲線為正斜率時,將顯示高
風險金融資產較低風險資產有較高報酬率　(c)收益曲線在大部分期間均呈
水平形狀　(d)收益曲線可能為負斜率

31.元富證券債券部門運用流動性貼水理論,判斷利率期限結構時,必須掌握該
理論的假設為何?　(a)投資人對不同期限金融資產偏好相同　(b)不同期限金
融資產彼此互為完全替代品　(c)不同期限金融資產的市場為完全互相獨立
(d)投資人偏好短期金融資產甚於長期金融資產

32.中信證券面對收益曲線在較短期限係呈現微幅正斜率,在較長期限卻出現較
陡之正斜率的狀況,則依據偏好棲息理論,將判斷市場對未來短期利率之預
測為:　(a)先上升後下降　(b)先不變後上升　(c)先下降後上升　(d)先上升後
大幅上揚

33.郭襄研讀市場區隔理論後,何種心得係屬正確?　(a)假設不同期限之債券具
有完全替代性　(b)假設人們偏好長期債券　(c)不同期限債券之債券價格即
利率係由不同之市場供需所決定　(d)可用於解釋收益曲線為何通常是負斜
率曲線

34.促使倒 U 字型收益曲線出現的原因,何者正確?　(a)預期通貨膨脹率短期持
平但長期下降　(b)預期通貨膨脹率短期稍降但長期上升　(c)預期通貨膨脹
率短期稍升但長期下降　(d)預期通貨膨脹率短期持平但是長期上升

35.就貨幣供給影響利率的動態過程來看,假設其他效果大於流動性效果,且預
期通貨膨脹能夠迅速反映,則央行增加貨幣供給對利率的衝擊為:　(a)上升
(b)下跌　(c)不變　(d)無法判定

36.假設臺灣債券市場的收益曲線為水平線,依據流動性貼水理論,小龍女預期
短天期利率的走勢為:　(a)上升　(b)下跌　(c)不變　(d)無法判定變化趨勢

37.假設體系內的預期通貨膨脹率為20%,黃蓉適用的所得稅率為30%,遠紡公
司債票面利率為10%,則投資該債券的稅後實質報酬率為:　(a)−17%　(b)
−13%　(c)−10%　(d)−7%

38.某一 30 年期公債的當期殖利率為8%,另一 20 年期公債的當期殖利率也是
8%,在其他條件相同下,何種公債的到期殖利率較趨近於8%?　(a) 30 年

期公債　(b)20 年期公債　(c)兩者相同　(d)無法判斷

39.行政院主計處在 2002 年 11 月 15 日發布 2002 年的消費者物價指數 (*CPI*) 確定為負成長 (−0.18%)，相較 2001 年的 (−0.01%) 更為緊縮。假設臺灣金融市場利率（名目利率）變動符合 Fisher 效果的說法，在其他條件不變下，此項訊息發布對目前的利率將造成何種影響？　(a)名目利率與實質利率同時下跌 0.18%　(b)名目利率與實質利率同時下跌 0.17%　(c)名目利率下跌 0.18%，實質利率下跌 0.01%　(d)名目利率與實質利率均維持不變

40.有關利率期限結構的敘述，何者錯誤？　(a)具有預測景氣循環的功能　(b)收益曲線由正斜率轉為水平時，暗示經濟成長率趨於下跌　(c)在正常狀況下，收益曲線將呈現正斜率　(d)臺灣將利率期限結構納入領先指標中

41.有關利率波動與股市的關係，何者錯誤？　(a)在景氣擴張期間，股價及利率較易出現上漲現象　(b)國際熱錢流入容易股價上漲，反而導致利率較難上漲　(c)在景氣循環中，資金供給者在股市與債市間具有互補關係　(d)實務上，債市與股市行情永遠呈現相反走勢

42.收益曲線的形狀往往與市場景氣變化存在密切關係，是以當正斜率收益曲線開始出現平坦化，甚至反轉呈現向下傾斜時，通常反映市場景氣狀況將：　(a)逐漸轉強　(b)逐漸轉弱　(c)維持不變　(d)難以捉摸

43.衡量債券的信用風險，可透過債券信用利差來計算違約機率。假設 3 年期零息公司債的殖利率為 3%，相同期限零息公債的殖利率為 2.5%，則此公司債在三年內發生違約機率約為：　(a) 1.45%　(b) 0.5%　(c) 3.15%　(d) 0.15%

44.華僑銀行採取折價方式發行金融債券，則有關僑銀金融債券的各種報酬率間的關係，何者正確？　(a)票面利率＞當期殖利率＞到期殖利率　(b)票面利率＝當期殖利率＝到期殖利率　(c)票面利率＜當期殖利率＜到期殖利率　(d)當期殖利率＞票面利率＞到期殖利率

45.下列敘述，何者正確？　(a)投資人若是預期未來利率下跌，則長期債券價格將會下跌　(b)若投資人預期未來利率上升，則短期債券價格將趨於上升　(c)根據市場區隔理論，收益曲線係為水平線　(d)根據流動性貼水理論，收益曲線呈現正斜率形狀

46.有關利率決定的說法，何者錯誤？　(a)古典學派認為利率決定係取決於可貸資金供需　(b) Keynesian 學派認為利率決定係取決於貨幣市場供需　(c)國際間的資金移動將決定國際資金報酬率趨於均等　(d)利率期限結構係指顯示金融市場上國內外利率發生差異的關係

47.富邦證券債券部門評估促使威盛公司債價格上漲的因素，以何者最有可能？　(a)大型企業競相發行公司債募集資金　(b)央行調高重貼現率　(c)威盛的信用風險溢酬上升，促使殖利率上升　(d)國際油價下跌，造成預期通貨膨脹率下降

48.某國面臨發生高通貨膨脹率的狀況，金融市場利率飆高至120%，而預期通貨膨脹率也高達100%，該國的實質利率為何？　(a)20%　(b)15%　(c)10%　(d)5%

49.在債券市場上，2年期遠紡公司債的年收益率為10.5%，而1年期遠紡公司債的年收益率為9%，則第二年的1年期遠紡公司債的收益率為：　(a)11%　(b)12%　(c)10.5%　(d)11.5%

50.假設臺灣的實質利率為3%，期限風險溢酬為0，一年期遠紡公司債的名目利率為11%，2年期遠紡公司債為13%，則第二年的預期通貨膨脹率為：　(a)8%　(b)11%　(c)0%　(d)7%

51.有關利率期限結構的敘述，何者正確？　(a)在理性預期假設下，理論上的收益曲線必然呈正斜率　(b)在理性預期假設下，理論上與實際上收益曲線的距離將反映債券的流動性溢酬　(c)當收益曲線逐漸上升時，短期通貨膨脹預期將高於長期通貨膨脹預期　(d)在市場分隔效果假設下，收益曲線必然呈現逐漸上升狀態

52.依據純粹預期理論，假設實質利率為4%，1年期公司債的名目利率為8%，2年期名目利率為9%，則收益曲線將屬於何種型態？　(a)正斜率　(b)水平線　(c)負斜率　(d)垂直線

53.假設名目利率與國庫券利率呈現同時上漲趨勢，此種現象與下列何者發生衝突？　(a)經濟成長提高貨幣需求　(b)預期通貨膨脹率　(c)持有國庫的風險上升　(d)國庫券發行量減少

54.有關金融市場利率的敘述，何者正確？　(a)實質利率係決定於貨幣市場供需　(b)實質利率上升將加速一國的資本累積　(c)大國若擴張政府支出，勢必促使國際金融市場的利率下跌　(d)貨幣供給增加最終將導致利率下降

1.(c)	2.(b)	3.(a)	4.(a)	5.(a)	6.(b)	7.(d)	8.(d)	9.(b)	10.(c)
11.(a)	12.(b)	13.(c)	14.(c)	15.(d)	16.(b)	17.(d)	18.(b)	19.(d)	20.(d)
21.(c)	22.(c)	23.(d)	24.(c)	25.(b)	26.(a)	27.(a)	28.(c)	29.(c)	30.(c)
31.(d)	32.(b)	33.(c)	34.(c)	35.(a)	36.(b)	37.(b)	38.(a)	39.(d)	40.(d)
41.(d)	42.(b)	43.(a)	44.(c)	45.(d)	46.(d)	47.(d)	48.(c)	49.(d)	50.(b)
51.(b)	52.(a)	53.(d)	54.(b)						

二、問答題

1.何謂名目利率？何謂實質利率？為何必須進行區分？

解析 名目利率係指在金融市場交易的利率，或廠商募集資金所需支付的報酬率。實質利率係指廠商取得資金後，購買資本財從事生產所獲的報酬率，相當於實質資本的邊際生產力。廠商投資決策係取決於實質利率，而名目利率係為融通投資的資金成本，投資活動若要付諸執行，將需比較兩者而定，故需就兩種利率作一區分。

2.試利用債券供給與需求曲線的變動，說明景氣衰退對市場可能均衡利率的影響。

解析 景氣衰退將造成債券需求減少（盈餘單位的儲蓄下降），債券供給減少（廠商的投資意願下降），債券市場均衡利率的變化不確定。

3.詮釋金融市場利率決定的理論包括可貸資金理論與流動性偏好理論，試說明兩者的差異性。

解析 兩者的差異包括：(1)可貸資金理論屬於流量理論，流動性偏好理論屬於存量理論；(2)可貸資金理論係由儲蓄與投資等實質因素決定實質

利率（中長期利率），而流動性偏好理論係由金融資產供需決定貨幣利率（短期利率）。

4. 試列式說明何謂目前收益率? 該收益率是否即為債券報酬率?

 目前收益率係指債券每年收益除以市場價格。債券報酬率包括持有期間的預期利息與資本利得兩部分，亦即債券報酬率為：

$$r_s = \frac{R + V_{t+1} - V_t}{V_t}$$

R 是預期利息收入，V_{t+1} 是出售價格，V_t 是買進價格。

5. 何謂 Fisher 方程式?試以圖形說明可貸資金理論符合 Fisher 方程式所蘊含的關係。

 Fisher 方程式：

$$i = r + \pi^e$$

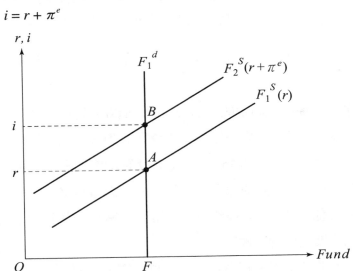

當可貸資金需求曲線缺乏利率彈性，體系發生通貨膨脹，引起通貨膨脹預期，將促使可貸資金供給曲線上移，金融市場在 B 點達成均衡，貨幣利率上漲將完全反映預期通貨膨脹率。

6. 試說明下列狀況發生對債券需求曲線、債券供給曲線與債券市場均衡利率的影響：(a)財富增加、(b)持有債券的信用風險增加、(c)預期通貨膨脹率上升、

(d)恢復課徵債券的利息所得稅。

(a)財富增加將促使債券需求增加，債券價格上漲，利率下跌。

(b)債券的信用風險增加，將促使債券需求減少，債券價格下跌，利率上漲。

(c)預期通貨膨脹率上升，將促使債券需求減少與債券供給增加，債券價格下跌，利率上漲。

(d)恢復課徵債券的利息所得稅，將促使債券需求減少，債券價格下跌，利率上漲。

7.試回答下列問題：(a)為何期限相同的公司債，利率卻可能不同？(b)同一公司發行不同期限的公司債，彼此利率間的關係為何？

(a)可能因信用風險、流動性風險與稅率不同造成利率不同。

(b)將取決預期利率變動、期限偏好與流動性風險溢酬而定。

8.(1)何謂殖利率？何謂收益曲線？(2)試以預期理論解釋收益率曲線的斜率為何可正可負？

(1)殖利率係指對固定收益證券（如：債券）而言，當其以殖利率為貼現率時，該證券未來所能產生之所有現金收益的現值總和，正好等於其目前的市場價格。換言之，投資人購買固定收益證券並持有至到期日，其得到的報酬率即是該證券之殖利率。至於收益曲線係指在其他條件（如：違約風險與票面利率）不變下，反映到期日與殖利率間關係的軌跡。

(2)收益曲線的斜率正負係反映人們預期未來利率上升或下跌。

9.試以可貸資金理論解釋「在景氣衰退時，名目利率會下降；而通貨膨脹上升時，名目利率會上升」。

(1)依據可貸資金理論，經濟衰退促使廠商投資意願衰退，可貸資金需求減少。同時，經濟衰退促使人們的財富與所得下降，可貸資金供給減少。不過可貸資金需求減少大於可貸資金供給減少，將造成名

目利率下降。

⑵在通貨膨脹期間，盈餘單位不願承擔通貨膨脹損失，從而降低可貸資金供給，從而要求提高利率。反觀赤字單位在通貨膨脹期間的實質債務負擔下降，願意提高利率募集資金，兩者均會推升市場利率。

10.東聯化學財務部門評估採取折價方式發行公司債，則票面利率、目前收益率與到期收益率等三種利率間的關係為何?

解析 票面利率係指公司債票面所載的利率。目前收益率係指公司債每年收益除以市場價格即是目前收益率。到期收益率係指人們買進公司債持有至到期日為止的年平均報酬率，到期收益率公式可簡化如下:

$$y = \frac{R + \frac{(F-V)}{n}}{V}$$

東聯公司債係採取折價發行，可知票面利率小於目前收益率、票面利率小於到期收益率、目前收益率小於到期收益率，亦即三者的關係為: 票面利率 < 目前收益率 < 到期收益率。

11.試說明⑷何謂 Gibson 矛盾?⑸貨幣學派如何解釋貨幣供給與利率間的關係?

解析 ⑷流動性偏好理論指出貨幣供給增加將使貨幣利率下跌，實際現象顯示高貨幣成長率國家卻伴隨利率上漲,此現象稱為 Gibson 矛盾。

⑸貨幣學派認為，央行增加貨幣供給，短期內經由流動性效果迫使利率下跌，進而刺激投資與消費支出增加，透過乘數過程運作，所得與交易性貨幣需求隨之增加，貨幣利率反轉回升，此即所得效果。此外，當央行持續擴張貨幣供給時，勢必引發物價連續上漲而形成通貨膨脹預期上升，再度推動貨幣利率攀昇，形成膨脹性預期效果。換言之，當金融市場引進所得與通貨膨脹預期效果，央行大幅提昇貨幣成長率，將會造成貨幣利率上漲。

12.建華證券為高僑公司發行普通公司債時，在訂定票面利率時，將會考慮附加

何種風險溢酬?

解析 將需考慮預期通貨膨脹溢酬、違約風險溢酬、流動性溢酬、到期風險溢酬。

三、計算題

試計算下列問題: (a)某 2 年期債券之到期收益率為 6%, 另一個 3 年期債券之到期收益率為 7%, 試問第三年之遠期利率為何? (b)黃藥師在年初買進一個 30 年期票面利率為 4%、到期收益率為 8% 之公債, 面值為 1000, 每年付息一次, 若在第一年年底之到期收益率降至 7%, 且在第一年年底選擇賣出。假設黃藥師面對的利息所得稅率為 30%, 資本利得稅率為 20%, 則投資公債的稅後報酬率為何?

解析 (a) $(1 + 6\%)^2(1 + x) = (1 + 7\%)^3$

$$x = \frac{(1 + 7\%)^3}{(1 + 6\%)^2} - 1 = 9.028\%$$

(b)利用到期收益率公式求出債券現值:

$$8\% = \frac{4\% \times 1,000 + (1,000 - V_1)/30}{V_1}$$

$$V_1 = 647.059$$

$$7\% = \frac{4\% \times 1,000 + (1,000 - V_2)/(30 - 1)}{V_2}$$

$$V_2 = 712.871$$

黃藥師的收益包括利息收入與資本利得:

$4\% \times 1,000 \times (1 - 30\%) + (712.871 - 647.059) \times (1 - 20\%) = 80.6496$

黃藥師之總稅後報酬率:

$80.6496 \div 647.059 = 12.464\%$

第6章　資產選擇與財務理論

習題解答

一、選擇題

1. 楚留香從事股票操作,何種操作結果係屬正確? (a)分散投資股票類型,將可同時降低系統風險與非系統風險 (b)增加不同產業股票投資,將可降低資產組合之非系統風險 (c)多元化投資股票組合可以分散系統風險 (d)擴大投資區域將可降低系統風險與非系統風險

2. 就風險怯避者而言,風險與報酬率間存在的關係是: (a)風險愈大,實際報酬率愈低 (b)風險愈大,預期報酬率愈高 (c)風險與預期報酬率無關 (d)風險與預期報酬率間的關係不確定

3. 張無忌選擇兩種股票的價格走勢相關係數等於1,何者正確? (a)資產組合風險最大 (b)資產組合風險等於個別股票風險 (c)資產組合屬於安全性組合 (d)資產組合風險最小

4. 張無忌與趙敏同屬風險怯避者,後者厭惡風險程度甚於前者。假設兩人同時進入股票市場操作,有關兩人選擇股票的方式,何者錯誤? (a)在相同風險下,趙敏將要求較高報酬率 (b)在相同報酬率下,張無忌願意承擔較高風險 (c)在相同風險下,張無忌可以接受較低報酬率 (d)在相同報酬率下,趙敏能忍受較高風險

5. 元大多元股票基金若欲降低資產組合風險,可採取的策略為: (a)減少持有股票的種類 (b)加入和原組合報酬率相關係數為 0 之股票 (c)加入和原組合報酬率相關係數為負之股票 (d)增加預期報酬率較高的股票

6. 何者係屬於風險性資產之效率前緣? (a)所有相同風險資產組合構成的集合

(b)所有相同預期報酬率資產組合構成的集合　(c)所有無風險資產組合構成的集合　(d)在特定風險下，所有預期報酬率最高資產組合構成的集合

1.(b)　2.(b)　3.(a)　4.(d)　5.(c)　6.(d)

二、問答題

1.試說明在完全資本市場上，相同營運風險廠商的市場價值必然相同，且與其資本結構無關。

解析 廠商價值決定於預期營運所得（未支付利息），將視執行實體投資的績效而定，資本結構或融資方式並未影響其本身價值。當兩家資本結構不同而營運風險相同的廠商，其價值若發生差異，投資人採取舉債買進（或賣出）價值較低（高）廠商的股票進行套利，將可提昇個人獲利。隨著投資人買進或出售股票，勢必造成股價波動，經過套利活動調整，兩家廠商價值將趨於一致。不論廠商是否使用負債資金營運，廠商價值等於預期息前稅前盈餘，除以適用其風險等級的報酬率。

2.試說明投資人運用技術分析與基本分析評估股票價值可能產生的問題。

解析 投資人使用技術分析將面臨兩個問題：⑴該分析強調在股價漲勢形成後才買進，股價跌勢形成後才賣出。實務上，股價轉變或屬偶發狀況，若是坐待漲跌趨勢成型方才進出市場，將喪失先機。⑵多數投資人若是同時使用技術分析，容易遭大戶反向操作而陷入損失狀況。投資人運用基本分析將面臨的問題：⑴預測偏誤，⑵訊息不全，⑶採取基本分析將因評估期間的經濟金融環境迥異而產生不同結果。

3.張三豐對資產組合報酬率的效用函數為 $U(R) = a + bR + cR^2$，在不確定狀況下，試回答下列問題：(a)張三豐的預期效用函數為何？(b)張三豐若為風險怯避者，c 係數值的正負方向為何？理由為何？(c)就張三豐的效用函數而言，

其投資決策是否需要考慮偏態係數的影響? 理由為何?　(d)何謂變異性風險與投機性風險? 在張三豐的預期效用函數中, 是否會出現這兩種風險?

解析 (a) $EU(\tilde{R}) = a + bE(\tilde{R}) + cE(R)^2$
$$= a + bE(\tilde{R}) + c\sigma^2 + cE(\tilde{R})^2$$

(b)張三豐若為風險怯避者, 邊際效用的變動將為負值: $U'' = 2c < 0$

(c)張三豐擬定投資決策無需考慮偏態係數影響, 理由是: $U''' = 0$

(d)變異性風險係反映實際與預期報酬率間差異性或分散度, 可用變異數或標準差衡量。投機性風險係指衡量實際報酬率出現極端值與預期報酬率間差異性,可用偏態係數衡量。在張三豐的預期效用函數中, 僅會出現變異性風險, 投機性風險並不存在。

4.何謂系統風險與非系統風險? 風險分散與風險移轉對解決前兩者有何關聯?

解析 (1)系統風險: 金融資產若在公開市場掛牌交易, 交易價格將受金融市場變化的衝擊,人們從事金融操作將無法規避, 僅能透過衍生性商品市場進行風險移轉。

(2)非系統風險: 針對金融資產本身獨特的因素,如: 廠商營運、財務情況以及經營管理等因素造成個別股價格波動。非系統風險可經由安排資產組合多元化進行消除。

5.趙敏擁有 100 萬元, 選擇投資台塑公司 (預期報酬率 $E(\tilde{r}_a) = 20\%$, 風險 $\sigma(\tilde{r}_a) = 8\%$), 與聯電公司 (預期報酬率 $E(\tilde{r}_b) = 30\%$, 風險 $\sigma(\tilde{r}_b) = 16\%$) 兩種股票。當兩種股票報酬率存在完全負相關 $(\rho = -1)$ 時, 趙敏若要規劃安全性資產組合, 投資兩者的金額各自為何? 該組合的預期報酬率為何?

解析 資產組合包括兩種風險性資產, 其風險將是:
$$\sigma^2(\tilde{R}_p) = x^2\sigma_a^2 + 2x(1-x)Cov(r_a, r_b) + (1-x)^2\sigma_b^2$$
安全性資產組合的風險為 0, 而兩種股票報酬率為完全負相關 $\rho = -1$,
$$x\sigma_a = (1-x)\sigma_b$$
$$0.08x = 0.16(1-x)$$
投資台塑股票比例 $x = \dfrac{2}{3}$ (金額為 $\dfrac{200}{3}$ 萬元), 投資聯電股票比例 $x=$

$\dfrac{1}{3}$ （金額為 $\dfrac{100}{3}$ 萬元）。

該組合的預期報酬率為 $E(\tilde{R}_P) = \dfrac{2}{3} \times 20\% + \dfrac{1}{3} \times 8\% = \dfrac{48\%}{3} = 16\%$

6. 高僑公司發行公司債 5,000 萬元與股票 15,000 萬元（依據市場價值發行）募集營運資金，並於當年獲取營運所得 5,100 萬元，而支付公司債利率為 $r = 6\%$。試為李董事長計算高僑公司財務資料：(a)高僑使用全部資金營運所獲報酬率？(b)高僑董事會決定將盈餘全部分配，並享有產業升級條例的免繳所得稅優惠，張無忌投資高僑的報酬率為何？(c)依據 MM 理論，高僑發行股票必須支付股東財務風險溢酬為何？(d)假設高僑當年適用 25% 的營利事業所得稅率，趙敏投資高僑的報酬率為何？

(a)報酬率：

$$\rho = \frac{5,100}{5,000 + 15,000} = 25.5\%$$

(b)投資高僑股票的報酬率：

$$r_e = \frac{5,100 - 5,000 \times 6\%}{15,000} = \frac{4,800}{15,000} = 32\%$$

(c)財務風險溢酬 $= 32\% - 25.5\% = 6.5\%$

(d) $r_e = \dfrac{(5,100 - 5,000 \times 6\%) \times (1 - 25\%)}{15,000} = \dfrac{3,600}{15,000} = 24\%$

 題　庫

一、選擇題

1. 風險怯避者從事金融操作時，必須判斷何種概念係屬正確？　(a)財富邊際效用係屬固定不變　(b)風險與實際報酬率成正比，從事高風險投資將可獲得較高的實際報酬率　(c) μ–σ 無異曲線將呈現負斜率　(d)若要承擔較高風險，必須給予較高的預期報酬率作為補償

2. 「投資人關心廠商的獲利性，亦即他們的投資可以獲得何種利潤率，也是決定上市公司股價的最主要指標」，以上所述為何？　(a)資產報酬率　(b)淨值

報酬率　(c)股利成長率　(d)每股盈餘

3. 張無忌對資產報酬率 (r) 的效用函數為 $U(r)=a+br-cr^2$，在不確定狀況下，何者正確？　(a)資產報酬率的機率分配越均勻，投資風險越低　(b)張無忌是風險愛好者　(c)安排資產組合必然趨於多元化　(d)將會面對變異性風險與投機性風險

4. 有關效率投資前緣特質的描述，何者係屬錯誤？　(a)效率投資組合位於效率前緣上　(b)在相同風險等級下有最高的預期報酬率　(c)在相同預期報酬率下有最低的風險　(d)效率前緣將受投資人風險怯避程度影響

5. 在何種情況下，富邦金控將可擴大資產組合的風險分散效果？　(a)組合內個股的預期報酬率增加　(b)組合內個股之變異數擴大　(c)組合內個股彼此間的共變異數下降　(d)組合內個股間的正相關係數擴大

6. 投資人採取不同的風險偏好態度從事金融操作，將會造成何種結果？　(a)風險怯避者將資產報酬率的偏態係數視為負效用　(b)風險愛好者將安排資產組合多元化　(c)風險中立者以實際報酬率作為投資決策指標　(d)風險怯避者的財富邊際效用呈遞減現象

7. 張無忌的資產組合包括台塑石化與中信金控兩種股票,面對兩者間相關係數 ρ 為各種可能性時，何種操作概念係屬正確？　(a) $\rho=0$ 時，代表資產組合的預期報酬率為 0　(b) $\rho=0$ 時，代表資產組合屬於安全性資產　(c) $\rho=-1$ 時，代表資產組合的預期報酬率最小　(d) $\rho=1$ 時，代表資產組合的風險最高

8. 趙敏面對相同風險 (σ^2) 等級之兩種股票，何種投資決策將屬較佳？　(a)選擇 EPS 較高的股票　(b)選擇每股的淨值報酬率較大者　(c)選擇偏態係數為負值較大者　(d)選擇變異係數 $(\dfrac{\sigma^2}{E(\tilde{r})})$ 較小者

9. 投資人的心態各有不同,並視金融市場狀況扮演多頭或空頭角色,何者錯誤？ (a)風險怯避者僅會投資預期報酬率為正的股票　(b)風險中立者不會選擇預期報酬率等於 0 的股票　(c)風險愛好者面對預期報酬率為負值的股票,將採取扮演空頭角色　(d)面對正偏態係數值的報酬率機率分配,所有投資人均會扮演空頭角色

10. 台塑與南亞股票報酬率的變異數相等，相關係數為 +1。張無忌安排兩種股票組成資產組合時，何者正確？ (a)變異數比個別證券變異數大 (b)變異數等於兩者相加 (c)可分散風險，降低變異數 (d)變異數不變

11. 高盛證券的跨國基金追求降低資產組合的系統風險，何者正確？ (a)多元化投資就可降低系統風險 (b)無法降低系統風險 (c)透過部分投資安全性資產就可達到降低的目的 (d)必須透過衍生性商品才能移轉

12. 針對風險與報酬率的關係，何種說法將屬正確？ (a)風險愈大，預期報酬率愈高 (b)風險愈大，實際報酬率愈低 (c)風險與預期報酬率無關 (d)風險與實際報酬率呈正向關係

13. 某一資產組合的預期報酬率係所有相同風險的資產組合中最高者，此即稱為： (a)市場資產組合 (b)最小風險的資產組合 (c)效率資產組合 (d)安全性資產組合

14. 郭靖計算其持有資產組合的報酬率，何種方式係屬正確？ (a)組合內個股報酬率之算術平均 (b)組合內個股報酬率之加權平均 (c)組合內個股報酬率之幾何平均 (d)組合內個股報酬率之總合

15. 趙敏追求降低資產組合的風險，採取何種策略係屬正確？ (a)減少投資資產的種類 (b)加入和原組合報酬率相關係數為 0 之資產 (c)加入和原組合報酬率相關係數為負之資產 (d)增加預期報酬率較高的資產

16. 元大卓越股票基金從事資產組合風險分散活動，何種操作係屬錯誤？ (a)投資期限愈長，風險分散的努力愈重要 (b)投資資產的風險愈高，風險分散的努力愈重要 (c)投資異質化的資產可達到風險分散效果 (d)投資金額愈大，愈不需要分散風險

17. 何者屬於風險性資產之效率前緣？ (a)風險相同的資產組合所構成的集合 (b)預期報酬率相同的資產組合所構成的集合 (c)風險等於 0 的資產組合所構成的集合 (d)所有特定風險下，預期報酬率最高的資產組合所構成的集合

18. ~ 19. 台塑與裕隆兩家公司資料如下所示：

	台塑	裕隆
公司債(票面利率 8%)	500	200
股東權益	500	800
總資產	1,000	1,000
稅前盈餘	100	150
營利事業所得稅	20	30
稅後盈餘	80	120

18. 根據上述資料顯示，何者錯誤？　(a)台塑的權益報酬率為 12%　(b) 裕隆的權益報酬率為 15%　(c)台塑的資產報酬率為 0.8%　(d) 裕隆的資產報酬率為 1.2%

19. 下列何者錯誤？　(a)台塑的息前稅前報酬率為 14%　(b)裕隆使用資金的報酬率為 16.6%　(c)台塑的經營績效較佳　(d)裕隆的財務結構較差

20. 在分析過去的股價後觀察到一些結果，何者最能反駁弱式效率市場臆說？(a)平均報酬率明顯大於零　(b)在股價下跌 10% 時買入股票，且在上升 10% 後賣出股票,可得明顯超額報酬　(c)持有低股利收益率的股票明顯可得到較高的報酬　(d)市場當週報酬率與之後的報酬率間之相關係數為零

21. 比較荷銀光華與建弘福元兩種股票基金，荷銀光華平均報酬率高於建弘福元，然而荷銀光華之報酬率標準差卻低於建弘福元，根據資產選擇理論如何解釋此種現象？　(a)市場無效率，應有套利機會　(b)荷銀光華組合之系統風險較建弘福元大　(c)荷銀光華組合之非系統風險大於建弘福元　(d)荷銀光華組合之投資績效必較建弘福元佳

22. 王五將其預算中的 60% 投資奇美電子，預期報酬率為 20%，另外的 40% 投資裕隆公司債，預期報酬率為 8%，奇美電子的標準差為 15%，裕隆公司債的標準差為 5%,兩者間的相關係數為 −0.5,該資產組合的預期報酬率為何？(a) 12.8%　(b) 15.2%　(c) 14.4%　(d) 16.4%

23. 當資產組合內個別資產間的相關係數為 0 時，何種結果係屬正確？　(a)無風險分散效果　(b)有風險分散效果　(c)風險分散達到最佳　(d)風險分散優於相關係數為 −1 之資產組合

24.隨著元大投信操作高科技股票基金，增加組合中的高科技股票種類數目，基金組合之非系統風險將如何變化？　(a)先遞減，但股票種類數目超過某一數量即轉而遞增　(b)遞減至某一水準後即不再減少　(c)趨近於 0　(d)等於個別證券非系統風險之加權平均

25.依據 MM 理論說法，在完全資本市場上，廠商採取的融資方式不影響廠商價值，故其投資函數將不包括何種變數？　(a)前期投資　(b)利率　(c)未來所得　(d)負債對股本的比例

26.依據資產選擇理論，在其他條件不變下，何種說法係屬錯誤？　(a)某資產需求量通常與人們的財富呈正向關係　(b)某資產需求量將與該資產相對其他資產的預期報酬呈正向關係　(c)某資產需求量將與該資產相對其他資產報酬的風險呈正向關係　(d)某資產需求量將與該資產相對其他資產的流動性呈正向關係

27.下列敘述，何者錯誤？　(a)機率分配可導出投資報酬與風險的衡量，投資的報酬是預期報酬　(b)使用標準差衡量風險的缺點是：對稱看待偏離預期報酬之正離差項和負離差項　(c)在報酬呈現常態分配下，標準差完全適用於衡量風險　(d)並無證據顯示在相當短持有期間最分散組合的報酬接近常態分配

28.段譽的效用函數為 $U(W) = -2\exp(-0.05W)$，則其風險態度為何？當 $W = 100$ 時，段譽願意投資 1 元於某預期報酬率為0%的基金，則當 $W = 1000$ 時，其願意投資的金額為何？　(a)風險怯避；高於 10　(b)風險怯避；低於 10　(c)風險愛好；高於 10　(d)風險愛好；低於 10

29.有關 Markowitz 資產組合理論內容，何者為正確？　(a)資產組合風險是個別資產風險依投資比例之加權平均　(b)市場是否存在安全性資產，將不會影響投資人的投資機會集合　(c)假設可以採取放空操作，任兩效率投資組合將可合成所有可行之效率投資組合　(d)風險怯避投資人不會投資風險性資產

30.楊過運用技術分析從事股票操作，何種認知係屬錯誤？　(a)技術分析是利用過去有關價格與交易量等訊息來判斷股價走勢　(b)如果股價報酬率呈現隨機漫步型態，使用技術分析才有意義　(c)一般技術分析認為股價具有主要與次要趨勢　(d)相信技術分析係認為市場不具有弱式效率

31. 元大投顧從事代客操作業務,提供中央投資公司三種資產組合建議,內容分別為: A (僅包含一種股票)、B (包含10種股票)、C (包含50種股票)。一般而言,何種投資組合的預期報酬率最高?　(a)A　(b)B　(c)C　(d)無法判斷

32. 假設世平興業的預期報酬率為8%、標準差為20%,而遠紡的預期報酬率為10%、標準差為30%,兩種股票報酬率呈現完全負相關。當資本市場達成均衡時,無風險利率為何?　(a)0.8%　(b)7.8%　(c)8.8%　(d)9.6%

33. 假設台塑、聯電和富邦金控三種股票的相關係數矩陣如下:

	台塑	聯電	富邦金控
台塑	1		
聯電	0.9	1	
富邦金控	0.1	−0.4	1

張無忌選擇何種投資組合,將具有最低風險?　(a)等比例投資於台塑、聯電　(b)等比例投資於台塑、富邦金控　(c)等比例投資於聯電、富邦金控　(d)全投資於富邦金控

34. ~ 36. 須利用下列資訊:

股票	期望報酬	標準差
明碁	0.12	0.08
華碩	0.02	0.10

34. 假設明碁和華碩間的相關係數為1,周伯通安排的資產組合包含75%的明碁和25%的華碩,則該組合的預期報酬率為何?　(a)0.070　(b)0.095　(c)0.045　(d)0.850

35. 如果明碁和華碩間的相關係數為1,張翠山利用兩種股票組成最小可能變異數的投資組合,則投資華碩的權數為何?　(a)5　(b)−5　(c)4　(d)−4

36. 如果明碁和華碩間的相關係數為−1,當明碁價格上漲1%時,華碩價格將如何變動?　(a)下跌0.8%　(b)下跌1%　(c)下跌1.25%　(d)上漲1%

37. 針對不同風險偏好態度的投資人,其決策過程中關心的焦點,何者正確?　(a)在風險中立者心目中,僅關心預期報酬率單一變數　(b)風險愈高對風險怯避

者而言，預期效用將愈高　(c)偏態係數對風險怯避者而言，將扮演負效用的角色　(d)風險愛好者僅關心報酬率的變異數單一變數

38.郭襄分析師針對下列四種股票進行評估，建議追求風險最小的投顧會員，選擇最佳投資標的是：　(a)中信金控　(b)鍊德　(c)訊碟　(d)立錡

股票	期望報酬	標準差
中信金控	0.16	0.2
鍊德	0.18	0.25
訊碟	0.2	0.22
立錡	0.24	0.25

39.有關風險與報酬率關係的敘述，何者正確？　(a)當張無忌增加資產組合中的資產數目時，資產的產業風險與公司風險將會相互抵銷而下降，該部分降低的風險即是系統風險　(b)當郭襄將所有預算投資許多資產時，其資產組合總風險大部分來自個別資產的總風險　(c)當黃蓉增加資產組合中的資產數目時，資產組合的預期報酬率將因風險分散的效果而增加　(d)當兩種資產報酬率呈現完全負相關時，郭靖將可安排一個無風險的資產組合

40.下列敘述，何者正確？　(a)資產的總風險即是系統風險，可用報酬率的變異數衡量　(b)資產組合中各資產報酬間的相關係數愈大，組合的風險愈小　(c)假設投資人均擁有多元化的資產組合，此時僅需強調資產組合之市場風險，個別資產風險將可忽略　(d)凡是系統風險相同之資產，其預期報酬率也應該相同

1.(d)	2.(d)	3.(c)	4.(d)	5.(c)	6.(d)	7.(d)	8.(d)	9.(d)	10.(d)
11.(d)	12.(a)	13.(c)	14.(b)	15.(c)	16.(d)	17.(d)	18.(a)	19.(d)	20.(d)
21.(a)	22.(b)	23.(b)	24.(c)	25.(d)	26.(c)	27.(a)	28.(b)	29.(c)	30.(b)
31.(d)	32.(c)	33.(c)	34.(b)	35.(d)	36.(c)	37.(a)	38.(d)	39.(d)	40.(c)

二、問答題

1.國際投信經理人建立金龍股票基金的組合風險包括那些?要如何正確分散基

金組合風險?

解析 資產組合的風險如下:

總風險 = 系統風險 + 非系統風險

（市場風險）（個別公司風險）

(a)系統風險: 金融資產若在公開市場掛牌交易, 交易價格將會受金融市場變化的衝擊, 人們透過衍生性商品市場進行風險移轉。

(b)非系統風險: 金融資產本身獨特的因素變化造成個別股價格波動, 非系統風險可經由安排資產組合多元化進行消除。

2.試說明各種資產報酬率的共變異數與風險分散具有緊密的相關性?資產多元化為何僅能降低非系統風險, 但對系統風險卻無影響?

解析 資產組合的風險為:

$$\sigma^2(\tilde{R}_p) = x^2\sigma_a^2 + 2x(1-x)Cov(r_a, r_b) + (1-x)^2\sigma_b^2$$

該風險的大小與共變數有關, 而 $Cov(r_a, r_b)$ 可為正值或負值, 將視資產組合多元化過程中選擇資產彼此間的相關性而定。

假設各種資產風險同為 σ_i, 當投資人持有資產數目趨近於 n 種, 持有各資產比例為 $\frac{1}{n}$:

$$\sigma^2(\tilde{R}_p) = \sum_{i=1}^{n} x_i^2\sigma_i^2 + \sum_{i=1}^{n}\sum_{j=1}^{n} x_i x_j \sigma_{ij}$$

$$= \frac{1}{n^2}\sum_{i=1}^{n}\sigma_i^2 + \frac{1}{n^2}\sum_{i=1}^{n}\sum_{j=1}^{n}\sigma_{ij}$$

假設變異數總合與共變異數總合以平均值概念表示:

$$\sum_{i=1}^{n}\sigma_i^2 = n\sigma_i^2$$

$$\frac{1}{n^2}\sum_{i=1}^{n}\sum_{j=1}^{n}\sigma_{ij} = n(n-1)\sigma_{ij} \qquad i \neq j$$

$$\lim_{n \to \infty}\sigma^2(\tilde{R}_p) = \lim_{n \to \infty}[\frac{1}{n^2}n\sigma_i^2 + \frac{1}{n^2} \times n(n-1)\sigma_{ij}] = \sigma_{ij}$$

當人們將投資組合多元化, 屬於個別資產的平均風險值將完全被分散, 僅存平均共變數部分的風險仍無法消除, 該部分即是所有資產必

須共同面對的系統風險。

3. 花無缺面對風險性資產組合的預期報酬率為 10%，而建華銀行提供 2% 的無風險報酬率的一年期定期存款（或貸款），則花無缺如何創造預期報酬率為 12% 的資產組合？

解析 $E(\tilde{R}_p) = xE(\tilde{r}_a) + (1-x)E(\tilde{r}_b)$

$0.12 = 0.02x + 0.1(1-x)$

$x = -25\%$

花無缺將在資產組合中持有 25% 比例的借入資金，並持有 125% 比例的風險性資產。

4. 試說明 Markowitz 資產選擇理論中的效率投資前緣定義為何？根據資產選擇理論，如果愈來愈多股票被納入權數相同之資產組合，則資產組合風險將出現何種變化？

解析 Markowitz 效率投資前緣定義為：在可行的資產組合中，挑選在風險固定下，預期報酬率最大之資產組合；或在預期報酬率固定下，總風險最低的資產組合，形成最佳資產組合的軌跡。當股票數目趨近於 n 種，投資比例均為 $\frac{1}{n}$：

$$\lim_{n \to \infty} \sigma^2(\tilde{R}_p) = \lim_{n \to \infty} \left(\frac{1}{n^2}\sum_{i=1}^{n}\sigma_i^2 + \frac{1}{n^2}\sum_{i=1}^{n}\sum_{j=1}^{n}\sigma_{ij}\right) = \lim_{n \to \infty} \left(\frac{1}{n^2}\sum_{i=1}^{n}\sum_{j=1}^{n}\sigma_{ij}\right) = \sigma_{ij}$$

共變異數總合以平均值概念表示：

$$\frac{1}{n^2}\sum_{i=1}^{n}\sum_{j=1}^{n}\sigma_{ij} = n(n-1)\sigma_{ij} \qquad i \ne j$$

5. 友合生化科技打算上市新種減肥藥，在決定推出新藥後，就發生一連串事件：(a)主計處宣佈上一季的經濟成長率為 4.5%、(b)政府宣佈上一季的通貨膨脹率是 1%、(c)央行宣布調高重貼現率 2 碼、(d)該公司總經理突然離職他就。試逐一討論上述事件對該公司股票預期報酬率的影響，那些事件屬於系統風險？那些事件屬於非系統風險？

解析 (a)屬於系統風險，預期報酬率將上升。

　　(b)屬於系統風險，預期報酬率將下跌。

　　(c)屬於系統風險，預期報酬率將下跌。

　　(d)屬於非系統風險，預期報酬率將下跌。

6.請以適當理論評論下列問題：(a)某投機股的股性活潑，經常大起大落，投資風險頗高。但其長期平均報酬率卻異常低，此種現象明顯違反「高風險、高報酬」之投資原理。(b)投資某些成功的高科技股票每年似乎都能持續獲取鉅額利潤，這點明顯違反效率市場臆說。(c)市場上長期債券利率較短期利率普遍為高，收益曲線形狀明顯呈正斜率，這表示預期未來利率水準必將會上升。

解析 (a)高風險、高預期報酬，長期平均報酬率係指實際報酬率。

　　(b)承擔風險的結果。

　　(c)依據流動性貼水理論，預期未來利率水準未必會上升，可能是流動性風險溢酬偏高所致。

7.在臺灣股票市場中，假設所有股票之平均變異數為 σ^2，任兩股票間的平均共變異數為 $\sigma^2/3$。試回答下列問題：(a)若以相同比例投資 n 種股票，試以 σ^2 與 n 表示資產組合之變異數與資產組合中證券數目之關係。(b)若 $n = 10$，則該資產組合之系統風險與非系統風險各為何？

解析 (a)若以相同比例投資 n 種股票，投資比例均為 $(1/n)$：

$$\sigma^2(\tilde{R}_p) = \left(\frac{1}{n^2}\sum_{i=1}^{n}\sigma_i^2 + \frac{1}{n^2}\sum_{i=1}^{n}\sum_{j=1}^{n}\sigma_{ij}\right) = \left(\frac{1}{n^2}\right)(n\sigma^2) + \left(\frac{1}{n^2}\right)\left[\frac{n(n-1)\sigma^2}{3}\right]$$

$$= \left(\frac{\sigma^2}{n}\right) + \left(\frac{n-1}{n}\right)\left(\frac{\sigma^2}{3}\right)$$

　　(b) $n = 10$,

　　　該資產組合系統風險：

$$\frac{1}{n^2}\sum_{i=1}^{n}\sum_{j=1}^{n}\sigma_{ij} = \left(\frac{1}{n^2}\right)\left[\frac{n(n-1)\sigma^2}{3}\right] = \left(\frac{10 \times 9 \times \sigma^2}{100 \times 3}\right) = \left(\frac{3\sigma^2}{10}\right)$$

　　　非系統風險：

$$\frac{1}{n^2}\sum_{i=1}^{n}\sigma_i^2 = \left(\frac{1}{n^2}\right)(n\sigma^2) = \left(\frac{\sigma^2}{10}\right)$$

8.試回答下列問題：(a)試定義資產報酬率 (ROA)、每股盈餘 (EPS) 和股東權益
報酬率 (ROE)？ (b)造成三者差異的原因為何？ (c)試說明三者間的關係。

解析 (a)股東權益報酬率 (ROE) 係指公司稅後盈餘與公司淨值（股東權益）
的比值，而每股盈餘 (EPS) 係指稅後盈餘與普通股總數的比值。資
產報酬率係指稅前盈餘（包括利息支出）與資產總額的比值。

$$資產報酬率\ (ROA) = \frac{稅後盈餘（股權資金）+ 利息支出（債務資金）}{平均資產總額}$$

(b)資產總額包括負債與股東權益兩種資金,而股東權益包括公司股本
與各種盈餘公積金，是以三種報酬率將有差異。

$$(c)每股盈餘\ (EPS) = \frac{稅後盈餘}{公司股本}$$

$$股東權益報酬率\ (ROE) = \frac{稅後盈餘}{公司淨值（公司股本 + 公積金）}$$

9.投資人從事證券基本分析，主要在於評估證券合理價格。試以股票為例，說
明經常用於評估股票價格的方法。

解析 基本分析係指投資人透過分析現狀及未來遠景，進行評估金融資產
內在價值。投資人使用基本分析法評估股票價值，經常運用下列方
法：(1) q 比例理論：股價 (P_e) 高低應與廠商重置成本 (P_K) 息息相關，
當股價超越重置成本或 $q = \dfrac{P_e}{P_K} > 1$ 時；反之，則採取買進股票。(2)淨
現值法或本益比法：公司價值相當於預期未來股息以適當利率折現
值的累加，而預期股息與購入股票成本比值相當於本益比，應和市場
利率相近，否則股價將脫離合理水準。

10.黃藥師考慮選擇遠傳電訊（風險為 σ_a^2）與中華汽車（風險 σ_b^2）兩種股票，
進行安排一個最小風險的資產組合，兩者報酬率的共變數為 $Cov(r_a, r_b)=$
$\rho_{ab}\sigma_a\sigma_b$，試問黃藥師投資兩種股票的最適比例為何？

解析 $\sigma^2(R_p) = x^2\sigma_a^2 + 2x(1-x)Cov(r_a, r_b) + (1-x)^2\sigma_b^2$

就上式對 w 微分,可得資產組合風險最小時,投資遠傳電訊的最適比例：

$$\frac{\partial \sigma^2(R_p)}{\partial w} = 0$$

$$2x\sigma_a^2 + (2 - 4x)Cov(r_a, r_b) - (2 - 2x)\sigma_b^2 = 0$$

$$w^* = \frac{\sigma_b^2 - Cov(r_a, r_b)}{\sigma_a^2 + \sigma_b^2 - 2Cov(r_a, r_b)} \quad \text{(投資遠傳電訊比例)}$$

$$(1 - w^*) = \frac{\sigma_a^2 - Cov(r_a, r_b)}{\sigma_a^2 + \sigma_b^2 - 2Cov(r_a, r_b)} \quad \text{(投資中華汽車比例)}$$

三、計算題

1. 聯電股票的預期報酬率和標準差分別為 10% 和 7.32%，中鋼股票的預期報酬率和標準差分別為 12% 和 10.98%，兩者報酬率的共變異數為 −0.008037。試計算下列問題：(a)兩種股票報酬率的相關係數為何？(b)兩種股票的投資比例各為一半，此一資產組合報酬率的標準差為何？(c)兩種股票的投資比率為何將可全部消除資產組合的風險？

解析 (a)兩種股票報酬率間的相關係數為：

$$\rho = \frac{Cov(\tilde{r}_a, \tilde{r}_b)}{\sigma_a \sigma_b} = \frac{-0.008037}{0.12 \times 0.1098} = -0.6099726$$

(b)資產組合報酬率的標準差：

$$\sigma^2(\tilde{R}_p) = x^2\sigma_a^2 + 2x(1 - x)Cov(r_a, r_b) + (1 - x)^2\sigma_b^2$$

$$= \frac{(7.32\%)^2}{4} + 2 \times \frac{-0.008037}{4} + \frac{(10.98\%)^2}{4} = \frac{0.0013402}{4}$$

$$= 0.000335$$

$$\sigma(\tilde{R}_p) = 1.8303\%$$

(c) $x^2\sigma_a^2 + 2x(1 - x)Cov(r_a, r_b) + (1 - x)^2\sigma_b^2 = 0$

$$x^2(7.32\%)^2 + 2x(1 - x)(-0.008037) + (1 - x)^2(10.98\%)^2 = 0$$

$$334.8858x^2 - 401.8638x + 120.5604 = 0$$

$$x = \frac{401.8638 \pm \sqrt{(401.8638)^2 - 4(334.8858)(120.5604)}}{2(334.8858)}$$

$x = 0.6$（投資聯電的比例），$(1 - x) = 0.4$（投資中鋼的比例）

2. 華碩公司與技嘉公司除負債融資不同外，營運風險與營運所得等方面都相同。華碩採取無負債策略經營，技嘉則發行 2,000 萬元票面利率為8% 的公司債流通在外。假設公司或個人所得稅均不存在、MM 理論列出的假設均成立、息前稅前盈餘 (EBIT) 等於 360 萬元、華碩的權益資金成本為12%。試計算下列問題：(a)試估計出華碩與技嘉公司的價值。(b)試算出華碩與技嘉公司的權益資金成本與加權平均資金成本。(c)假設兩家公司的營利事業所得稅率均是 25%，分別計算其公司價值、權益資金成本與加權平均資金成本。

解析 (a)當 MM 理論成立，華碩 $(V = S)$ 與技嘉 $(V = S + B)$ 公司的價值相等：

360 萬 ÷ 12% = 3,000 萬元

(b)華碩採取無負債策略經營，是以權益資金成本等於加權平均資金成本，是為 12%。至於技嘉公司的權益資金為：

$S = 3,000 - 2,000 = 1,000$ 萬元

股息 $E = 360 - 2,000 \times 8\% = 360 - 160 = 200$ 萬元

權益資金成本 $= 200 \div 1,000 = 20\%$

技嘉公司的加權平均資金成本：

$20\% \times (1,000/3,000) + 8\% \times (2,000/3,000) = 12\%$

(c)華碩的稅後盈餘：

$360 \times (1 - 25\%) = 270$ 萬元

假設華碩的權益資金成本維持為 12%，此即等於資金成本，華碩的公司價值將降為：

$270 \div 12\% = 2,250$ 萬元

假設技嘉公司的權益資金成本維持為 20%，稅後盈餘將是：

股息 $E = (360 - 2,000 \times 8\%)(1 - 25\%) = 150$ 萬元

技嘉公司價值 $V = S + B = 150 \div 20\% + 2,000 = 2,750$ 萬元

技嘉公司的稅後加權平均資金成本：

$$20\% \times (750/2,750) + 8\% \times (2,000/2,750) = 11.273\%$$

3. 高僑公司在 2004 年初的負債及股東權益總額為 9 億元，負債全部是普通公司債 1 億元（按每張面值 100 萬元發行，票面年利率 2%，每年年底付息一次，三年後到期清償本金）；普通股股本為 4 億元（面值 10 元，計 4000 萬股）；資本公積為 2 億元，其餘則為盈餘公積。該公司在 2004 年接獲巨額訂單，預擬擴建廠房與購買機器設備，必須再募集 1 億元長期資金。財務部門擬訂兩個籌資方案，提供董事會選擇。

A 方案：採取現金增資發行普通股，採取每股溢價 20 元發行。

B 方案：採取增加發行普通公司債，按面值發行，票面年利率為 2%。

假設董事會通過的方案能夠募集資金成功，預估公司在 2004 年將可達成息前稅前盈餘 (EBIT) 2 億元的目標，適用的營利事業所得稅稅率為 25%。依據上述資料，試計算下列問題：(a)董事會採取 A 方案募集資金，試計算 2004 年底的普通股每股稅前盈餘。(b)董事會採取 B 方案募集資金，試計算 2004 年底的普通股每股稅前盈餘。(c)何種籌資方案對每股稅後盈餘較有利？(d)不論採取何種募集資金策略，財務部門評估若要維持每股稅後盈餘相同，高僑公司在 2004 年必須達成的息前稅前盈餘 (EBIT) 為何？

解析 (a)董事會採取 A 方案募集資金，2004 年底的普通股股數：

4,000 萬股 +（1 億元 ÷ 20 元）= 4,000 + 500 = 4,500 萬股

公司債利息支出 = 1 億元 × 2% = 200 萬元

公司稅前盈餘 = EBIT − 公司債利息支出 = 2 億元 −200 萬元 = 1.98 億元

每股稅前盈餘 = 1.98 億元 ÷ 4,500 萬股 = 4.4 元

(b)董事會採取 B 方案募集資金，2004 年底的普通股股數為 4,000 萬股：

公司債利息支出 =(1 + 1) 億元 × 2% = 400 萬元

公司稅前盈餘 = EBIT − 公司債利息支出 = 2 億元 −400 萬元 = 1.96 億元

每股稅前盈餘 = 1.96 億元 ÷ 4,000 萬股 = 4.9 元

(c)董事會採取 A 方案募集資金，

稅後盈餘 = (EBIT – 公司債利息支出)(1 – 25%) = 1.98 億元 × 75%

= 1.485 億元

每股稅前盈餘 = 1.485 億元 ÷ 4,500 萬股 = 3.3 元

董事會採取 B 方案募集資金，

稅後盈餘 = (EBIT – 公司債利息支出)(1 – 25%) = 1.96 億元 × 75%

= 1.47 億元

每股稅前盈餘 = 1.47 億元 ÷ 4,000 萬股 = 3.675 元

採取 B 方案募集資金對每股稅後盈餘較為有利。

(d)董事會採取 A 方案募集資金，

(1)每股稅後盈餘 = (EBIT – 公司債利息支出)(1 – 25%) ÷ 期末普通

股股數

= (EBIT – 200 萬元) ÷ 4,500 萬股

董事會採取 B 方案募集資金，

(2)每股稅後盈餘 = (EBIT – 公司債利息支出)(1 – 25%) ÷ 期末普通

股股數

= (EBIT – 400 萬元) ÷ 4,000 萬股

(1) = (2)

(EBIT – 200 萬元) ÷ 4,500 萬股 = (EBIT – 400 萬元) ÷ 4,000 萬股

(EBIT – 200 萬元) = (EBIT – 400 萬元) × (4,500/4,000)

EBIT – 200 萬元 = (45/40)EBIT – 450 萬元

EBIT = 2,000 萬元

4.楊過安排資產組合的內容包括聯電 ($E(\tilde{r}_a) = 10\%$, $\sigma_a = 12\%$) 與中信金控 ($E(\tilde{r}_b) = 14\%$, $\sigma_b = 16\%$) 兩種股票，試為楊過計算下列問題：(a)聯電與中信金控的預期報酬率走勢完全相反，楊過若要持有無風險的資產組合，該組合的預期報酬率為何？(b)楊過對資產報酬率 (r) 的效用函數可表為：$U(r) = a$

$+ br + cr^2$，在追求預期效用最大下，楊過如何安排資產組合?

解析 (a)相關係數 $\rho = -1$，$\sigma = a\sigma_a - (1 - a)\sigma_b = 12a - 16(1 - a) = 0$

$$a = \frac{4}{7}, (1 - a) = \frac{3}{7}$$

$$E(\tilde{R}_P) = (\frac{4}{7}) \times 10\% + (\frac{3}{7}) \times 14\% = \frac{82\%}{7}$$

(b)楊過屬於風險愛好者，故將選擇風險最高的股票，亦即將資金投入中信金控股票。

5. 國泰金控編列的投資預算為 100 億元，假設安排資產組合內容僅包括裕隆汽車（預期報酬率 $E(\tilde{r}_a) = 10\%$、風險 $\sigma^2(\tilde{r}_a) = 4\%$）與台塑石化（預期報酬率 $E(\tilde{r}_b) = 20\%$、風險 $\sigma^2(\tilde{r}_b) = 9\%$）兩種股票。國泰金控將目標函數設定為 $U = 20 + 3R + 4R^2$。試計算下列問題：(a)兩種股票的相關係數 $\rho = -1$，國泰金控若要持有無風險資產組合，則投資兩者的金額各自為何? 該組合的預期報酬率為何? (b)國泰金控的預期效用函數為何? 國泰金控追求預期效用最大，在安排資產組合後，將可達到的預期效用值為何?

解析 (a) $\sigma^2 = a_1^2\sigma_1^2 + a_2^2\sigma_2^2 + 2a_1a_2Cov(r_1, r_2)$

$$= a_1^2\sigma_1^2 + a_2^2\sigma_2^2 - 2a_1a_2\sigma_1\sigma_2$$

$\sigma = a_1\sigma_1 - a_2\sigma_2 = 0$

$3\%a_1 - 2\%(1 - a_1) = 0$

$5\%a_1 - 2\% = 0$

$a_1 = 0.4$

投資台塑石化的比例為 0.4，亦即投資 40 億元，而投資裕隆汽車的比例為 0.6，亦即投資 60 億元。

(b) $U = 20 + 3R + 4R^2$

預期效用函數為：

$$E(U) = 20 + 3E(R) + 4E(R^2)$$

$$= 20 + 3E(R) + 4E[(R - E(R)) + E(R)]^2$$

$$= 20 + 3E(R) + 4E[(R - E(R))^2 + 2E(R)(R - E(R)) + E(R)^2]$$

$$= 20 + 3E(R) + 4\sigma^2 + 4E(R)^2$$

依據該效用函數，國泰金控屬於風險愛好者，故將選擇風險最高與預期報酬率最高的股票，亦即僅持有台塑石化的單一股票，將其風險與預期報酬率代入上述函數：

$$E(U) = 20 + 3E(R) + 4\sigma^2 + 4E(R)^2$$
$$= 20 + 3 \times 20\% + 4 \times 9\% + 4 \times (20\%)^2$$
$$= 20 + 60\% + 36\% + 16\% = 21.12$$

6. 張三豐預擬投資台塑 (x) 與中信金控 (y) 兩種股票，兩者的預期報酬率分別為 10% 和 8%，變異數分別為 0.0076 和 0.00708，$Cov(x, y) = -0.0024$。試計算下列問題：(a) $Z = 0.5x + 0.5y$，試求 $E(Z)$ 與 $Var(Z)$ 之值。(b) 假設張三豐希望安排一個最小變異數的資產組合，試計算該組合中的台塑與中信金控兩種股票的投資比例。

解析 (a) $Z = 0.5x + 0.5y$

$E(Z) = 0.5E(x) + 0.5E(y) = 9\%$

資產組合報酬率的標準差：

$$\sigma^2(\tilde{R}_p) = w^2\sigma_a^2 + 2w(1-w)Cov(r_a, r_b) + (1-w)^2\sigma_b^2 = 0.001045$$

(b) $MinVar(Z) = w^2\sigma_a^2 + 2w(1-w)Cov(r_a, r_b) + (1-w)^2\sigma_b^2$

$$\frac{\partial Var(Z)}{\partial w} = 0$$

$$w = \frac{S_y^2 - Cov(x, y)}{S_x^2 + S_y^2 - 2Cov(x, y)} = \frac{0.00708 + 0.0024}{0.0076 + 0.00708 + 2 \times 0.0024} = 48.6\%$$

$w = 48.6\%$（投資台塑的比例），$(1-w) = 51.4\%$（投資中信金控的比例）

7. 假設小龍女的預期效用函數為 $U = E(r) - 2\sigma^2$，面對的股票預期報酬率與標準差如下表所示，試問小龍女選擇的股票為何？

股票	預期報酬率 $E(r)$	標準差 (σ)
台塑	0.12	0.3
鴻海	0.15	0.5
華碩	0.21	0.16
宏碁	0.24	0.21

解析 台塑：$U = E(r) - 2\sigma^2 = 12\% - 2 \times (0.3)^2 = -0.06$

鴻海：$U = E(r) - 2\sigma^2 = 15\% - 2 \times (0.5)^2 = -0.35$

華碩：$U = E(r) - 2\sigma^2 = 21\% - 2 \times (0.16)^2 = 0.1588$

宏碁：$U = E(r) - 2\sigma^2 = 24\% - 2 \times (0.21)^2 = 0.1518$

小龍女選擇華碩。

8. 匯豐投信的龍鳳基金經理人面對三種股票的報酬率標準差與共相關係數的資料如下：

股票	股票相關係數			標準差 (σ)
	南亞	中鋼	黑松	
南亞	1	−1	0.2	12%
中鋼	−1	1	−0.2	15%
黑松	0.2	−0.2	1	10%

試計算：(a)假設龍鳳基金安排的資產組合為投資南亞 20% 與黑松 80%，該組合的標準差為何？(b)假設龍鳳基金安排的資產組合為投資南亞 40%、中鋼 20% 與黑松 40%，該組合的標準差為何？

解析 (a) $\sigma^2(\tilde{R}_p) = w_a^2 \sigma_a^2 + 2w_a w_c \rho_{ac} \sigma_a \sigma_c + w_c^2 \sigma_b^2$

$\qquad = (0.2)^2 \times (12\%)^2 + 2 \times 0.2 \times 0.8 \times 0.2 \times (12\%) \times (10\%) +$

$\qquad (0.8)^2 \times (10\%)^2$

$\qquad = 0.007744$

$\quad \sigma(\tilde{R}_p) = 8.8\%$

(b) $\sigma^2(\tilde{R}_p) = w_a^2 \sigma_a^2 + w_b^2 \sigma_b^2 + w_c^2 \sigma_c^2 + 2w_a w_b \rho_{ab} \sigma_a \sigma_b + 2w_a w_c \rho_{ac} \sigma_a \sigma_c +$

$\qquad 2w_b w_c \rho_{bc} \sigma_b \sigma_c$

$\qquad = 0.002212$

$$\sigma(\tilde{R}_p) = 4.70\%$$

9.假設臺灣證券集中交易市場有 n 種股票，每種股票的預期報酬率均為 50%，變異數均為 4%，而任兩種股票報酬率間的共變異數均為 8%。假設 n 趨近於無窮大，某基金係以相同比例投資所有股票，則該基金的變異數將如何變化？

解析 該基金係以相同比例投資 n 種股票，投資比例為 $(1/n)$，其變異數為：

$$\sigma^2(\tilde{R}_p) = (\frac{1}{n^2}\sum_{i=1}^{n}\sigma_i^2 + \frac{1}{n^2}\sum_{i=1}^{n}\sum_{j=1}^{n}\sigma_{ij}) = (\frac{1}{n^2})(n\sigma^2) + [\frac{n(n-1)\sigma^2}{n^2}]$$

$$= (\frac{4\%}{n}) + (\frac{n-1}{n})(8\%)$$

當 n 趨近於無窮大時，該基金的變異數將趨近於 8%。

3

第三篇

金融產業
與金融市場

第7章　金融產業類型

習題解答

一、選擇題

1. 有關壽險業營運的敘述，何者錯誤？　(a)壽險公司接受投保時，將擁有保險費請求權；在發生承保危險事故時，需依承保責任負擔賠償義務　(b)壽險公司發行次級證券取得資金，並購買初級證券獲取收益，用於支付業務費用並獲取利潤　(c)撮合資金供給者與資金需求者　(d)壽險業透過發行壽險保單賺取資本利得

2. 有關租賃活動的敘述，何者正確？　(a)融資租賃並非屬於融資的來源　(b)當出租人的所得稅率高於承租人時，租賃將具有價值　(c)在低利率期間，租賃較可能有價值　(d)營業租賃並非資產負債表外的融資

3. 比較信合社與郵匯局轉存制度的內涵，何者正確？　(a)前者具有穩定金融市場的效果　(b)兩者係重要的貨幣工具　(c)前者造成金融拆款利率變異性擴大　(d)兩者係金融當局執行政策金融的主要資金來源

4. 有關信託基金的敘述，何者正確？　(a)投信公司發行受益憑證屬於共同信託基金　(b)信託公司提存信託基金準備可用公債繳存央行　(c)信託公司吸收信託基金須提存法定準備　(d)信託基金可作為交易媒介使用

5. 有關產險與壽險公司營運的差異性，何種說法係屬錯誤？　(a)產險業資金來源缺乏穩定性且為短期性質　(b)壽險公司發行壽險保單，未來均須還本且附加紅利　(c)壽險業發行儲蓄型保單屬於穩定性的長期資金來源　(d)產險業不可從事中長期授信

6. 針對工業信用與中小企業信用性質的說法，何者正確？　(a)兩者係融通中小

企業創業性與中長期開發性投資所需資金　(b)中小企業銀行可以融通中小企業的創業性資金需求,性質同於工業信用　(c)創業投資公司係創業性投資的重要資金來源,卻非工業信用提供者　(d)工業銀行僅能提供工業信用,無法進行創業性投資

7. 比較商業銀行與工業銀行的差異性,何者正確?　(a)兩者均可向一般民眾吸收資金　(b)兩者均可投資製造業,無須再經財政部核准　(c)兩者均可發行金融債券募集資金　(d)商業銀行提供中長期信用,工業銀行提供工業信用

8. 隨著逾放比率攀升危及銀行正常營運,在紓解該項問題的過程中,何種金融廠商將扮演正確角色?　(a)存款保險公司需對存款戶理賠,故可直接處分銀行不良資產　(b)金融資產服務公司將可收購銀行不良債權　(c)金融重建基金除挹注問題銀行資金,並接管銀行營運進行重整　(d)金融資產管理公司將協助銀行拍賣不良債權

| 1.(d) | 2.(b) | 3.(c) | 4.(b) | 5.(b) | 6.(c) | 7.(d) | 8.(d) |

二、問答題

1. 試說明消費者採取直接向保險公司投保策略,將會面臨何種問題? 如何解決該類問題?

解析 消費者將面臨: (1)保險商品(契約): 保險公司提供的保險契約屬於規格化型態,未必符合需求。(2)保險費率: 保險費率由保險公司單方面訂定,個別要保人議價能力有限。(3)保險理賠: 要保人發生意外事故而要求保險理賠,保險公司往往由保險契約與損失狀況中尋求拒賠線索,雙方將發生利益衝突。針對上述問題,消費者可採取透過保險經紀人間接代為向保險公司投保來解決,保險經紀人係指基於被保險人利益,代向保險公司洽訂保險契約者。

2. 試比較金融資產管理公司、金融資產服務公司與金融重建基金的差異性。

解析 金融資產管理公司係協助銀行處理不良資產的公司，從事收購處理銀行不良債權，促使銀行加速打銷呆帳降低逾放比率，健全銀行資產結構。金融資產服務公司係建立法院以外的拍賣機制，接受資產管理公司與銀行委託處理、重組及拍賣不良債權，並接受強制執行機關委託及監督，辦理銀行申請強制執行事件，提昇銀行拍賣抵押權速度，減少法院拍賣案件之積壓。金融當局為處理問題銀行，穩定金融秩序與改善銀行體質，統籌處理存款保險公司無法解決的保額外存款（確保存款人權益），和整頓淨值淪為負數的基層金融，而金融重建基金處理對象包括調整後淨值為負數、無能力支付債務、財務狀況顯著惡化經金融當局認定無法繼續經營之問題銀行。

3. 試說明中央存款保險公司及中央再保險公司在金融體系中扮演的角色。

解析 中央存款保險公司透過定期業務檢查強化銀行營運體質，降低金融當局的金檢負擔，促進金融業健全發展與維護金融市場秩序，進而保障存款人利益。中央再保險公司則是執行政府再保險政策，協助國內再保險市場穩定發展，從事財產及人身再保險業務，運用契約及再保險業務之承受與轉分，進而擴大國內保險市場規模。

4. 試說明專業銀行類型與其提供的專業信用內容。

解析 專業銀行與專業信用的類型包括：

(a)工業銀行：金融當局為配合產業發展趨勢，提供創業性投資及中長期開發性融資所需之工業信用，成立工業銀行。

(b)農業銀行：金融當局為調節農村金融，融通農、林、漁、牧生產及有關事業所需之農業信用，而成立農業銀行。

(c)輸出入銀行：金融當局基於協助拓展外銷及輸入工業必需設備與原料所需之輸出入信用，成立輸出入銀行。

(d)中小企業銀行：金融當局為協助中小企業改善生產設備及財務結構、健全營運管理所需之中小企業信用，遂輔導合會儲蓄公司改制為中小企業銀行提供中小企業信用。

(e)不動產銀行：金融當局基於供給土地開發、都市改良、社區發展、道路建設、觀光設施及房屋建築等所需之中長期不動產信用，而成立不動產銀行。

(f)國民銀行：金融當局為促進區域建設及均衡發展、繁榮國民經濟，針對其資金需求而設置供給地方性信用之專業銀行。

5.試說明國內信合社轉存制度與郵匯局轉存制度對金融體系穩定性的影響。

解析 (a)信合社轉存制度：合作金庫面對信用合作社轉存款的變異性，將無法充分掌控資金流量，從而反映在加劇新臺幣拆款利率的鉅幅波動。

(b)郵匯局轉存制度：郵匯局資金過去需全部轉存央行，成為控制貨幣供給的工具，央行以郵匯局轉存款設立中長期信用基金，用於融通重大經濟建設。

6.試比較銀行存款與信託基金的差異性。

解析 兩者的差異性包括：利益關係人、利益分配、資金運用、提存準備與投資憑證等方面。

7.何謂工業信用？國內提供該類信用的機構有那些？

解析 為配合產業發展趨勢，針對工、礦、交通及其他公用事業列為開發金融業務，而提供的授信即是工業信用。提供工業信用的金融廠商包括工業銀行、投資銀行、政府非營業循環基金與創業投資公司亦具有類似工業銀行扮演的功能。

題　庫

一、選擇題

1.比較信合社與郵匯局轉存制度後，何者正確？　(a)前者具有穩定金融活動的

效果　(b)同屬央行執行貨幣政策的工具　(c)後者造成金融拆款利率劇烈波動　(d)後者具有扮演政策金融的色彩

2. 有關信託基金的敘述，何者正確？　(a)元大投信發行受益憑證屬於共同信託基金　(b)信託公司募集信託基金，提存準備可用公債繳存央行　(c)信託公司發行信託基金須提存法定準備　(d)信託公司將可自行運用信託基金

3. 比較富邦產險與國泰壽險營運的差異性，何者正確？　(a)富邦產險金來源具有長期穩定性，將可從事中長期無擔保放款　(b)國泰人壽吸收資金，未來均須還本且附加保單紅利　(c)國泰人壽發行儲蓄險保單屬於穩定的長期資金來源，故可從事中長期無擔保放款　(d)富邦產險與國泰人壽屬於提供規避財務風險的機構

4. 某中小企業尋求營運資金來源，何種金融廠商將可滿足其資金需求？　(a)行政院開發基金提供中小企業信用，滿足長期資金需求　(b)國際票券代為發行商業本票，滿足短期資金需求　(c)中租迪和提供營業性租賃，滿足中長期資金需求　(d)中小企業信用保證基金提供保證，協助取得中小企業信用

5. 依據國內信用合作社營運組織架構，何種現象係屬正確？　(a)經營階層擁有最多股權支持　(b)信合社追求社員認購的每股價值極大　(c)信合社轉存制度提供信合社剩餘資金的重大出路　(d)未經社員大會通過，信合社股本將維持不變

6. 農民銀行董事會為解決持續攀升的逾放比率，可採取何種策略因應？　(a)金融重建基金接收不良放款債權，並給予損失補貼　(b)中央存款保險公司針對銀行處理不良放款債權，發生損失部分進行保險理賠　(c)將不良放款債權的擔保品賣給金融資產管理公司　(d)將不良放款債權的擔保品委託金融資產服務公司公開拍賣

7. 在營運過程中，新光人壽展現的營運特質，何者錯誤？　(a)提供儲蓄險保單吸收中長期資金　(b)所有保單未來均須還本且附加紅利　(c)壽險保單屬於次級證券性質　(d)僅能從事中長期授信活動

8. 行政院運用郵政儲金成立中長期資金運用制度，其運作特性何者正確？　(a)郵匯局轉存制度的變型，亦即郵匯局將存款轉存銀行，由銀行代為放款　(b)

央行透過該制度控制中長期信用數量 (c)央行透過該制度穩定金融市場運行 (d)該制度具有政策金融性質，追求金融資源效率分配

9.中央產險接受華航投保飛機險，評估不同處理策略的結果，何者正確？ (a)自行承保華航保單，賺取保險佣金 (b)將保單轉給瑞士再保險公司承保，仍需承擔部分理賠風險 (c)與富邦產險共同承保華航保單,依承保比例承擔理賠風險 (d)基於追求獲利與分散風險，中央產險宜採共同承保策略

10.有關郵匯局在金融體系扮演的角色，何者錯誤？ (a)郵匯局轉存款具有調節體系資金的效果 (b)郵匯局吸收資金工具包括郵政儲金與簡易壽險兩類 (c)中長期資金運用制度的主要資金來源 (d)郵匯局轉存制度係釀成金融拆款市場利率劇烈波動的主因

11.比較工業信用與中小企業信用的性質，何者正確？ (a)兩者均係融通中小企業創業性與中長期開發性投資所需資金 (b)中小企業銀行可以融通中小企業的創業性資金需求,其性質同於工業信用 (c)創業投資公司係創業性投資資金的重要來源，但卻非提供工業信用者 (d)工業銀行僅能提供工業信用，卻無法進行創業性投資

12.比較中國商銀與台灣工銀營運性質的差異性，何者正確？ (a)兩者均可向一般民眾吸收資金 (b)兩者均可對製造業進行投資,無須再經財政部核准 (c)兩者均能發行金融債券募集資金 (d)中國商銀提供商業信用，台灣工銀提供工業信用

13.在營運過程中，華南銀行與中華開發工銀從事中介資金活動，將出現何種差異性？ (a)張無忌可同時前往兩家銀行開立小額儲蓄存款帳戶 (b)兩家銀行均從事消費金融業務 (c)華南銀行僅能承作一般銀行信用,中華開發工銀以承作工業信用為主 (d)兩家銀行均可對製造業進行轉投資

14.冠鈞科技（中小企業）需要營運資金，何種訊息係屬正確？ (a)行政院開發基金可融通冠鈞科技需要的工業信用與中小企業信用 (b)投資銀行可直接融通冠鈞科技創業性投資所需資金 (c)創投公司僅能投資冠鈞科技,但是無法提供工業信用 (d)中小企業信用保證基金可對冠鈞科技提供保證,提升其信用評等，協助其取得工業信用

15. 信託業者在營運過程中，必須掌握何種正確訊息？　(a)不動產信託屬於共同信託基金的一種　(b)專戶管理帳戶屬於指定用途信託基金的一種　(c)統一投信發行黑馬股票基金，須提存信託基金準備　(d)土地銀行推動不動產信託，須提存準備但可用公債繳存央行

16. 國泰人壽從事營運的特性，何者係屬正確？　(a)提供人身保險係屬於儲蓄險，吸收中長期儲蓄資金　(b)發行儲蓄型保單在未來均須還本且附加紅利　(c)醫療險保單將是吸收短期儲蓄資金　(d)意外險保單雖屬消費險，但未來仍需還本付息

17. 依據國內基層金融的營運方式，何種現象未必會發生？　(a)基層金融的組成方式將使社員付出沉重的代理成本　(b)基層金融追求社員認購的每股價值極大　(c)基層金融與合作金庫存在隱含性聯行制度關係　(d)基層金融的股本將因社員加入或退出而隨時變動

18. 海基會財務部門運用基金時，採取銀行定存與成立專戶管理帳戶委託投顧代為金融操作，財務部門須有何種正確認知？　(a)銀行與投顧公司均須提存法定準備繳交至在央行的準備帳戶　(b)海基會投資兩者均須支付管理費且無須承擔風險　(c)海基會可對專戶管理帳戶的資金運用方式表示意見　(d)專戶管理帳戶相當於共同基金

19. 有關保險業的敘述，何者錯誤？　(a)保險公司在保險契約成立時，有保險費之請求權；在承保危險事故發生時，依其承保責任負擔賠償義務　(b)保險公司發行次級證券取得資金，用於購買初級證券，藉由兩者間的利差來支付業務費用並獲取利潤　(c)撮合資金供給者與資金需求者　(d)壽險業藉由販售投資型保單來賺取利差

20. 世華租賃提供多元化租賃商品，何者性質係屬正確？　(a)資本性租賃並非是融資的來源　(b)如果出租人的稅率高於承租人稅率，租賃很可能是有價值　(c)在低利率期間，租賃較可能有價值　(d)營業租賃並非表外交易活動的融資

21. 台灣工銀屬於典型的工業銀行，何種操作係屬錯誤？　(a)不得附設儲蓄部　(b)不得直接投資製造業以外之其他企業及非自用不動產　(c)最低實收資本額為新臺幣 100 億元　(d)可辦理投資放款業務

22. Morgan-Stanley 投資銀行與台灣工銀在營運過程中的差異性如下： (a)前者僅能吸收大額存款，後者可以吸收各種來源的存款 (b)前者業務屬於間接金融，後者業務屬於直接金融 (c)前者收益來源為存放款利率差價，後者以經紀費用與投資收益為主要收益來源 (d)前者操作重心在金融市場，後者則以存放款市場為操作重點

23.～24.下表是太平產險的簡化損益表內容：

收入	成本
資金運用收入	各種費用支出
收回各種責任準備	提存各種責任準備

23.依據保險會計處理方式，太平產險將承保業務完全自留，該策略將會產生何種結果？ (a)太平產險面對的營運風險將趨於極大 (b)在承保業務大幅衰退時，盈餘必然出現急遽衰退 (c)太平產險無須承擔任何風險 (d)太平產險僅是賺取保險佣金

24.太平產險將保單全部轉給瑞士再保險公司承保，該策略將會出現何種結果？ (a)太平產險仍然需要提存各種責任準備 (b)當承保業務大幅衰退時，盈餘可能出現成長空間 (c)須分擔意外事件發生的賠償風險 (d)太平產險與保險經紀人並無差異

25.有關國內金融廠商供給何種信用的說法，何者正確？ (a)工業銀行提供創業投資信用 (b)租賃公司提供中小企業信用 (c)票券公司提供短期信用 (d)投資銀行提供企業金融

26.國內金融業存在兩種轉存制度，其運作發揮的影響效果，何者正確？ (a)兩種制度吸收的資金成為政策金融的主要資金來源 (b)兩種制度提供體系內中長期信用的主要來源 (c)兩種轉存制度對票券市場造成的衝擊完全相反 (d)央行透過兩種制度控制貨幣成長率

27.華僑銀行為求達到資本適足性要求，積極處理巨額逾期放款，何種處理策略係屬可行？ (a)將不良放款債權賣給臺灣金融資產服務公司 (b)委託中央存款保險公司拍賣不良放款債權的擔保品 (c)將不良放款債權的擔保品賣給

金融資產再生公司　(d)出售不良放款債權給臺灣金融資產管理公司

28. 有關國內金融業存在兩種轉存制度的運作方式,何者正確?　(a)兩者具有穩定金融業務拆款市場運作的效果　(b)兩者轉存對象均為央行　(c)郵匯局與基層金融扮演剩餘資金供給者角色　(d)兩者屬於聯行制度的另一種型態

29. 千燁通訊與中租迪和從事交易活動,何者正確?　(a)以租賃方式向中租迪和取得自動化設備,屬於表內交易活動　(b)以租賃或分期付款向中租迪和取得自動化設備,對資產負債表的影響相同　(c)將應收帳款售予中租迪和後,仍須承擔倒帳風險　(d)透過中租迪和以分期付款取得自動化設備,將是屬於表內交易活動

30. 商業信用是現代商業交易活動的基本型態,何者正確?　(a)銀行對廠商提供的信用　(b)以商品的形式提供的信用　(c)商品交易雙方相互提供的信用　(d)交易行為與融資行為同時發生的信用

31. 高鐵公司募集資金,可尋求政策金融與一般金融給予融通,有關兩者的特質,何者正確?　(a)兩者均取決於市場利率機能　(b)兩者屬於長期性放款　(c)政策金融具有矯正金融市場失靈的作用　(d)一般金融的倒帳風險較高

32. 體系內供給地方性信用的金融廠商,將屬於何種類型?　(a)中小企業銀行　(b)國民銀行　(c)基層金融　(d)郵匯局

33. 有關國內信用合作社吸收存款提存準備的問題,何者正確?　(a)存放於臺銀的同業帳戶　(b)存放於央行的準備金帳戶　(c)存放於合庫的活存帳戶　(d)無須提存法定準備

34. 「信託係指張無忌將財產權移轉或為其他處分,並要求華銀信託部基於趙敏利益或為特定目的,代為管理或處分信託財產之關係。」依據該項說法,何者正確?　(a)華銀信託部是以趙敏名義管理處分信託財產　(b)信託財產雖移轉予華銀信託部,張無忌仍有自行管理及處分權　(c)華銀信託部是以張無忌名義管理處分信託財產　(d)華銀信託部擁有管理權也包括其處分權在內

35. 張無忌與中信銀行簽訂私益信託,契約內容除包括信託目的與信託財產外,尚需確定何者?　(a)委託人　(b)受託人　(c)受益人　(d)委託人、受託人及受益人

36. 寶來投顧為中央產險提供全權委託投資服務, 何者錯誤? (a)委任契約應由保管銀行與中央產險簽訂 (b)中央產險委託資金應於簽約時一次存入保管銀行 (c)全權委託投資帳戶之保管銀行以一家為限 (d)證券經紀商之指定與變更, 由受任人自行為之

37. 信託業吸收信託基金, 必須提存賠償準備金, 何者享有優先受償權利? (a)信託業董事 (b)信託監察人 (c)委託人或受益人 (d)保管銀行

38. 國際投信募集股票型基金的性質, 何者正確? (a)依信託法及信託業法成立之信託基金 (b)為特定人所成立之基金 (c)依據證期局核准成立之基金 (d)不以獲利為目的之基金

39. 統一千里馬基金係委託世華銀行保管, 後者將依基金淨資產價值之某一比率, 採取何種收取方式? (a)每日計算與收取 (b)每週計算與收取一次 (c)每月計算與收取一次 (d)逐日累積計算而按月收取

40. 日盛投顧問經營全權委託投資業務時, 何者正確? (a)得保證獲利 (b)不得保證獲利 (c)可利用客戶帳戶為他人買賣證券 (d)得與委任人約定共享操作績效

41. 張無忌成立信託財產, 其相關性質, 何者錯誤? (a)張無忌可以交付現金為信託財產 (b)信託財產管理運用應依據信託契約辦理 (c)信託財產之管理方法絕對不得變更 (d)張無忌死亡時, 信託財產不屬於其遺產

42. 何種措施與健全銀行存款保險制度無直接關係? (a)採取共同保險策略 (b)採取浮動保險費率制度 (c)擴大存款保險公司監理銀行的權限 (d)採取「太大而不能倒閉」的政策

43. 任盈盈向合迪公司申請汽車分期付款購買 BMW 汽車, 何者錯誤? (a)頭期款愈高, 對任盈盈愈有利 (b)清償期限愈長, 對合迪公司的債權愈無保障 (c)利率愈高, 任盈盈的利息負擔愈重 (d)無需提供擔保品將對任盈盈有利

1.(d)	2.(c)	3.(c)	4.(d)	5.(c)	6.(d)	7.(b)	8.(d)	9.(c)	10.(d)
11.(c)	12.(c)	13.(c)	14.(c)	15.(b)	16.(b)	17.(b)	18.(c)	19.(d)	20.(b)

21.(c)	22.(d)	23.(a)	24.(d)	25.(c)	26.(c)	27.(d)	28.(c)	29.(d)	30.(d)
31.(c)	32.(b)	33.(d)	34.(d)	35.(d)	36.(b)	37.(c)	38.(c)	39.(a)	40.(d)
41.(c)	42.(d)	43.(a)							

二、問答題

1. 試說明信託基金的類型。何種公司可以募集信託基金？

 信託基金分為共同信託基金、證券投資信託基金與指定用途信託基金三種類型。證券投資信託公司可發行共同基金募集眾人資金，從事金融操作。另外，銀行與信託業亦可發行受益憑證募集資金，代為從事確定用途，如：放款證券化與土地證券化。

2. 保險業的主要資金來源為何？在運用過程中需受何種限制？

 保險公司的資金來源除自有資金外，取得保費收入扣除營運費用外，須提存責任準備，亦是重要資金來源。保險業運用資金的過程需依據〈保險法〉第 146 條規定，以銀行存款、投資公債、國庫券、公開發行公司股票或公司債（須符合連續三年稅後報酬率超過 6%）與不動產、進行擔保放款等為主。

3. 何謂存款保險？相較由民間保險公司提供存款保險，政府提供存款保險有何優點？

 存款保險係指存款保險公司針對要保銀行的存款帳戶，在某一額度上限下，保障存款人利益。當銀行面臨倒閉風險時，保險公司將就保障額度內提供理賠。政府提供存款保險將具有強制效果，並可透過公權力運作而具有金融監理效果。

4. 我國法令規定：每一存款人在同一金融機構中的存款受存款保險保障的金額有一上限。試問規定此一上限的目的為何？

解析 對存款人而言，將需具有分散風險概念，不將所有資金投入單一金融

機構。對金融機構而言，促使其無法以高利率達到大量吸收存款的目的，因為理賠金額具有上限。

5. 東港信用合作社在 1999 年發生擠兌風波，試回答下列問題：(a)信用合作制度存在何種問題?(b)中央存保公司接管東港信用合作社後，問題就可解決嗎?(c)針對信用合作社逾放比率居高不下，金融當局可採取何種策略解決?

解析 (a)信用合作社屬於社團組織，以服務社員、追求社員福祉為目標，理事選舉採政治程序由會員票選，經營者擁有眾多會員支持，卻未必擁有最多股權，容易釀成嚴重的代理問題。

(b)存款保險公司接管東港信用合作社後，除提供融資協助外，先扮演過渡銀行角色，暫時代為經營直至體質改善，再尋找銀行進行合併或概括承受，甚至或採取直接清算。

(c)信用合作社逾放比率居高不下，金融當局採取由營運較佳的信合社加以合併，尋求改制為商業銀行；由銀行進行購併，用以擴大營運分支機構；由金融重建基金介入，彌補淨值虧損部分，然後公開拍賣由銀行購併。

6. 試說明聯行制度的意義，並舉例說明其主要功能。

解析 聯行制度係指提供農業信用的專業銀行（農民銀行、合作金庫與土地銀行）屬於都市銀行與以農漁會信用部為主的鄉村銀行進行策略結盟。該制度的主要功能包括：資金支援與間接轉融通、業務輔導與檢查、資源充分利用。

7. 試述儲蓄互助社在金融體系中扮演的角色與經營特色。

解析 儲蓄互助社係金融體系與社會安全制度的一環，扮演角色包括中介功能、社會功能與教育功能。儲蓄互助社的經營特色包括：(1)民主結構、(2)社會目標。

8. 試比較工業銀行與商業銀行的差異性。

項目	工業銀行	商業銀行
銀行性質	批發性金融，協助融通廠商轉型期之資金需求，以企業金融為主	零售性金融，對廠商及大眾提供存放款及消費金融
投資創投業務	得直接投資相關金融事業及創業投資事業	投資額不得超過資本額5%
主要收入	投資收益及利息收入	利息收入
資金來源	發行金融債券，吸收特定對象存款，最低資本額為200億元	吸收廠商及大眾存款，最低資本額為100億元
存款對象	授信戶、投資戶、保險業財團法人及政府機關	大眾及廠商
轉投資標的	國內生產事業、金融相關事業、創業投資事業及國外產業	轉投資生產事業需逐案報請財政部核准，投資金融周邊事業額度需自資本額中扣除
分行設立	不得超過10家	家數不限
主要資金用途	供給工、礦、交通及其他公共事業中長期放款	中短期商業授信

第 8 章　票券金融業與貨幣市場

 習題解答

 一、選擇題

1. 假設臺灣的股票報酬率呈現隨機漫步型態，將意味著何者正確？　(a)人們將能預測股價　(b)股價符合弱式效率市場臆說　(c)股價符合半強式效率市場臆說　(d)股價符合強式效率市場臆說

2. 有關股票市場效率性的敘述，何者錯誤？　(a)技術分析將協助人們獲取超額利潤　(b)在弱式效率市場中，人們無法運用過去報酬率預測未來報酬率而獲取暴利　(c)股票市場常有異常現象，如：週一報酬率特別低，這些現象未必違反效率市場臆說　(d)大部分實證結果指出強式效率市場臆說不成立

3. 證券分析師強調技術分析有效者，將隱含何種效率市場不成立？　(a)只有弱式型不成立　(b)只有弱式型及半強式型不成立　(c)只有強式型不成立　(d)弱式型、半強式型及強式型均不成立

4. 假設臺灣股票集中市場符合半強式效率市場，人們追求獲取超額報酬率，將需從事：　(a)技術分析　(b)基本分析　(c)研究報紙所有資訊　(d)獲取內線消息

5. 若以市場組織是否制度化與列入金融監理範圍為標準，金融市場將區分成：(a)貨幣市場與資本市場　(b)公開市場與議價市場　(c)初級市場與次級市場(d)債務市場與股權市場

6. 有關國庫券發行的敘述，何者錯誤？　(a)央行發行國庫券穩定金融活動進行(b)財政部發行國庫券融通短期國庫收支失衡　(c)財政部發行國庫券用於融通預算赤字　(d)央行發行國庫券係屬於緊縮貨幣政策

7.廠商發行債務工具募集資金，何種性質係屬正確？ (a)期限通常很長 (b)收益率隨著每日淨值變動 (c)除非廠商結束營運,否則不具有資產請求權 (d)債務工具價值波動幅度通常小於股權工具

8.張無忌與大華證券從事公債附條件交易,何者正確？ (a)買賣公債並另訂付息條件 (b)只有附加條件滿足時,買賣公債才算成交 (c)附上轉換條款的債券 (d)賣出公債並約定買回利率及時間

1.(d)	2.(a)	3.(d)	4.(d)	5.(b)	6.(c)	7.(d)	8.(d)

二、問答題

1.試分析在票券市場流通的金融資產類型。試說明其意義與特性。

 票券市場的金融資產屬於具有高流動性、固定收益與安全性的一年期內的信用工具,包括:

(1)國庫券:財政部為調節國庫收支或央行為穩定金融環境而發行的票券。

(2)銀行承兌匯票: 廠商簽發而由銀行承兌,承諾於指定到期日兌付的可轉讓票據, 亦稱為遠期匯票。

(3)商業承兌匯票:廠商簽發而由另一廠商承兌並承諾於指定到期日兌付的商業票據。

(4)商業本票: 廠商以本身為發票人,承諾於指定到期日無條件支付受款人或執票人一定金額之票據。此種票據必須由金融廠商保證,再由票券金融公司簽證,屬於安全性資產,係為貨幣市場最具流通性的信用工具。

(5)可轉讓定期存單:銀行承諾於指定到期日按票載利率支付本息並得自由轉讓之存款憑證。

(6)經財政部核准之短期債務憑證:包括一年內到期之政府債券與金融債券。

2. 金融市場的主要功能為何? 如何才能發展成為效率性金融市場?

解析 金融市場提供資金供需雙方交易場所，透過提昇資金借貸憑證 (信用工具) 的流動性，增進融資效率與資金運用方便性，合理分配資金，促使央行執行貨幣政策能夠順暢。金融市場要發展成為效率性金融市場須滿足廣度、深度與彈性三個條件。

3. 試評論:「銀行承兌匯票是資本市場的信用工具，交易場所為拆款中心，利率與票券價格同向變動。」

解析 銀行承兌匯票屬於貨幣市場的信用工具，係透過銀行與票券公司的交易櫃檯採取個別議價方式交易，而且係採取貼現方式交易。

4.「精於技術分析與基本分析的基金經理人在股市操作績效有時會遜於菜籃族的老媽媽」，試分析當中道理。

解析 股票市場可能符合強式或半強式效率市場，股價呈現隨機漫步型態。

5. 試分析效率市場在投資過程中扮演的角色。

解析 效率市場在投資過程中扮演的角色: (1)歷史沒有記憶。(2)市場價格屬於最可相信的價格。(3)市場沒有幻覺。

6. 試說明票券發行融資的性質與扮演的功能。

解析 銀行提供的票券發行融資，屬於以短期利率計價的長期負債，性質類似商業本票，解決廠商偏好票券融資肇致財務風險高漲的問題。銀行提供可循環使用的中長期信用額度，廠商評估資金需求狀況，隨時決定發行票券的時點與期間，要求主辦銀行安排承兌銀行與投標銀行構成的銀行團包銷，由各投標銀行競標票券利率，廠商藉以取得成本低廉資金。

 題 庫

 一、選擇題

1. 美林證券評估臺灣金融市場效率性時,何種看法係屬錯誤? (a)當投資資金來源趨於多元化時,金融市場廣度將會擴大 (b)金融資產的價格彈性愈大,將反映金融市場效率愈高 (c)美林證券運用技術分析若無法在股市謀取暴利,股市顯然不符合弱式效率市場的標準 (d)金融資產價格波動將立即出現大量交易, 顯示金融市場具有彈性

2. 若以金融資產期限為劃分標準,金融市場將區分成: (a)貨幣市場與資本市場 (b)公開市場與議價市場 (c)初級市場與次級市場 (d)債券市場與股權市場

3. 假設台積電股票屬於強式效率市場型態,何種說法係屬錯誤? (a)台積電股票的交易市場必然滿足廣度、深度與彈性等三個效率指標 (b)人們採取理性預期方式來形成台積電股價的預期 (c)台積電股價將呈隨機漫步型態 (d)台積電股票的交易市場必然同時具備操作效率市場性質

4. 林董事長接任票券金融業公會理事長,必須掌握票券業的營運,何者正確? (a)票券業為廠商承銷債券取得中長期資金 (b)票券業係從事固定收益證券 (票券與債券)承銷 (c)票券業可參與金融業拆款市場取得資金 (d)票券業從事養券操作必然可以獲利

5. 聚隆纖維採取票券發行融資工具募集資金,何種說法係屬正確? (a)在票券市場募集短期資金,將需承擔較高財務風險 (b)該類融資屬於長期負債性質,但卻支付短期利率 (c)融資屬於短期負債性質,但卻支付長期利率 (d)該類融資工具係結合資本放款與票券融資兩項特質

6. 德榮公司以其擁有之應收票據向彰銀請求貼現,何種操作係屬錯誤? (a)德榮公司必須在票據上背書 (b)彰銀放款時,將預扣貼現利息 (c)彰銀在票據到期時,將逕向德榮公司請求兌現 (d)彰銀進行貼現放款風險高於購買應收帳款風險

7. 光寶公司發行商業本票募集資金,何種操作係屬錯誤?　(a)期限不得超過 1 年　(b)必須透過票券公司發行　(c)無須金融機構保證　(d)發行利率較短期周轉金放款利率低

8. 有關衡量金融市場是否具有效率的指標,何者正確?　(a)廣度係在衡量上市交易的金融資產類型多寡　(b)高度係指評估金融市場的成交值高低　(c)深度係在判斷現行金融資產價格下,是否存在大量成交值　(d)彈性係指金融資產供需是否具有高價格彈性

9. 南僑化工發行銀行承兌匯票募集資金,財務經理應掌握何種現象?　(a)須支付承銷費、承兌費、保證費與貼現利率　(b)發行銀行承兌匯票的成本高於發行商業本票　(c)銀行承兌匯票係由銀行保證承兌付款的短期融資工具　(d)趙敏持有聚隆纖維的銀行承兌匯票將需承擔倒帳風險

10. 國內金融市場在中介資金的過程中,何種操作係屬錯誤?　(a)當長票利率高於短票利率時,國際票券承做票券附買回將可套利成功　(b)大華證券為冠鈞科技公開承銷現增資股票,必須承擔買下未能銷售的股票風險　(c)在中興票券櫃檯交易的金融資產均是債務工具　(d)錸德科技發行公司債與票券均須透過初級市場募集資金

11. 大華投顧評估臺灣的股票報酬率呈現隨機漫步型態,何者概念係屬正確?　(a)股價將能預測,因其符合漫步型態　(b)股價符合弱式效率市場臆說　(c)股價符合半強式效率市場臆說　(d)股價符合強式效率市場臆說

12. 楚留香獲玉山票券聘任為總經理,將須瞭解何者屬於票券公司的業務範圍?　(a)短期票券承銷　(b)股票承銷　(c) 1 年期以上債券之經紀　(d)金融業拆款市場之經紀

13. 福光公司在資本市場募集資金,必須掌握何種正確概念?　(a)商業本票屬於資本市場的信用工具　(b)交易標的物期限在一年以下　(c)資本市場功能在於作為撮合短期資金供需的場所　(d)由發行市場與流通市場構成

14. 台灣大哥大採取舉債策略募集資金,發行各種類型債務工具,何種特質係屬正確?　(a)無須訂定期限　(b)收益率隨著公司淨值在變動　(c)除非台灣大哥大結束營業,投資人不具有資產請求權　(d)無論公司營運是否獲利,均需支

付利息

15. 高新銀行選擇國庫券作為流動性準備時，必須掌握何者不是國庫券的特性？ (a)以貼現方式發行　(b)到期期限為一至三年　(c)免於違約風險　(d)具有高度流動性

16. 高僑公司透過國際票券發行商業本票，應如何計算利息成本？　(a)採附加方式　(b)依據國庫券利率計算　(c)採取付現方式　(d)採取貼現方式

17. 有關貨幣市場特質的敘述，何者正確？　(a)信用工具具有高度流動性　(b)財政部參與貨幣市場在於募集資金彌補預算赤字　(c)廠商參與貨幣市場，在於尋求中長期資金來源　(d)信用工具屬於高風險的長期資產

18. 何者屬於初級市場範圍？　(a)紐約證券交易所　(b)臺灣證券交易所　(c)上櫃股票交易市場　(d)建華證券公司承銷部

19. 慧友電子在不同期限的金融市場交易，必須瞭解何種性質係屬正確？　(a)短期資金通常在店頭市場交易　(b)中長期資金市場必然採取競價交易　(c)金融資產具有固定到期日，必然屬於債務融通　(d)人們從事未來金融契約交易，將是屬於遠期市場範圍

20. 令狐沖選擇在股票集中市場或股票盤商市場操作，必須掌握兩者的特質為何？　(a)集中市場的股票成交單位將視交易雙方談判而定　(b)令狐沖在股票盤商市場交易，承擔風險與交易成本較低　(c)集中市場運作較為健全與效率，資產流動性較高　(d)股票盤商市場係由供需雙方議價完成交易，並無買賣價差

21. 統一企業在過去四年的 12 月份平均股價依序為 11、12、13、14，假設臺灣股市符合弱式效率市場型態，而且統一企業在今年並無任何新訊息揭露，則韋小寶預期今年 12 月底的統一企業平均股價應該為何？　(a) 12　(b) 13　(c) 14　(d) 15

22. 東元電機財務部門規劃在票券市場募集資金，必須掌握何種特質？　(a)融資工具期限超過一年　(b)採取公開競價方式完成交易活動　(c)信用工具價值將因利率變動而發生波動　(d)短期資金交易的櫃檯市場

23. 比較商議市場與公開市場的差異性後，何者正確？　(a)前者的信用工具標準

化,後者則未必　(b)後者的交易風險小於前者　(c)前者採取直接議價,信用
工具的流動性較大,後者由經紀商撮合成交,信用工具的流動性較小　(d)前
者的利率低於後者

24. 有關金融市場性質的敘述,何者正確?　(a)次級市場又稱發行市場　(b)就發
    行市場而言,將不需要經紀商介入交易　(c)盤商市場又稱公開市場　(d)在次
    級市場中,經紀商或中間商係屬不可或缺的

25. 德榮企業持有票券的買入價格為 950,000,因面臨短期周轉金需求,急需用
    錢 5 天,可與華南票券訂定附賣回約定,附賣回利率為 10.5%。在約定到期
    時,德榮企業買回票券應付金額為:　(a) 951,093　(b) 951,385　(c) 952,733
    (d) 951,366

26. 股票價格在何種狀況將呈現隨機漫步走勢?　(a)股價隨機變動但可預測　(b)
    股價對舊資訊和新資訊的反應是緩慢的　(c)未來股價變動和過去股價變動
    無關　(d)過去資訊將有助於預測未來股價

27. 謝教授分析臺灣股市的過去股價變化狀況後,觀察到某些特殊結果。何者最
    能反駁弱式效率市場臆說?　(a)股票平均報酬率明顯高於無風險利率　(b)在
    股價下跌 10% 時買入股票,且在上升 10% 後賣出股票,將可取得明顯超額
    報酬　(c)持有低股利的股票,將明顯獲得較高報酬率　(d)公司宣告盈餘後一
    段時間,股票異常報酬率明顯為正值

28. 統一超商發行銀行承兌匯票,係以融通何種交易為主?　(a)期貨交易　(b)國
    際貿易　(c)選擇權交易　(d)金融交易

29. 聯信銀行選擇發行定期存單募集短期資金,考慮因素主要為何?　(a)競爭資
    金的來源　(b)定期存單的法定準備率較低　(c)當銀行面臨剩餘資金時,可買
    回定期存單,便於進行負債管理　(d)尋求在不同市場套利的機會

30. 實證研究顯示,當上市公司宣佈獲利超過預期時,其股票將出現超額報酬並
    達數週之久。該項研究結果將代表何種股市型態存在?　(a)弱式效率市場
    (b)半強式效率市場　(c)強式效率市場　(d)缺乏效率的市場

31. 何種現象將與半強式效率市場的條件不符?　(a)公司盈餘受景氣循環影響
    (b)公司宣佈獲利遠超過預期,股價立即上漲　(c)採取參與分配股利策略,而

可獲得超額報酬　(d)散戶與公司董監事買賣股票有明顯差異

32.在效率金融市場中，有關深度的說法，何者正確？　(a)市場存在多元化金融資產進行交易　(b)擁有多元化的資金來源參與交易　(c)在現行金融資產價格下出現大量成交值　(d)金融資產供需是否具有高價格彈性

1.(c)	2.(d)	3.(d)	4.(c)	5.(b)	6.(c)	7.(c)	8.(c)	9.(c)	10.(b)
11.(d)	12.(a)	13.(d)	14.(d)	15.(b)	16.(d)	17.(a)	18.(d)	19.(b)	20.(c)
21.(c)	22.(d)	23.(b)	24.(d)	25.(d)	26.(c)	27.(b)	28.(b)	29.(c)	30.(d)
31.(c)	32.(a)								

二、問答題

1.金融市場的分類方式包括：(a)貨幣市場與資本市場、(b)債務市場與股權市場、(c)初級市場與次級市場，請分別說明之。

　(a)貨幣市場係指融資期限或到期日在一年內的市場，資本市場係指融資期限或到期日在一年以上或未訂期限的市場。

　(b)債務市場係指赤字單位舉債融通，發行債務憑證流通交易的市場，股權市場係指廠商採取股權融通，發行股票流通交易的市場。

　(c)初級市場係指赤字單位發行證券募集資金的市場，或證券首次交易的市場，又稱發行市場。次級市場係指證券發行後持續交易場所，又稱為流通市場或公開市場。

2.何謂金融市場？依信用工具發行或交易可分為幾類？試說明其性質。

　金融市場係指撮合資金供需雙方交易的場所，依信用工具發行或交易可分為初級市場與次級市場。前者係指赤字單位發行證券募集資金的市場，後者係指證券發行後的持續交易場所。

3.試說明貨幣市場與資本市場的差異性。以臺灣為例，各列舉四項在上述市場交易的信用工具。

貨幣市場係指融資期限或到期日在一年內的市場，如：國庫券、銀行承兌匯票、商業本票與可轉讓定期存單；資本市場係指融資期限或到期日在一年以上或未訂期限的市場，如：普通股、特別股、公債與公司債。

4.試由融資性金融資產的到期期限說明金融市場類型。

 依據融資性金融資產的到期期限劃分，可區分為：(1)貨幣市場係指融資期限或到期日在一年內的市場；(2)資本市場係指融資期限或到期日在一年以上或未訂期限的市場。

5.試說明金融市場發達的條件。

解析 金融市場發達的基本條件包括國民儲蓄累積、資產多元化及央行與金融廠商的關係。

6.(a)試說明銀行的基本特徵，以及容易導致銀行倒閉的原因為何？(b)試說明上述特質具有何種重要經濟功能？(c)針對(b)題中提供之功能，是否有其他機制可以替代？該機制應由私部門或公部門提供？

解析 (a)銀行的基本特徵包括面對眾多的存款者（債權人）、資產與負債期限不一致、高提款風險（容易遭致擠兌風險）。
(b)銀行提供的經濟功能包括面額仲介（募集小額存款進行大額放款）、信用風險仲介、期限仲介、訊息傳遞、風險分散與規模經濟。
(c)若無銀行提供上述功能，則將依賴金融市場（直接金融）以長期與短期信用工具，完成面額仲介（發行基金）、期限仲介（健全的次級市場）、風險分散（多元化金融資產）與規模經濟（資金規模龐大）功能，至於信用風險仲介與訊息傳遞可由公部門介入提供，如：成立信用評等公司提供該功能。

7.試說明體系內何以存在相當高比例的資金供需者，係透過金融機構而非金融市場來完成互通資金活動？

解析 資金供需雙方採取間接金融的理由是：(1)直接金融具有高門檻限制，

資金需求者無法符合這些條件、⑵金融市場不健全、⑶金融市場存在風險、⑷直接金融的信用工具屬於標準化單位，促使小額資金供給者被排除參與行列。

8.假設央行發行 91 天期國庫券，面值為 10,000 元，有效報酬率為 10%，試計算：⑴國庫券的發行價格？⑵假設發行 10 天後，國庫券報酬率上升至 25%，其市場交易價格為何？

 (a) $\dfrac{\text{面額} - \text{發行價格}}{\text{面額}} \times \dfrac{364}{91} \times 100\% = \dfrac{10,000 - \text{發行價格}}{10,000} \times 4 \times 100\% = 10\%$

發行價格 = 9,750 元

(b) $\dfrac{\text{面額} - \text{成交價格}}{\text{面額}} \times \dfrac{364}{91 - 10} \times 100\% = 25\%$

成交價格 = 9,445.206 元

9.試說明股價呈現隨機漫步的基本理由為何？何謂效率市場臆說？隨機漫步理論與效率市場臆說有何關係？隨機漫步理論與效率市場臆說是否成立，試說明理由。兩種臆說對證券分析將具有何種隱含意義？

解析 (a)人們必須蒐集股票的相關訊息，形成對股票價格的預期，據以作為決定買進或賣出的依據。訊息瞬息萬變造成人們的預期隨時在變，是以漫步理論指出股價將呈現隨機變動。

(b)效率市場臆說係指出任何時刻股價是基於對該股票內在價值的評估，係人們利用現有訊息和預期公開的新訊息，作出評估的結果。反映所有訊息的市場價格為具有效率的價格，亦即在連續均衡狀態下，當金融資產理論價值隨機變動時，市場價格總是能及時配合理論價值變動調整。

(c)兩者關係是漫步理論顯示股價係隨機反映訊息變動而變化，而效率市場臆說則係指出任何時刻股價均是充分反映所有訊息的結果，兩者基本上係相通的。

(d)兩種理論的前提是人們具有理性、訊息迅速公開與市場具有完全
性，人們無力操縱股價變動。假設金融市場無法滿足上述條件，兩
種理論未必能夠成立。

(e)效率市場臆說提供從事金融操作的建議為：證券市場價格係市場
絕大多數人綜合各種訊息分析評估的均衡值，反映絕大多數人的
總體預期，從統計平均值來看，將可視為對證券價格的最好判斷或
實際內在價值，是以人們必須持續進行基本分析，採取長期投資角
度，謀取長期投資的正常報酬。

10.試評論下列問題：(a)友達電子的股性活潑，股價經常大起大落，投資風險偏
高。但其長期平均報酬率卻異常低，此種現象明顯違反「高風險、高報酬」
之投資原理。(b)投資某些營運績效良好的高科技公司，每年似乎都能持續獲
取鉅額利潤，這點明顯違反了效率市場臆說。(c)在債券市場上，長期債券利
率較短期利率普遍為高，收益曲線形狀明顯呈正斜率，這表示未來利率水準
必將上升。

解析 (a)長期平均報酬率係指事後的實際報酬率，「高風險、高報酬」係指
預期報酬率。

(b)效率市場臆說係指股價充分反映所有訊息，投資人無法運用各種
操作方式獲取暴利。是以投資人選擇買進持有營運績效良好的股
票，將可獲取應該得到的報酬，此種鉅額利潤係反映正常的利潤。

(c)未必。假設投資人屬於風險怯避者，投資長期債券將要求流動性風
險溢酬，該溢酬可能大於預期利率下跌，促使收益曲線呈現正斜
率。

11.技術分析可以擊敗市場嗎？試以效率市場臆說說明之。

解析 當弱式效率市場臆說成立時，現在股價充分反映廠商過去股價走勢
及相關訊息，人們利用技術分析亦無法預測未來股價走勢，僅能取得
與市場相同報酬。不過當市場缺乏效率時，人們利用技術分析進行金
融操作，將可獲得超額報酬率。

12.試評論下列說法:「效率市場假設投資人購買任何股票,均可獲得正常報酬; 是以市場若是具有效率,投資人將無需從事公開訊息的研究。」

解析 在效率市場上,股價將充分反映所有關於廠商的公開訊息,人們必須 持續研究持續發生的訊息對股價的影響,探討廠商內在價值的變化, 才能取得正常報酬率。

13.試繪圖說明金融市場買賣價差與市場深度及廣度之關聯。

解析 金融市場買價即是需求曲線上的價格,賣價即是供給曲線上的價格。 金融市場深度係指在現行金融資產價格下出現大量成交值,而市場 廣度係指擁有多元化的資金來源參與交易,當兩者均存在時,經過市 場競價的結果,將促使買賣價差 $P_1 P_0$ 縮小,趨近於均衡價格 P^*。

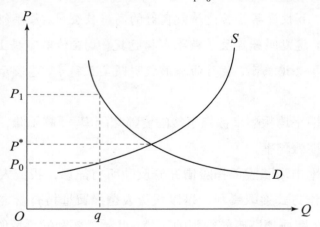

第9章　證券金融業與資本市場

習題解答

一、選擇題

1. 張無忌投資封閉型富邦店頭股票基金，對該基金特質的認知，何者正確？　(a)基金規模隨著投資人買進或賣出改變　(b)必須承擔基金淨值波動風險與市場風險　(c)以基金淨值為基金交易價格　(d)可以向富邦投信要求贖回

2. 趙敏與大華證券進行債券附買回交易，何者正確？　(a)最短承作天期為 1 個月　(b)領取之利息收入需繳納利息所得稅　(c)必須承擔利率波動風險　(d)屬於長期投資活動

3. 郭靖購買統一投信發行的黑馬基金，此係屬於開放型基金，何種操作方式係屬錯誤？　(a)以基金淨值扣除風險溢酬在市場買賣基金　(b)須承擔基金淨值波動風險與暫停贖回風險　(c)基金規模將隨基金交易而發生變動　(d)郭靖係以基金淨值要求統一投信贖回

4. 楚留香以新臺幣 10 萬元向統一證券買進 92 −1 期中央政府公債，約定由統一證券於 10 天後支付 1.95% 利息買回，就統一證券而言，此種交易方式係屬何種類型？　(a)附買回交易　(b)附賣回交易　(c)買斷交易　(d)賣斷交易

5. 在國內股票集中市場，一般交易與盤後交易的最大差異，何者錯誤？　(a)前者交易時間為交易所營業日之上午 9:00 到下午 1:30，後者為下午 1:30 至 2:00　(b)前者以千股為交易單位，後者屬於零股交易　(c)前者依交易雙方報價進行競價成交，後者成交價之計算基礎為一般交易之收盤價　(d)前者係投資人均可下委託單，後者僅限於鉅額委託單

6. 隨著零利率時代來臨，趙敏預擬將多年儲蓄投入資本市場，必須掌握何種訊

息係屬正確? (a)集中市場係以價格優先為主要交易方式 (b)買進零息債券僅是賺取利率波動差價,並無實際利息收益可言 (c)股票盤商市場提供轉讓股票的場所,屬於公開市場的一環 (d)趙敏可利用價格優先策略,在興櫃市場迅速買進股票

7. 天揚精密公司規劃 2 億元的現金增資案,如何掌握發行方式的成功與否? (a)委託大華證券全部公開承銷,天揚精密將能順利募得所需資金 (b)元富證券同意全額包銷,天揚精密必然可以取得所需資金 (c)群益證券建議採取詢價圈購募集資金,群益將需承擔發行失敗風險 (d)委託中信證券全部公開承銷,中信證券須承擔發行失敗風險

| 1.(b) | 2.(a) | 3.(a) | 4.(b) | 5.(b) | 6.(a) | 7.(b) |

二、問答題

1. 分別說明股票市場與債券市場、發行市場與流通市場、集中市場與店頭市場的差別。

解析 股票市場流通的信用工具為股票,係屬於公司的股權資金;債券市場流通的信用工具為債券,係屬於公司舉債經營的債務憑證。發行市場係指赤字單位發行證券募集資金的市場,流通市場係指證券發行後的持續交易場所。集中市場係指證券集中競價交易的場所,店頭市場係指在營業櫃檯議價交易的場所。

2. 資本市場在工商發達的經濟活動中扮演何種角色? 功能為何?

解析 資本市場扮演撮合中長期資金供需的角色。資本市場在體系內的功能包括: (1)赤字單位募集中長期資金的場所。(2)促進體系內資本累積與經濟成長。(3)效率動員體系內的儲蓄,重新分配金融資源與促進財富累積。

3. 在臺灣店頭市場交易中,上櫃股票與興櫃股票的條件有何不同?

興櫃股票係指申請上市（櫃）公司由兩家以上證券商推薦，經過櫃檯買賣中心核准，在正式掛牌前需先在興櫃市場交易，由推薦券商負責應買與應賣的報價作業，採取議價成交。上櫃股票係指在櫃檯買賣中心，以議價與競價方式進行交易。

4. 試說明證券承銷商對資本市場的貢獻。

 承銷商對資本市場的貢獻包括輔導功能、購買功能、分銷功能、顧問功能、保護功能。

 # 題　庫

 ## 一、選擇題

1. 張無忌購買統一投信發行的黑馬開放型基金，何種資訊係屬正確？　(a)基金市場價格係為基金淨值扣除風險溢酬　(b)基金風險來源包括淨值波動風險與市場風險　(c)基金規模將隨基金交易而發生變動　(d)基金隨時可在集中市場出售

2. 臺大電機系同學規劃成立 IC 設計公司，尋求資金來源必須掌握的資訊，何者正確？　(a)採取資本租賃取得營運所需設備　(b)發行股票與公司債籌資　(c)發行股票籌資，股東可以自由轉讓股票，顯示該股票存在次級市場　(d)公司前景看好，眾人競相投資，是以營運資金來源應以直接金融為主

3. 奇美電子規劃採取溢價現金增資案，財務部門如何掌握募資成功性？　(a)委託元大證券公開承銷，奇美將能順利完成現金增資　(b)台灣工銀採取全額包銷，奇美必然可以取得所需資金　(c)中華開發建議採取詢價圈購方式，並且承擔發行失敗的風險　(d)委託金鼎證券全部公開承銷，同時負責發行失敗風險

4. 聯電公司發行兼具債券與股票性質的融資商品，何者正確？　(a)聯電可轉換公司債在領取固定收益和認購聯電股票具有優先權　(b)聯電的非累積特別

股價格將優於累積特別股價格　(c)聯電股價指數連動公司債兼具債券本金安全性與浮動的聯電股價波動報酬率　(d)聯電附認股權證公司債兼具固定收益與無轉換聯電股票的優先權

5.元大京華證券的債券部門積極創新結構性債券,何種概念係屬正確?　(a)聯電轉換公司債係結合普通公司債與聯電股票賣權　(b)遠紡浮動利率公司債券係結合普通公司債與上限利率買權　(c)黃金公司債是普通公司債與黃金賣權　(d)實質債券係將債券的還本付息釘住某一物價指數指標

6.面對低利率時代,趙敏預擬將多年儲蓄投入資本市場,必須掌握何種正確訊息?　(a)集中市場係以價格優先為主要撮合方式　(b)買進零息債券僅是賺取利率波動差價,並無實際利息收益　(c)股票盤商市場提供轉讓股票場所,亦屬於公開市場一環　(d)趙敏可利用價格優先策略,在興櫃市場迅速買進股票

7.股票上櫃的長鴻營造尋求營運資金來源時,採取何種觀點係屬正確?　(a)發行票券取代債券,將可有效降低資金成本與財務風險　(b)採取資本租賃策略,將可改善財務結構　(c)委託金融資產服務公司規劃,將可取得便宜資金來源　(d)向銀行舉債的風險將高於發行海外公司債的風險

8.遊戲橘子申請掛牌上櫃前,必須提出 10% 股票在店頭市場辦理公開承銷 (IPO),何者正確?　(a)在櫃檯買賣中心競價拍賣,將可形成合理價格　(b)由日盛證券包銷股票,承銷股票將以既定價格順利全部賣出　(c)中信證券爭取替遊戲橘子公開承銷股票,將須保證能夠全部出售　(d)群益證券包銷遊戲橘子股票,股價係按黑市交易價格訂定

9.新光合纖財務部門規劃營運資金來源,何種評估係屬正確?　(a)票券融資成本低於債券融資成本,應擴大發行票券取代債券　(b)向銀行舉債的風險高於向金融市場募資的風險　(c)公司獲利才能發放股利,是以現金增資成本將低於發行公司債成本　(d)發行結合股票與債券性質的融資商品,將有助於募集資金

10.任我行預擬進入臺灣股市買賣股票,有關股市的屬性,何者正確?　(a)集中市場係採競價方式撮合交易　(b)所有股票均存在次級市場可供交易　(c)興櫃市場屬於公開市場一環　(d)可採取時間優先策略,在興櫃市場迅速買進股票

11. 遠紡公司為提昇募集資金成功的可行性,委託亞東證券規劃結合債券與股票的融資商品,何者正確?　(a)遠紡無息公司債將無需支付利息　(b)遠紡發行特別股後,將永遠存在且無須償還　(c)遠紡轉換公司債具有遠紡股票的買權　(d)遠紡附認股權證公司債具有無償認購遠東百貨股票的權利

12. 臺大林教授借調擔任國營事業主管,為避免內線交易之嫌,採取何種間接投資概念係屬錯誤?　(a)林教授屬於小投資人階層,可在寶來投顧成立專戶管理帳戶委託代客操作　(b)林教授可選擇海外非傳統策略基金,獲取絕對操作利益　(c)林教授選擇在集中市場掛牌的光華鴻運基金,必須承擔系統風險　(d)林教授持有中信金控股票,類似間接投資眾多金融公司股票

13. 高僑公司發行可轉換公司債,何種特質係屬錯誤?　(a)轉換價格決定轉換比率　(b)設定最低收益保障條款,使投資人在無從轉換下有所保障　(c)給予投資人強迫高僑贖回公司債條款,在股價遠高於轉換價格時增加投資人收益　(d)賦予高僑提早贖回條款,必要時用以強迫投資人執行轉換權利

14. 黃蓉與統一證券從事債券附條件交易,此種金融操作的特質,何者正確?　(a)中長期資金市場的交易活動　(b)貨幣市場的信用工具　(c)買賣公司債將附上轉換條款　(d)需承擔利率風險

15. 友達電子財務部門預擬在資本市場募集資金,何種操作概念係屬正確?　(a)採取票券發行融資募集中長期資金　(b)該市場的融資商品屬於債券融資　(c)該市場屬於中長期資金市場　(d)包括直接金融與間接金融兩種融通方式

16. 東元電機發行附認股權證的公司債,何種特質係屬正確?　(a)賦予趙敏在未來將公司債轉換成普通股的權利　(b)給予張無忌以固定價格把股票賣回東元電機以換取公司債的權利　(c)無法與公司債分離在市場單獨交易　(d)給予張三豐以一定價格認購東元股票的權利,從而降低發行債券成本

17. 韋小寶投資富邦店頭封閉型股票基金,何者訊息係屬正確?　(a)富邦店頭基金總量隨時可變　(b)隨時可向富邦投信公司購買或贖回　(c)該基金係由富邦投信依淨值贖回,韋小寶僅需承擔淨值波動風險　(d)投資該基金的風險遠高於富邦長紅開放型基金

18. 郭靖熱衷參與股票投資,請黃蓉提供正確的知識:　(a)盤商市場可採擴張信

用交易　(b)若欲迅速出售上市股票,以賣出價格出售將可優先撮合　(c)上市股票撮合係採價格優先為首要原則　(d)上櫃股票係透過證券交易所撮合交易

19.高盛證券從事債券創新活動,何者正確?　(a)零息債券可協助法人規避利率風險　(b)黃金債券係結合傳統公司債與黃金賣權概念　(c)雙重幣別公司債是結合傳統公司債與外幣買權概念　(d)浮動利率債券市價與市場利率變動息息相關

20.有關零息債券特質的敘述,何者正確?　(a)投資人將需承擔再投資風險　(b)零息債券持有到期滿的報酬率是隨著市場利率變動調整　(c)零息債券不可訂有贖回條款,故發行機構不可提前贖回　(d)利率下跌時,零息債券價格的漲幅高於傳統的固定收益債券

21.廠商發行公司債募集資金,相關性質的敘述,何者錯誤?　(a)零息債券是票面利率為零的債券　(b)指數債券是指債券利率依通貨膨脹指數調整而定　(c)可轉換債券是指投資人可依轉換價格將其轉換為其他債券　(d)信用債券屬於無擔保債券

22.金鼎證券預擬參與國庫署發行公債的標售,何種操作係屬錯誤?　(a)可採價格標或荷蘭標　(b)荷蘭標係採競標方式,無非競標成交的部份　(c)採價格標時,票面利率以0.25%為級距　(d)採荷蘭標者,每一得標者之得標價格均相同

23.下列敘述,何者錯誤?　(a)為解決公債逐筆交割的不便,櫃檯買賣中心推出債券比對系統　(b)公債發行前交易具有價格發現功能　(c)債券基金具有稅負上之優勢　(d)銀行發行金融債券可作為提高資本適足性之來源

24.康和證券承作公債附賣回交易1,000,000元,天期10天、利率1.0%,隨著該交易到期:　(a)統一證券收到1,000,000元　(b)統一證券付出1,000,000元　(c)統一證券收到1,000,274元　(d)統一證券付出1,000,274元

25.陳醫師與大展證券從事公債保證金交易,何種性質係屬錯誤?　(a)就大展證券而言,此係結合賣斷交易與附賣回交易的產品　(b)屬於高財務槓桿操作　(c)陳醫師須繳交保證金　(d)大展證券可賺取選擇權權利金

26. 財政部發行的中央公債分為實體及登錄公債，有關兩者性質的敘述，何者錯誤？　(a)發行實體公債需交付實體債票給承購人，到期憑票兌領本息　(b)實體公債可轉換為登錄公債，轉換後可再要求轉回　(c)發行登錄公債無須交付實體債票，本息逕撥持有人存款帳戶　(d)登錄公債皆為記名公債

27. 財政部國庫署採取標售策略發行中央公債，何種標售內容係屬正確？　(a)標售公債可採取競標、非競標及議價三種方式　(b)由投標人出價競購，依票面所載金額發售　(c)非競標方式係依競標時得標之加權平均價格或利率發售　(d)採取議價方式標售，係依雙方議定價格或利率發售

28. 財政部國庫署發行中央公債，採取複數價格或利率標策略，何者正確？　(a)以低於財政部底標價格或高於底標利率較多者為優先　(b)當競標價格相同而餘額不足分配時，按投標金額比例分配　(c)得標者應繳價款應依得標之加權平均價格或利率計算　(d)得標者支付的價格或利率將會相同

29. 從投資機構參與公債發行的投標狀況來看，何種判斷係屬錯誤？　(a)隨著競標倍數愈高時，將顯示債券市場對未來利率走勢樂觀　(b)證券業及票券業得標比例愈高，顯示當期公債籌碼愈穩定　(c)開標後之加權平均利率與最高利率的差距愈大，將反映市場對利率走勢的看法紛歧　(d)投資機構對在競標市場取得公債若無把握時，可採取增加非競標的投標數量

30. 張無忌與元富證券進行債券附賣回交易，何種操作係屬正確？　(a)元富證券出售債券給張無忌，並約定在特定日期以約定金額向張無忌買回原先賣出之債券　(b)附賣回的利率通常高於附買回的利率　(c)對元富證券而言，其性質類似向張無忌抵押借款　(d)對張無忌而言，性質類似進行短期投資

31. 中央產險委託大華證券採取競價拍賣策略承銷股票，何者正確？　(a)現今增資發行新股亦可採取該策略　(b)投資人必須預繳保證金　(c)投標價格最低者優先得標　(d)以最低承銷價格的 1.3 倍作為公開申購價格

1.(c)	2.(a)	3.(b)	4.(c)	5.(d)	6.(a)	7.(b)	8.(b)	9.(d)	10.(a)
11.(c)	12.(a)	13.(c)	14.(b)	15.(c)	16.(d)	17.(d)	18.(c)	19.(a)	20.(d)
21.(c)	22.(c)	23.(d)	24.(c)	25.(d)	26.(b)	27.(c)	28.(b)	29.(b)	30.(b)
31.(b)									

二、問答題

1. 證期會在 1999 年中提倡資產重置型基金，其意義為何？此類型基金之投資標的具有何種特色？

 資產重置型基金即是價值型基金，投資價值低估或具有資本增值空間的股票為主，價值型股票通常係指市值低於公司淨值的股票。公司真正價值將反映在股價，投資人若能找到價值低估的股票，在價格尚未上漲前就介入，將能獲取相當大的利潤空間，此即價值投資法。

2. 金管會證期局全面開放股市投資人從事當日沖銷操作，此舉對貨幣供給是否造成影響？

 當日沖銷係指投資人利用信用交易帳戶，在當日內同時買進與賣出相同部位的股票，兩者彼此沖銷而未留下任何餘額。由於投資人當日持有股票部位為零，故未涉及交付股款或股票的問題，對強力貨幣與貨幣乘數將無影響，也不涉及貨幣供給變化。

第 *10* 章　衍生性商品市場

習題解答

一、選擇題

1. 人們從事金融期貨交易，主要的持有成本是：　(a)資金成本　(b)倉儲成本　(c)保險費　(d)利率波動風險

2. 有關遠期契約的特性，何者錯誤?　(a)定型化契約　(b)交易雙方直接議價　(c)交易雙方互相承擔對方信用風險　(d)缺乏流動性

3. 人們安排避險組合，必須承擔風險的來源為：　(a)期貨價格變動風險　(b)現貨價格變動風險　(c)現貨價格變動風險與期貨價格變動風險之總合　(d)現貨價格與期貨價格相對變動風險

4. 相較於直接避險策略，人們採取交叉避險策略的風險為何?　(a)高於直接避險策略　(b)等於直接避險策略　(c)低於直接避險策略　(d)無法判斷

5. 張無忌從事金融操作，面對風險來源包括系統與非系統風險,何者正確?　(a)分散投資可規避系統風險　(b)買賣期貨可降低非系統風險　(c)分散投資可降低非系統風險　(d)多元化投資將降低系統風險,而買賣期貨可移轉非系統風險

6. 有關靜態避險與動態避險的敘述,何者錯誤?　(a)動態避險績效較佳　(b)靜態避險交易成本較低　(c)持有到期之避險策略屬於動態避險　(d)動態避險調整頻率與交易成本存在正相關

7. 比較在店頭市場與集中市場交易之選擇權,何種差異係屬正確?　(a)店頭市場選擇權屬於量身訂作　(b)店頭市場選擇權部位較易平倉　(c)店頭市場有較完善的結算制度　(d)店頭市場選擇權的流動性較佳

8. 有關選擇權的性質,何者錯誤? (a)賣權買方須支付權利金 (b)買權賣方需於特定期間內依特定價格買進特定數量商品 (c)選擇權可約定採取實物交割或現金結算方式 (d)買權買方要求履約時,賣方必須依約履行

| 1.(a) | 2.(a) | 3.(d) | 4.(a) | 5.(c) | 6.(c) | 7.(a) | 8.(b) |

二、問答題

1. 林教授向美林證券訂定 3 個月股價交換契約,名目金額為 200 萬元。林教授同意 3 個月後支付年利率 24% 給美林證券,後者同意支付 3 個月後到期的聯發科技股價上漲報酬率,而股價交換契約規定的聯發科技股價為 400 元。試計算當股價交換契約到期時,聯發科技股價若為 320 元,交易雙方的損益各自為何?

解析
200 萬 ÷ 400 = 5,000 股
5,000 × (320 − 400) = −400,000
200 萬 × 24% × (3/12) = 120,000
120,000 − (−400,000) = 520,000
林教授需支付美林證券 520,000 元。

2. 臺灣期貨交易所在 2001 年 12 月推出 TAIFEX 臺指選擇權上市,試說明期貨與選擇權提供之主要功能,並說明人們如何利用選擇權交易提昇資產管理績效?

解析
選擇權提供之主要功能包括:遞延投資決策、提供金融資產保險、促進金融市場完整性。至於期貨提供之主要功能為:價格風險管理、發掘價格、降低壟斷訊息能力。人們安排資產組合時,持有選擇權將可構成保險的資產組合,進而提昇資產管理績效。人們持有資產多頭部位而希望保障獲利,可購買該資產相同單位的賣權,將損失控制在僅止於支付權利金,而資產價格若是上漲,獲利將是資產漲價部分扣除權利金。反之,人們持有資產空頭部位而希望保障獲利,可購買該資

產相同單位的買權，將損失控制在僅止於支付權利金，而資產價格若是上漲，獲利將是資產漲價部分扣除權利金。

 ## 題　庫

 ## 一、選擇題

1. 風險怯避的趙敏購買元大證券發行的聯電股票買權（歐式），背後隱含的狀況，何者正確？　(a)同時放空聯電股票，將形成保險的資產組合　(b)元大證券須在固定期間內以固定價格向趙敏買入一定數量的聯電股票　(c)趙敏可能看壞聯電股票的未來價格走勢　(d)該項操作在於規避聯電股票的系統風險

2. 黃藥師購買 3 個月期的臺灣股價指數期貨，到期時將無法採取何種策略解決？　(a)現金交割　(b)反向平倉　(c)實物交割　(d)換月操作

3. 中信證券發行台塑石化股票選擇權，必須評估的因素，何者正確？　(a)發行賣權的最大收益包括權利金與出售股票差價　(b)發行賣權的預期損失將不會超過權利金收入　(c)發行買權須按執行價格買進股票　(d)在多頭市場發行買權，將可取得較高的權利金

4. 美林證券與花旗銀行進行無本金交割的遠期外匯交易，有關該項商品的特性，何者正確？　(a)操作該項商品與操作外匯期貨的風險相同　(b)到期必須進行實質交割　(c)該項商品的市場價格將隨匯率變動隨時調整　(d)缺乏流動性

5. 張三豐持有股票多頭部位,採取何種風險管理策略,將可發揮正確效果？　(a)選擇持有多元化股票，將可降低非系統風險　(b)賣出股價指數期貨將可消除全部風險　(c)賣出股票買權，將可降低非系統風險　(d)買進股票賣權，將可降低系統風險

6. 中實投資從事避險操作，影響避險績效的因素，何者並非關鍵？　(a)選擇適當標的物期貨　(b)選擇適當到期月份期貨　(c)選擇多頭或空頭避險策略

(d)選擇適當交割方式的避險策略

7. 藍鳳凰安排的避險投資組合包括台積電股票多頭部位與臺股指數期貨空頭部位，有關該組合風險的來源，何者正確？ (a)兩者的組合比例恰當，該組合將無風險可言 (b)臺股指數期貨價格變動風險 (c)台積電股價變動風險 (d)台積電股價與臺股指數期貨價格相對變動風險

8. 高林實業大貿易商同時進口與出口商品，而且進口值與出口值相近，在面對匯率變動下，採取何種避險策略產生的效果對其較有利？ (a)採取整合避險結合靜態避險策略 (b)採取連續性避險結合動態避險策略 (c)採取內生避險結合選擇性避險策略 (d)採取動態避險結合單一避險策略

9. 聯電公司規劃在未來發行普通公司債，遂採取長期公債進行避險，此即： (a)直接避險 (b)交叉避險 (c)內生避險 (d)多頭避險

10. 中央產險預期未來將可取得台積電投保晶圓廠的巨額保費收入，並計畫投資國庫券，面對央行宣佈將降低存款準備率，可採取何種操作策略？ (a)買 S & P500 期貨 (b)賣日圓期貨 (c)賣公債期貨 (d)買國庫券期貨

11. 中信銀行持有各種外匯資產與負債，在評估採取靜態避險或動態避險策略時，何種判斷係屬錯誤？ (a)動態避險績效較佳 (b)靜態避險交易成本較低 (c)持有到期之避險策略屬於動態避險 (d)動態避險之調整頻率與交易成本有正相關

12. 寶來證券發行指數型認售權證，需在股價指數期貨上採何種避險策略？ (a)空頭部位 (b)多頭部位 (c)視大盤走勢而定 (d)無法以指數期貨避險

13. 楚留香買進日盛投信發行的「日盛05」認股權證，必須掌握何種正確性質？ (a)認股權證係上市公司募集資金的金融商品 (b)楚留香可用固定價格向日盛投信出售一定數量的股票 (c)「日盛 05」認股權證相當於股票買權 (d)持有「日盛05」認股權證將可規避標的股票價格下跌的風險

14. 花旗銀行規劃發行友達股票選擇權，須評估何種問題？ (a)發行買權時機選在空頭市場顯然較多頭市場為有利 (b)發行友達賣權面對的最大損失可能會高於發行友達買權 (c)發行友達賣權須按執行價格賣出股票 (d)發行友達買權或賣權，面臨的最小損失均為權利金

15. 有關衍生性金融商品的操作，何者錯誤？ (a)聯電認股權證賣方必須以執行價格賣出標的物 (b)光寶買權買方擁有以執行價格買入光寶的權利 (c)黃金期貨賣方需依契約價格賣出 (d)宏碁賣權賣方可用執行價格出售宏碁

16. 郭襄擁有白銀部位，考慮運用白銀期貨選擇權規避銀價下跌風險，操作策略為： (a)買進白銀期貨買權 (b)賣出白銀期貨買權 (c)買進白銀期貨賣權 (d)賣出白銀期貨賣權

17. 趙敏執行期貨選擇權的獲利為： (a)履約價格與選擇權結算價格之差 (b)期貨平倉價格與履約價格之差 (c)期貨平倉價格與選擇權結算價格之差 (d)期貨交易價格與履約價格之差

18. 涂副總操作外匯期貨，何種狀況係屬錯誤？ (a) 95% 以上的外匯期貨不會交割 (b)賣出美元期貨的價格高於當日結算價格，賣方帳戶將有現金流入 (c)外匯期貨的金融商品均是所在國的外幣 (d)基差風險是由於即期匯率變動方向與期貨不同所造成

19. 跨國基金在臺灣股市翻雲覆雨，操盤人員必須考慮的狀況為何？ (a)藉由資產組合多元化降低系統風險 (b)持有電子業股票與電子股指數期貨多頭部位，將可達成規避風險目的 (c)持有 Simex 股價指數期貨多頭部位，卻未持有任何股票，將屬於追求避險的法人 (d)放空聯電股票，並且購買聯電股票買權，將可規避聯電股價上漲風險

20.～21. 曹董事長與 Morgan 銀行簽訂股價交換合約，以聯電股票為標的，契約期限為一年。在契約到期時，曹董須支付固定利率 10% 給 Morgan 銀行，後者須支付聯電股價漲跌幅給曹董。假設契約的名目金額為 1,000 萬元，訂約時的聯電股價為 25 元。試回答下列問題：

20. 股價交換契約到期後，聯電股價為 30 元，曹董事長由該契約可獲取的淨收益為何？ (a) 200 萬元 (b) 150 萬元 (c) 100 萬元 (d) 50 萬元

21. Morgan 銀行推出該項股價交換合約（交換利率訂為 8%）時，必須評估何種狀況？ (a)在追求損益平衡下，Morgan 銀行預期一年後的聯電股價為 28 元 (b) Morgan 銀行須持有聯電股票空頭部位避險 (c)在追求損益平衡下，Morgan 銀行預期一年後的聯電股價為 27 元 (d) Morgan 銀行需持有電子業股

價指數期貨多頭部位避險

22. 期貨投資人在正常市場中，面對基差絕對值變大時，將反映何種現象？　(a)期貨價格漲幅大於現貨價格　(b)期貨價格漲幅小於現貨價格　(c)期貨價格跌幅大於現貨價格　(d)現貨價格不變，期貨價格下跌

23. 岳不群從事避險操作，卻無法達到完全避險目標，何種原因係屬錯誤？　(a)期貨價格與現貨價格完全相關　(b)基差變動不確定　(c)期貨標準化，無法和現貨的質與量完全配合　(d)現貨風險消除日與期貨交割日不同

24. 鴻海公司評估在店頭市場或集中市場購買外匯選擇權進行避險，兩者差異性為何？　(a)店頭市場選擇權為量身訂作　(b)店頭市場選擇權部位較易平倉　(c)店頭市場結算制度較完善　(d)店頭市場選擇權具有高度流動性

25. 在下列交易活動中，何者不是執行期貨的避險功能？　(a)種植棉花農夫在收割期三個月前，預期棉花價格下跌，賣出棉花期貨　(b)玉米進口商在買進現貨的同時，賣出玉米期貨　(c)投資美國股票因怕美元貶值，賣出美元期貨　(d)預期股市下跌，賣出股價指數期貨

26. 當期貨價格低於現貨價格，遠期契約價格低於近期契約價格時，此種市場稱為：　(a)多頭市場　(b)空頭市場　(c)逆價市場　(d)正常市場

27. 當新臺幣對美元之匯率與馬克對美元之匯率呈現明顯負相關時：　(a)臺灣出口商可以出售馬克期貨，來規避新臺幣對美元之匯率風險　(b)臺灣出口商可以買馬克期貨，來規避新臺幣對美元之匯率風險　(c)只有以馬克報價之出口商才能以馬克期貨避險　(d)無法以馬克期貨來避險

28. 蘇蓉蓉採取多頭避險或空頭避險策略，其判斷依據為何？　(a)避險期間為多頭或空頭市場　(b)期貨價格變動與現貨價格變動為正相關或負相關　(c)買進或賣空期貨部位　(d)避險期間長度

29. 黃蓉利用指數期貨構建避險策略，多數皆屬於何種避險型態？　(a)直接避險　(b)不同到期日之交叉避險　(c)標的物不同之交叉避險　(d)動態避險

30. 有關投機活動對期貨交易市場的貢獻，何者錯誤？　(a)承擔避險者移轉的風險　(b)增加交易量及提高市場流動性　(c)降低價格波動性，擴大獲利可能性　(d)經由套利操作，促使相關市場或產品之價格移動

31. 在期貨市場中,逆價市場係指近月份期貨契約價格將會:　(a)高於遠月份期貨契約價格　(b)等於遠月份期貨契約價格　(c)低於遠月份期貨契約價格　(d)與遠月份期貨契約價格無關

32. 謝遜從事期貨交易,必須繳交保證金,何者錯誤?　(a)謝遜下單前,期貨商要求繳交的金額　(b)保證金比率由期貨交易所依不同商品分別訂定　(c)作為期貨交易履約保證　(d)謝遜可能面臨的最大損失

33. 趙敏採取何種操作策略,將可突顯個別股票的非系統風險,兼具排除系統風險?　(a)賣空台機電股票與買進電子類指數期貨　(b)買進中信金控與賣空金融類指數期貨　(c)賣空台塑石化與賣空臺灣股價指數期貨　(d)買進光寶與買進電子類指數期貨

34. 花旗銀行利用外匯期貨構建避險部位,主要在利用期貨價格變動與現貨價格變動間的何種關係?　(a)期貨價格變動幅度較大　(b)兩者間呈現同向變動關係　(c)現貨價格通常低於期貨價格　(d)現貨價格波動幅度較大

35. 蘇蓉蓉從事 Simex 臺股指數期貨操作,掌握何種交易特性係屬錯誤?　(a)買進指數期貨將無選股的困擾　(b)指數期貨交易成本遠低於股票交易成本　(c)買進指數期貨只需要支付保證金,損失有限　(d)買進指數期貨主要時機為蘇蓉蓉強烈看好股市動向,且預期漲幅很大

36. 當臺股指數期貨到期時,臺股指數期貨價格與臺股指數之關係為何?　(a)前者大於後者　(b)前者小於後者　(c)前者等於後者　(d)無法確定,各種可能均存在

37. 面對衍生性金融商品的交易風險,中信銀行可以採取何種策略進行控管?　(a)設定交易員可以交易交易金額之上限　(b)設定交易員之最低獲利水準　(c)設定交易員之最高買價與最低賣價　(d)設定交易員交易次數

38. 小魚兒購買聯電股票買權,何種狀況會促使價格上漲?　(a)聯電買權執行價格下降　(b)買權執行期限縮短　(c)聯電股價變異性減少　(d)聯電股價下跌

39. 匯豐銀行與中央租賃從事遠期利率協定交易,何者並未列入評估焦點?　(a)缺乏流動性　(b)容易發生違約　(c)契約條件缺乏彈性　(d)容易存在道德危險問題

40.利率交換將可降低交易雙方資金成本，主要係利用交易雙方之： (a)信用差異 (b)操作組合 (c)變更資產報酬 (d)利率期限結構

41.國票證券交易商承作遠期利率的報價型態為「1×4」之買價為1.20%，其涵義為： (a)一個月後之三個月遠期利率，國票證券收取之利率為1.20% (b)一個月後之三個月遠期利率，國票證券支付之利率為1.20% (c)三個月遠期利率，國票證券收取之利率為1.20% (d)三個月遠期利率，國票證券支付之利率為1.20%

42.裕融企業採取浮動利率融資，財務部預測未來三年利率將持續走高，則應採取何種避險操作，才可規避利率上漲的風險？ (a)買進利率下限選擇權 (b)賣出利率下限選擇權 (c)賣出利率上限選擇權 (d)買進利率上限選擇權

43.中興票券持有大量公債多頭部位，若要規避利率上漲風險，可以採取何種避險操作策略？ (a)買進公債期貨 (b)買進遠期利率合約 (c)賣出債券賣權 (d)賣出利率交換合約

44.中租迪和與中信銀行簽訂「1×4」遠期利率協定，約定利率為8.5%、名目金額1,000,000。在契約到期時，市場利率若為7%，假設以一年360天、每月為30天計算，該遠期利率協定的交割金額為何？ (a) 15,000 (b) 3,750 (c) 3,686 (d) 3,507

45.名目本金為 1,000,000 的五年期利率交換，每半年交換一次、交換利率為9%。假設浮動利率維持在7%，則此利率交換的每期現金流量是： (a)買方支付賣方 20,000 (b)賣方支付買方 20,000 (c)買方支付賣方 10,000 (d)賣方支付買方 10,000

46.台北銀行與花旗銀行簽訂遠期利率協定，該協定的性質，何者錯誤？ (a)屬於在店頭市場交易的衍生性商品 (b)交易對手的風險高於利率期貨 (c)到期日才交割,在契約期間無須每日結算 (d)市場利率上升不利於遠期利率協定的買方

47.有關利率交換的特質，何者錯誤？ (a)利率交換的名目本金在期初與期末均不交換 (b)利率交換的名目本金必為固定值 (c)基本型態的利率交換為固定利率與浮動利率互換 (d)基差交換係指浮動利率對浮動利率互換,但雙方

採用不同浮動利率指標

48. 殷素素從事選擇權操作，必須掌握的選擇權概念，何者錯誤？　(a)買進美式選擇權可在契約存續期間行使履約權利，而買進歐式選擇權只能在履約日期（或到期日）行使履約權利　(b)執行價格是選擇權買方在履約日期買賣特定標的物所依據的價格　(c)在不考慮權利金下，殷素素買進選擇權，行使履約權利而獲利時，稱為價外選擇權　(d)殷素素買進選擇權的機會成本，包括履約價值與時間價值

49. 楚留香預期市場利率將會走高，但利率變異性並未擴大，採取何種策略係屬合理？　(a)投資貨幣基金　(b)針對投資之可賣回債券執行賣回權　(c)針對發行之可買回債券執行買回權　(d)賣出浮動利率債券轉投資固定利率債券

50. 陳家洛預擬操作聯電認股權證或光寶買權，兩者差異何在？　(a)兩種金融商品的定義雷同　(b)前者風險高於後者　(c)兩者的交易方式相同　(d)前者僅能用於投機，後者則可用於投機及避險

51. 趙敏投資聯電認股權證，當聯電股價波動性擴大時，認股權證價格將如何變化？　(a)愈低　(b)愈高　(c)無影響　(d)視聯電信用狀況而定

52. 中租迪和選擇遠期利率協定或利率期貨避險，何種概念係屬正確？　(a)遠期利率協定有到期日履約價格，利率期貨則無　(b)遠期利率協定通常無交易所，利率期貨則通常有正式交易所　(c)遠期利率協定採逐日清算，且存在保證金制度　(d)遠期利率協定和利率期貨均可在次級市場流通

53. 張大帥從事投資組合保險操作，將投資組合價值維持在不低於某一水準，理由是：　(a)承擔相當的風險　(b)運用市場無效率的套利機會　(c)犧牲投資組合部分價值上升利益　(d)依賴優異選股與選時能力

54. 日本大和證券基金經理人操作臺灣股價指數期貨，何者錯誤？　(a)當保證金餘額低於維持保證金時，需補繳保證金　(b)股價指數期貨盈虧必須逐日計算　(c)到期未平倉契約係以到期日收盤價結算盈虧　(d)距到期日越久的股價指數期貨，理論價格越高

55. 胡鐵花融券賣出股票，採取何種策略避險係屬錯誤？　(a)買進認購權證　(b)買進股價指數期貨　(c)賣出認售權證　(d)賣出股票賣權

1.(a)	2.(c)	3.(d)	4.(d)	5.(a)	6.(d)	7.(d)	8.(c)	9.(a)	10.(d)
11.(c)	12.(a)	13.(c)	14.(a)	15.(d)	16.(c)	17.(b)	18.(c)	19.(d)	20.(c)
21.(c)	22.(a)	23.(a)	24.(a)	25.(d)	26.(c)	27.(d)	28.(b)	29.(c)	30.(c)
31.(a)	32.(d)	33.(b)	34.(b)	35.(c)	36.(c)	37.(a)	38.(a)	39.(c)	40.(a)
41.(b)	42.(d)	43.(b)	44.(c)	45.(c)	46.(b)	47.(b)	48.(d)	49.(b)	50.(a)
51.(b)	52.(b)	53.(c)	54.(c)	55.(d)					

二、問答題

1. 臺銀對央行採取「附買回條件交易」之票券操作,將對其資產部位產生衝擊,為求分散其損益風險,應該採取何種期貨交易避險策略?反之,若是央行對臺銀採取「附賣回條件交易」之票券操作,則銀行採取的避險策略又是如何?

解析 臺銀對央行採取「附買回條件交易」之票券操作,即是向央行買進儲蓄券或國庫券,進行固定利率的短期投資,若是面臨利率上漲,應該採取賣出短期利率期貨避險。反之,央行若對臺銀採取「附賣回條件交易」之票券操作,即是央行對進行固定利率的短期融通,若是面臨利率上漲,應該採取買進短期利率期貨避險。

2. 大華證券在證券市場發行台積電認股權證,張無忌可在1年內隨時以40元執行價格購買1萬股的台積電股票。同期間,台積電發行認股權證送給績優員工,也是以40元價格在1年期滿後認購1萬股台積電股票。試回答下列問題:(a)兩種權證係屬於何種型態的認股權證?有何差異?(b)兩種權證對台積電的每股盈餘將會造成何種衝擊?(c)兩種權證對台積電募集資金有何衝擊?(d)兩家公司發行認股權證是否需要採取避險動作?理由為何?

解析 (a)大華證券發行屬於美式,台積電發行屬於歐式。

(b)投資人持有大華發行的認股權證,必須在市場進行反向沖銷,或向大華要求執行認股權,而大華必須在證券市場買進台積電股票,對台積電股本並無任何影響。

　　(c)員工持有台積電發行的認股權證，僅能向台積電要求執行認股權，
　　　繳交認股資金，台積電必須增加發行新股，將對每股盈餘產生稀釋
　　　效果。大華發行的認股權證與台積電募集資金無關，台積電發行的
　　　認股權證，在面臨員工要求執行認股時，將會面臨認股資金流入，
　　　屬於台積電募集資金的方式之一。

　　(d)大華發行認股權證必須自市場買進台積電股票作為避險部位。台
　　　積電發行認股權證，面臨員工要求執行認股時，僅需增加發行股
　　　票。

3. 國內股票基金可以操作股價指數期貨避險,避險策略包括多頭避險與空頭避
　 險,試問兩者的含意為何? 一旦股票基金採取這兩種避險方式, 基金組合之
　 系統風險與非系統風險, 將受何種影響?

解析　多頭避險係指基金預擬投資股票,在預期股價上漲時,可建立多頭股
　　　　票指數期貨部位。空頭避險係指基金預擬出售股票,在預期股價下跌
　　　　造成利潤減少時,可建立指數期貨空頭部位。基金組合之系統風險將
　　　　可獲得消除, 不過非系統風險仍然存在。

4. 在臺灣證券交易所交易之認股權證,和一般股票買權有何差異? 為何證券商
　 發行認售權證情形不普遍,理由為何? 證券商發行權證可能對標的股票價格
　 產生助漲或助跌效果, 其中的原因為何?

解析　認股權證與股票買權的性質類似,前者只要具有履約能力或經由第
　　　　三者保證履約即可發行,買方支付權利金,交易雙方均無保證金問
　　　　題。後者係由結算所或交易所為發行,買方支付權利金,賣方繳納保
　　　　證金。由於臺灣未開放證券商可以採取放空操作,證券商發行認售權
　　　　證將無從避險,是以發行情形不普遍。證券商發行認購權證,必須採
　　　　取買進標的股票進行避險,對標的股票價格將發揮助漲效果;證券商
　　　　發行認售權證,必須採取賣出標的股票進行避險,對標的股票價格將
　　　　發揮助跌效果。

5. 國內並未發行認售權證,試說明國人如何應用國內既有之金融產品實施投資
組合保險策略?

解析 投資人持有股票多頭部位,可採取出售股價指數期貨避險。

6. 試定義附認股權證公司債,其與可轉換公司債的最大的差異性何在?何謂可
轉換公司債資產交換?

解析 (a)附認股權證公司債係指普通公司債附加可用以特定價格認購某一
比例的公司增資股票。投資人執行認股權利時,必須另外支付認股
資金。反觀可轉換公司債係指投資人可用特定價格將公司債面值
轉換成公司股票。

(b)可轉換公司債資產交換係指投資人買進轉換公司債後,將隱含收
益與證券公司進行資產交換,後者保有包括票面利息收益、轉換收
益(未來轉換股票的資本利得)與保障收益率(指投資人未能轉換,
持有至強制贖回其可享有的保障收益)等債券附加價值,但將該附
加價值以折現方式每年支付浮動利率給投資人。

7. 試述政府部門成立的「國家安定基金」,如何同時利用期貨與現貨達到護盤
目的? 其策略與理論依據為何?

解析 國家安定基金採取同時買進股票與股價指數期貨的策略, 促成股價
上漲與指數期貨價格上漲。其理論依據為持有成本理論,亦即期貨係
未來的現貨,股價上漲將帶動期貨價格上漲,而期貨價格上漲亦將帶
動股價上漲, 是以國家安定基金即利用兩者的互動關係進行護盤。

8. 臺灣期貨市場目前存在何種本土期貨契約流通交易? 如果法令允許,基金經
理人如何運用指數期貨以增進投資組合績效?

解析 臺灣股市為交易標的資產的本土期貨包括臺灣發行量加權股價指數
期貨、電子業指數期貨、金融業指數期貨等。基金經理人可以採取出
售指數期貨, 進行避險活動, 規避系統風險以增進投資組合績效。

第11章 外匯市場

習題解答

一、選擇題

1. 當臺幣實際有效匯率貶值時,將會發生何種現象? (a)臺灣出口競爭力提高,投資美元資產的臺幣收益率上升 (b)臺灣出口競爭力提高,投資美元資產的臺幣收益率降低 (c)臺灣出口競爭力降低,投資美元資產的臺幣收益率降低 (d)臺灣出口競爭力降低,投資美元資產的臺幣收益率上升

2. 高僑公司從事跨國營運時,面對的會計暴露風險係指: (a)高僑取得進口機器設備30天後支付日圓貨款的風險 (b)高僑將美國子公司財務報表轉換為母公司財務報表時的風險 (c)高僑面對匯率波動引起原料價格變化而遭受損失的可能性 (d)高僑對美國廠商報價後,臺幣匯率發生巨幅波動

3. 當新臺幣對美元匯率出現升值趨勢時,何者正確? (a)外匯市場將出現超額美元供給 (b)匯率升值將降低超額美元需求 (c)匯率升值將繼續擴大超額美元需求 (d)進出口不受影響

4. 央行採取低估臺幣價值政策,將導致何種結果? (a)加速資金外逃 (b)外匯準備持續累積 (c)貿易收支逆差擴大 (d)進口成本降低

5. 根據國際收支學說內容,何者將導致臺幣匯率貶值? (a)本國相對外國的國民所得下降 (b)本國相對外國的物價下降 (c)本國相對外國的利率上升 (d)預期本國貿易逆差上升

6. 有關臺灣國際收支帳的敘述,何者錯誤? (a)資本帳最重要 (b)貿易帳對臺灣經濟成長貢獻最大 (c)央行累積外匯準備之來源 (d)外資進出臺灣之金額歸類在金融帳

| 1.(a) | 2.(b) | 3.(a) | 4.(b) | 5.(d) | 6.(a) |

二、問答題

1.元大投信考慮將新臺幣 33.5 百萬元從事海外投資，若以即期匯率 $\frac{NT}{US}=33.5$ 結匯，並投資美國股市 3 個月，假設預期年報酬率為 15%，假設投資國內股票 3 個月的預期報酬率為 5.4%，試回答下列問題：

(a)元大投信未採避險措施，當 3 個月後的臺幣升值至 $\frac{NT}{US}=33.3$，則該項跨國投資策略是否成功？

(b)元大投信前往遠期外匯市場賣出 3 個月期美元避險，假設預售美元遠匯沒有成本，試問外匯指定銀行應將遠期匯率訂為多少，才不會造成套利現象。

(c)元大投信前往外匯指定銀行購買外匯賣權，權利金為 100 萬元，執行匯率為 $\frac{NT}{US}=33.5$。假設 3 個月後即期匯率為 33.3，該投資策略是否成功？

(d)元大投信與外匯指定銀行訂定區間遠期外匯，匯率區間在 32.8～33.1 之間，假設 3 個月後的即期匯率落在 33 時，該投資策略是否成功？

 解析 (a) (33.5 百萬 ÷ 33.5)×[1 + 15%×(3/12)]×33.3 = 34.54875 百萬

　　33.5 百萬×(1 + 5.4%) = 35.309 百萬

　　跨國投資策略失敗。

(b) (33.5 百萬 ÷ 33.5)×[1 + 15%×(3/12)]×F = 35.309 百萬

　　F = 34.033

(c) (33.5 百萬 ÷ 33.5)×[1 + 15%×(3/12)]×33.5 − 10 = 33.75625 百萬

　　跨國投資策略失敗。

(d)匯率區間在 32.8～33.1 之間，3 個月後的即期匯率若落在 33，即以該匯率交割

　　(33.5 百萬 ÷ 33.5)×[1 + 15%×(3/12)]×33 = 34.2375 百萬

　　跨國投資策略失敗。

2.法國和德國在 1990 年代的通貨膨脹率及其預期都相同，不過法國政治和經

濟不確定性都高於德國。法國在 1990 年代出現幾次政治變動導致法郎數度貶值。根據國際 Fisher 效果，兩國的預期利率是否相同？為什麼？

國際 Fisher 效果係假設兩國的各種條件相同，風險中立者在跨國間移動資金造成匯率變動，僅是起因於兩國的預期利率發生差異所致。實務上，風險怯避者在國際間移動資金時，尚需考慮政治風險、國家風險等因素，給予不同程度的風險溢酬，此即促成德法兩國在 1990 年代的通貨膨脹率及其預期都相同，但是因法國在 1990 年代出現幾次政治變動導致法郎數度貶值。

3. 試說明絕對與相對購買力平價理論的差異性。

絕對購買力平價理論係指在固定期間內，兩國貨幣的兌換比率或名目匯率將視兩國貨幣的相對購買力或物價水準而定：

$$e = \frac{p}{p^*}$$

相對購買力平價理論指出在不同期間，均衡匯率應隨兩國通貨膨脹率調整，或匯率變動率將等於兩國通貨膨脹率的差距：

$$e_t^* = \pi - \pi^*$$

4. 試評論國際短期資金移動對匯率的影響：(a)一國利率水準上升引起國際短期資金內移，匯率趨於貶值。(b)一國實質利率提高吸引國際短期資金流入，促使經常帳餘額出現順差，引起匯率升值；反之，將引起匯率貶值。(c)利率變動將對即期和遠期匯率產生影響，高利率國家的即期匯率升值，遠期匯率出現貼水。

(a)匯率應該趨於升值。

(b)一國實質利率上升，將吸引國際短期與長期資金流入，促使金融帳餘額出現順差，引起匯率升值；反之，將引起匯率貶值。

(c)利率變動將吸引短期資金流入，造成即期匯率升值；但是流入的資金在未來將會流出，造成未來的即期匯率貶值，是以遠期匯率出現溢酬 $(F > S)$ 現象。

$$\beta = \frac{F - S}{S} = i - i^* > 0$$

5.試說明貨幣學派對匯率決定理論的看法。

貨幣學派將貨幣數量學說引進購買力平價理論，可得匯率貶值率將等於兩國貨幣成長率的差額：$(d \ln\theta / dt = 0)$

$$\dot{e}_t = \dot{M} - \dot{M}^*$$

6.試說明境外金融中心本質上可分為幾種？有何差異？

(a)功能中心或融資型中心係外國銀行和金融廠商聚集地，提供金融服務吸引全球客戶，從事存放款業務並負責處理帳務，帳務處理均在該中心發生。

(b)記帳中心或名義中心係金融當局政府為增加收入，利用地理位置優良及通訊便利優勢，採取租稅優惠和寬鬆金融管制，提供跨國銀行和金融廠商註冊和記帳便利性，處理授信交易帳務享受租稅優惠，僅設有連絡員負責傳遞各項資訊及處理帳務，實際並未設立分支機構。

 # 題　庫

一、選擇題

1.台塑集團對大陸進行直接投資，係屬於國際收支帳中的何種項目？　(a)長期資本流動　(b)短期資本流動　(c)證券投資　(d)出口信用放款

2.臺灣面對國際收支持續出現盈餘，決策當局可採取何種策略改善？　(a)調整匯率，使貨幣貶值　(b)政府降低支出，增加稅收　(c)貿易管制，減少進口　(d)央行買進證券，使利率下降

3.臺灣主計處預估 2004 年的通貨緊縮率為 1%，美國商務部預估通貨膨脹率為 2%，根據相對購買力平價理論，臺幣對美元匯率變動為何？　(a)升值 3%　(b)貶值 3%　(c)升值 1%　(d)貶值 1%

4.花旗銀行在全球各國外匯市場,針對同一貨幣匯率的差異性,在同一時間買低賣高,賺取其中的匯差,此種交易活動稱為:　(a)外匯拋補　(b)套匯　(c)期貨外匯　(d)外匯選擇權

5.萬泰銀行國外部為評估臺灣的國際收支是否平衡,可採取何種指標?　(a)貿易餘額　(b)基本餘額　(c)金融帳餘額　(d)經常帳餘額

6.元太外匯經紀公司評估各種促使新臺幣匯率升值的因素,何者錯誤?　(a)預期國內物價漲幅高於美國物價　(b)國際收支順差失衡擴大　(c)央行拋售美元　(d)國內利率持續走高

7.依據利率平價理論,央行採取緊縮政策,將會發生何種現象?　(a)遠期匯率會升值　(b)遠期匯率不變　(c)即期匯率升值　(d)即期匯率貶值

8.何種項目並非屬於國際長期資金移動?　(a)國際中長期貸款　(b)直接投資　(c)投機性資金移動　(d)證券投資

9.當新臺幣相對他國貨幣升值時,將會發生何種現象?　(a)出口財變為較貴,進口財變為較便宜　(b)出口財變為較便宜,進口財則變為較貴　(c)經常帳將會出現順差　(d)資金將會出現外移現象

10.同一商品在美國賣 7 美元,但在英國賣 5 英鎊,根據購買力平價理論,兩國間的匯率為每英鎊等於:　(a)0.71 美元　(b)1.40 美元　(c)7 美元　(d)1 美元

11.何種現象將促使金融帳餘額出現累積現象?　(a)國人買更多的挪威的毛衣　(b)本國進口更多的日本車　(c)國際投信發行基金投資日本股市　(d)外資競相匯入資金投資臺灣股票

12.財政部採取降低關稅與開放進口政策,造成的影響效果為何?　(a)貿易餘額呈現順差　(b)外匯需求增加　(c)外匯供給減少　(d)金融帳呈現逆差

13.中國商銀國外部採取購買力平價理論,預測臺幣對美元匯率走勢外匯時,何種判斷係屬正確?　(a)短期匯率變動將視經常帳餘額變化而定　(b)當實質匯率大於 100 時,將促使名目匯率面臨升值壓力　(c)金融帳餘額是決定長期匯率變化趨勢的主因　(d)預期國內外利率差額是決定有效匯率變動的主要因素

14. 美商高盛證券提昇臺灣股市至看好買進等級,誘使跨國基金競相申請來臺灣投資股市,對臺灣經濟活動造成的衝擊,何者正確? (a)廠商面臨臺幣匯率升值風險增加 (b)美元需求增加 (c)央行的外匯負債急遽累積 (d)資本帳餘額將出現逆差

15. 臺北外匯經紀公司基於購買力平價理論,評估臺幣匯率走勢時,主要選擇的指標因素為何? (a)國際收支平衡與否 (b)外匯市場供需變化 (c)央行發行貨幣數量 (d)臺灣與他國的相對物價水準

16. 有關實質匯率的敘述,何者正確? (a)外國產品價格以國產品價格表示 (b)以國幣表示的外幣價格 (c)實質匯率大於 100 表示名目匯率應該貶值 (d)實質匯率小於100,表示貿易條件改善

17. 港幣是採取釘住美元的聯繫匯率制度,假設美國聯邦準備理事會預擬提高重貼現率 2 碼,對香港經濟活動的衝擊為何? (a)貿易餘額將出現順差 (b)出口下跌 (c)資本帳出現順差 (d)外資將大幅流出香港

18. 索羅斯的量子基金在國際間尋求獲利機會,形成國際熱錢到處流竄的現象,基本原因為何? (a)國際間的經濟發展程度不同 (b)各國間的物價水準不同 (c)各國間的投資報酬率不同 (d)各國間的外匯存底不同

19. 美國聯邦準備理事會採取放鬆銀根策略以對抗通貨緊縮,此舉對臺幣兌換美元匯率可能造成何種影響? (a)臺幣相對美元有升值壓力 (b)臺幣相對美元有貶值壓力 (c)臺幣相對美元匯率維持不變 (d)無法判斷臺幣相對美元匯率的變動方向

20. 當臺灣出現大筆資金外逃,央行採取穩定匯率目標,將會產生何種結果? (a)央行採取沖銷政策,臺灣的國庫券供給會增加 (b)央行採取沖銷政策,臺灣的國庫券供給會減少 (c)央行採取沖銷政策,將造成貨幣供給增加 (d)央行若未採取沖銷政策,臺灣的貨幣供給將維持不變

21. 根據貨幣學派理論,何種因素將造成臺幣升值? (a)加入 WTO (b)信用卡的使用更普遍 (c)經濟衰退 (d)央行調高重貼現率

22. 有關購買力平價理論的敘述,何者正確? (a)匯率的每日變化將反映兩國間物價水準差異 (b)在長期,不同國家的通貨膨脹率會相同 (c)在長期,預期

匯率水準的變動率將等於兩國預期通貨膨脹率的差額　(d)在長期,不同國家的貨幣購買力會相等

23.在浮動匯率制度下,中國商銀國外部門評估促使臺幣相對美元升值的因素為何?　(a)臺灣經濟成長率相對高於美國經濟成長率　(b)臺灣央行調降利率幅度大於美國聯準會調降利率幅度　(c)臺灣民眾對美國貨的需求增加,而美國民眾對臺灣貨的需求下降　(d)美國物價上漲幅度超越臺灣物價漲幅

24.假設臺幣面臨升值壓力,何種現象將會出現?　(a)金融帳將出現逆差現象　(b)外匯市場將出現超額需求　(c)跨國資金將出現外移現象　(d)外匯市場將出現超額供給

25.元太外匯經紀公司依據利率平價理論,判斷匯率變動趨勢,何種說辭將可接受?　(a)本國利率近似於外國利率加上預期匯率貶值率　(b)若本國預期國幣貶值,本國利率將低於外國利率　(c)兩國利率差距愈小,表示人們預期國幣未來將出現大幅升值或貶值可能性　(d)在固定匯率制度下,兩國利率將維持一個固定差距

26.高盛證券從事國際投資活動,必然同時從事匯率風險管理,何種操作策略係屬允當?　(a)投資國外股票,可透過簽訂利率交換契約進行規避　(b)投資國外股票,可透過簽訂匯率交換契約進行規避　(c)投資國外債券,可透過簽訂利率交換契約進行規避　(d)投資國外債券,可透過簽訂匯率交換契約進行規避

27.假設臺灣的 3 個月利率水準為 8%,美國 3 個月的利率水準為 4%,新臺幣對美金的即期匯率 32.5,依據拋補利率平價說,中國商銀訂定的 3 個月期新臺幣對美金的遠期匯率為何?　(a) 32.82　(b) 31.53　(c) 32.18　(d) 33.75

28.中國商銀設立國際金融業務分行,將可從事何種業務?　(a)該分行與臺灣境外法人之外匯交易　(b)臺灣境內之有價證券承銷業務　(c)收受外幣現金辦理外匯存款　(d)以外匯存款兌換為新臺幣

29.某國採取固定匯率制度,當國幣價值被低估時,將會發生何種狀況?　(a)央行將在外匯市場買進國幣　(b)央行擁有外匯準備將會增加　(c)貨幣供給將會減少(未沖銷時)　(d)利率在短期內會上升

30. 廣達電腦外銷筆記型電腦至美國，對方將於兩個月後以美元付款，為規避匯率波動造成的損失，廣達財務部應該採取何種策略因應？　(a)購買即期美元　(b)出售即期美元　(c)購買遠期美元　(d)預售遠期美元

31. 假設臺幣的實質有效匯率指數大於100，為反映合理價位，新臺幣匯率應該如何變化？　(a)升值　(b)貶值　(c)無須變動　(d)無法確定變化方向

32. 臺灣製造之球鞋的臺幣價格由原先的850元上漲至935元，而美國製造的同品質球鞋價格卻仍維持不變，假設單一價格法則可以成立，新臺幣匯率將如何變動？　(a)升值10%　(b)貶值10%　(c)匯率維持不變　(d)無法確定匯率變動方向

33. 央行外匯局官員看待自主性交易的內涵時，何者錯誤？　(a)屬於事前交易　(b)國際收支達成平衡時，自主性交易的借貸雙方相等　(c)衡量國際收支失衡的最佳指標　(d)包括進出口、單向移轉與資金移轉

34. 有關國際收支特質的敘述，何者正確？　(a)此即外匯存底　(b)包含所有外匯資產與央行持有的黃金　(c)國際收支永遠平衡，即借方等於貸方　(d)其變動將完全反映貿易餘額的變動

35. 趙敏投資以美元計價之海外基金，而關心新臺幣之總收益，則何種事件發生，將可能造成投資上的匯兌損失？　(a)臺灣央行宣布緊縮性貨幣政策　(b)美國聯準會宣佈調高重貼現率水準　(c)美國公布通貨膨脹率較市場預期低　(d)臺灣對外貿易順差不如預期成長

36. 下列外匯操作活動，何者正確？　(a)花旗銀行以高利率吸收新臺幣存款，然後在即期市場買進美元，並同時賣出高價之NDF，將會產生NDF空頭部位，將促使新臺幣面臨貶值壓力　(b)高僑公司向花旗銀行預購遠匯 JPY 50,000,000，到期日為12月24日，若提前在12月10日交割，花旗銀行將面臨利息損失　(c)依據購買力平價理論，當遠期貼水率小於本國利率與外國利率差額時，資金將由外國流入本國　(d)外匯期貨與遠期外匯均採取間接報價法

37. 在特定期間內，臺灣國際收支的自主性交易借方小於貸方，則係處於何種狀況？　(a)基本失衡　(b)逆差失衡　(c)順差失衡　(d)結構性失衡

38.下列敘述，何者正確？　(a)臺灣央行編製實質有效匯率指數，採取間接報價法表示匯率　(b)採取間接報價法表示匯率，當有效匯率指數大於 100 時，表示國幣價值低估，故應予升值　(c)臺幣匯率若採取釘住美元政策，則當美元呈現強勢時，將對臺灣出口有利　(d)歐元區係採固定匯率制度，故投資於 EURO 並無匯率風險

39.有關境外金融的敘述，何者正確？　(a)境外金融中心本質上就是歐洲通貨市場　(b)新加坡與臺灣採取特別立法方式成立境外金融中心，將其與本國金融體系分開，規定本國居住民不得與境外金融單位往來　(c)臺灣央行目前已准許外國金融機構可以匯入匯款辦理結售，開辦新臺幣帳戶　(d)香港人民目前隨時可按 1 美元兌 7.8 港幣之固定匯率，直接向港府外匯基金換取美元

40.研華科技財務部確定為 3 個月後可以收到 100 萬美元的貨款，假設目前即期匯率 $s = (NT/US) = 34$，3 個月遠期匯率 $f = (NT/US) = 34.2$，則該公司的外匯暴險為何？　(a) 100 萬美元　(b) 3,400 萬臺幣　(c) 3,420 萬臺幣　(d)需視 3 個月後的即期匯率而定

1.(a)	2.(d)	3.(a)	4.(b)	5.(b)	6.(a)	7.(c)	8.(c)	9.(a)	10.(b)
11.(d)	12.(b)	13.(b)	14.(a)	15.(d)	16.(a)	17.(b)	18.(c)	19.(a)	20.(b)
21.(d)	22.(c)	23.(d)	24.(d)	25.(a)	26.(d)	27.(a)	28.(a)	29.(b)	30.(d)
31.(b)	32.(b)	33.(c)	34.(c)	35.(a)	36.(a)	37.(c)	38.(a)	39.(a)	40.(a)

二、問答題

1.何謂管理浮動匯率制度？相較於純粹浮動匯率制度有何差異？在管理浮動匯率制度下，決策當局追求維持出口競爭力，央行應該如何干預外匯市場？此種干預是否會對國內經濟活動造成其他影響？

解析　浮動匯率制度係指匯率決定於外匯市場的供給與需求，央行不加任何干預。假設外匯市場供需發生劇烈波動導致匯率波動擴大，央行基於削減匯率變異性而採取干預策略，則屬於機動（或管理浮動）匯率

制度。假設央行追求的政策目標在維持出口競爭力，則央行應該在外匯市場買進美元，讓臺幣對美元匯率維持不變或貶值，不過此種干預策略將造成國內貨幣供給增加，勢必引起通貨膨脹壓力。

2. 何謂遠期外匯？廠商如何運用遠期外匯交易以規避匯率風險？

解析 遠期外匯係指廠商預先與外匯指定銀行訂定在未來以議定匯率（遠期匯率）交易的契約，直迄契約到期日才進行交割完成交易。廠商須持進出口單據才可向銀行承做遠期外匯，且依正常程式，銀行對廠商承做遠期外匯將限制額度，且可自行選擇承做時點，承做期間以 180 天為限，到期得展期一次。廠商採取預售或預購遠期外匯策略，不論未來匯率波動為何，外幣資產與負債的國幣價值將呈同向變動而相互抵銷。

3. 國際收支帳的金融帳包括那些項目？俗稱的熱錢反映在那一項？

解析 金融帳包括直接投資、證券投資、其他投資（包括借貸、貿易信用、存款、現金及其他）以及準備資產。熱錢係反映在其他投資項目上。

4. 有關國際收支平衡有那些餘額定義？彼此間存在何種關係？

解析 國際收支餘額概念的定義包括商品貿易淨額、勞務淨額、所得淨額、商品、勞務與所得餘額、經常移轉淨額、經常帳餘額、基本餘額、官方沖銷餘額等概念。其中，商品勞務貿易、資本與金融等交易活動之加總淨額，又稱為整體餘額。當官方沖銷餘額為零時，準備資產累積為零。

5. 何謂國際收支帳？試說明國際收支帳包括那些帳戶，這些帳戶的內容為何？

解析 國際收支帳係指在固定期間內，記錄本國與他國居民從事包括商品、勞務、單方面移轉、黃金、貨幣與證券等國際交易活動的會計帳。國際收支帳包括的帳戶內容為：

(1)經常帳：商品、勞務、投資所得、其他商品、勞務及所得與單向移轉。

(2)資本帳：包括資本移轉交易、非生產性、非金融性資產交易。

(3)金融帳：分為直接投資、證券投資、其他投資（包括借貸、貿易信用、存款、現金及其他）以及準備資產。

6. 根據行政院主計處估計，今年國內物價上漲率為 2.8%，貨幣供給 M_{1B} 年成長率為 15%，利率微幅上揚半碼 (0.125%)，實質經濟成長率 5.6%，試回答下列問題：(a)利用三種理論模型研判今年新臺幣兌美元匯率的可能走勢。(b)說明何以遠期匯率不是未來即期匯率的最佳估計值？

 (a)假設其他國家的經濟狀況維持不變，而且針對國內單一條件發生變化來看，依據購買力平價理論，國內物價上漲率為 2.8%，臺幣匯率將會貶值；依據利率平價理論，利率微幅上揚半碼，臺幣匯率將會升值；依據貨幣學派說法，貨幣供給 M_{1B} 年成長率為 15%，臺幣匯率將會貶值。

(b)遠期匯率係依據購買力評價理論計算而得，該理論假設投資人屬於風險中立者，僅依據兩國的預期報酬率，作為從事國際金融操作的依據。實務上，投資人屬於風險怯避者，往往會針對國際金融環境的不確定性，在操作過程中附加風險溢酬，從而造成遠期匯率將是未來即期匯率的偏誤估計值。

7. 何謂歐洲美元市場？其發生的背景為何？廣義之歐洲通貨市場與境外通貨市場所指為何？

解析 歐洲通貨係指各國銀行或金融機構接受本國貨幣之外的所有外幣存款的總稱，其中的美元存款者若存放於美國境外之外國銀行或美國銀行之海外分行，則稱為歐洲美元。歐洲通貨市場又稱為境外通貨市場，係指銀行針對非本國居民，從事歐洲通貨（外幣）借貸的場所，亦即境外金融中心，發生的背景為：在 1960 年代以後，美國出現持續性國際收支赤字，採取限制資金外流政策，跨國公司紛紛將美元資金撤離美國本土，以歐洲美元或亞洲美元為名的境外美元市場逐漸確立，進而擴大成包括歐洲馬克、歐洲日元等多種境外貨幣組成的歐洲貨幣市場，屬於自由交易而不受管制的國際金融市場。

8.在營運過程中,跨國公司將暴露於匯率風險,試說明經濟暴露與會計暴露的差異性。跨國公司面對競爭性暴露時,可以採取何種策略紓解?

解析 (1)兩者差異性包括:(a)經濟暴露強調針對未來匯率波動影響進行評估、考慮匯率變化對廠商現金流量與價值、廠商競爭力消長與廠商價值變化,是影響經濟暴露程度的主因。(b)會計暴露主要反映既有與過去匯率波動對財務結構的衝擊,強調匯率變化對廠商會計價值的影響,僅計算揭露於會計報表內之項目受匯率變化衝擊的程度,而採用會計原則係影響會計暴露程度的主因。

(2)競爭性暴露係指未預期匯率變動對廠商競爭力的影響,範圍包括市場結構、競爭對手市場策略與經濟開放程度等。廠商採取因應策略包括:提前或延遲債權、債務清償,風險分擔,選擇低營運成本區域,市場多元化,創新活動,財務避險。

9.臺灣觀光事業經過不斷努力,吸引眾多國外旅客來臺觀光。試問此種現象對國際收支帳的影響:(a)經常帳的「那一項」會有何種改變?(b)「官方準備交易帳」會受何種影響?此種現象反映我國外匯準備增加或減少?

解析 (a)外人來臺觀光的消費支出,將促使經常帳中的勞務帳出現順差。

(b)官方準備交易帳將出現順差,反映我國外匯準備增加。

10.以美元代表臺灣的外匯。試分析下列各項對臺灣外匯市場供需曲線的影響,以及對均衡匯率的影響:(a) SARS 促使臺灣的外國觀光客減少,但出國觀光人數減少更多。(b)臺灣政府效率提昇,改善了投資環境。(c)美國經濟衰退。

解析 (a) SARS 促使臺灣的外國觀光客減少,造成外匯供給減少,但出國觀光人數減少更多,造成外匯需求減少更多,均衡匯率下降 (升值)。

(b)臺灣政府效率提昇,改善了投資環境,吸引外人投資增加,外匯供給增加,均衡匯率下降 (升值)。

(c)美國經濟衰退促使對臺灣出口財的需求減少,外匯供給減少,均衡匯率上升 (貶值)。

11. 何謂均衡匯率? 當美元兌新臺幣匯率由 40 元降至 25 元時,新臺幣對美元升值幅度為何? 如果反過來,美元兌新臺幣匯率由 25 元升至 40 元時,新臺幣對美元貶值幅度為何?

 (1)外匯市場供需達成均衡的匯率。

(2) $\dfrac{25 - 40}{40} = -37.5\%$,升值 37.5%

(3) $\dfrac{40 - 25}{25} = 60\%$,貶值 60%

12. 試分析國際收支與外匯存底變化對一國匯率造成的影響。

 國際收支出現順差將會造成外匯存底累積,將會促使匯率趨於升值。國際收支出現逆差將會造成外匯存底下降,將會促使匯率趨於貶值。

13. 面對外匯市場變動不確定的狀況下,大貿易商從事貿易活動,可採取何種策略規避匯率風險?

 大貿易商可採取包括從事遠期外匯交易、從事匯率選擇權交易、提前或延遲債權、債務清償、風險分攤、改採國幣或第三國貨幣報價等策略避險。

14. 試回答下列有關匯率的問題:(a)何謂匯率? 何謂匯率升值或貶值? 當美元對臺幣匯率由 35 降為 33 時,新臺幣兌美元的變動比例為何? 決定兩國即期匯率水準的因素為何? (b)何謂輸入型通貨膨脹? 央行若採取升值策略,是否有助於緩和通貨膨脹壓力? (c)臺幣匯率升值對進出口的影響為何? 對臺灣國際收支的影響為何? (d)當臺幣匯率大幅升值時,假設央行基於維持匯率穩定而採取干預策略,此舉對國內金融市場與經濟穩定有無影響? 若有影響,其影響途徑為何? (e)假設央行想要維持匯率穩定且保持國內經濟穩定,應該如何進行匯市之干預?

 (a)匯率係指兩國貨幣的兌換比例,表示方式包括:(1)直接標價法或直接匯率:以國幣表示的外幣價值 $e = (NT/US)$。(2)間接標價法或間接匯率:以外幣表示的國幣價值 $e^* = (1/e) = (US/NT)$。本國貨幣升

值係指國幣兌換外幣的數量增加，而貶值係指國幣兌換外幣的數
量減少。至於臺幣兌美元升值的比例為 5.714%：

$$\frac{33-35}{35} = -5.714\%$$

兩國即期匯率水準決定於外匯市場的供需,而影響外匯供需因素包
括兩國景氣變動狀況、兩國相對物價變動、兩國利率的變動、技術
進步、關稅或季節性因素變動等。

(b)輸入性通貨膨脹係指小型開放體系倚賴進口原料生產,一旦國外商
品與原料價格上漲，或匯率巨幅貶值，造成進口成本大幅上漲，總
供給減少將導致物價出現攀升現象。央行若採取升值策略，將可抵
銷國外商品與原料價格上漲，將有助於緩和通貨膨脹壓力。

(c)在其他情況不變下，當匯率升值時，以臺幣表示的外國商品價格下
跌，將會刺激臺灣進口意願，而以外幣表示的國貨價格上漲將削弱
本國外銷競爭力。在進口增加與出口減少下，經常帳的順差將會縮
小或反轉成逆差。

(d)當臺幣匯率大幅升值時，央行基於維持匯率穩定，將在外匯市場買
進外匯，造成外匯存底累積與貨幣供給增加，此舉將造成金融市場
利率下跌，刺激國內需求增加，但也引起發生通貨膨脹的疑慮。

(e)央行在外匯市場買進外匯，同時也在公開市場賣出國庫券，進行沖
銷措施，避免貨幣供給增加的效果。

15.針對臺灣與日本兩國進行各種交易的狀況,說明其對臺灣國際收支帳中的貿
易餘額、經常帳餘額、資本帳餘額與金融帳餘額的影響。假設新臺幣兌日圓
的匯率為 1：3。(a)日本從臺灣進口 30,000 公斤香蕉，每公斤新臺幣 5 元。
(b)臺灣厚木汽車零件派 10 名技術員到日本受訓，支付日方每名技術員訓練
與生活費用 300,000 日圓。(c)臺灣 921 地震，日本民間捐款 9,000,000 日圓
救助臺灣災民。(d)日本投資人購買臺灣財政部為籌措 921 災後重建而發行之
10 年期公債，總值新臺幣 1 億元。

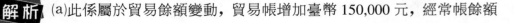**解析** (a)此係屬於貿易餘額變動，貿易帳增加臺幣 150,000 元，經常帳餘額

增加 150,000 元。

(b)此係屬於勞務收支餘額變動，經常帳餘額減少 9,000,000 元。

(c)此係屬於資本性無償性移轉，屬於資本帳，資本帳餘額增加 3,000,000元。

(d)此係金融帳交易，金融帳餘額增加 1 億元。

16.針對下列交易活動，說明其對臺灣經常帳餘額造成的影響：(a)華碩電腦以價值 1 億元的筆記型電腦與俄羅斯交換價值 1 億元的鐵沙。(b)台塑石化向沙烏地阿拉伯融資 2 億元，用於購買 2 億元阿拉伯原油。(c)臺灣慈濟捐助菲律賓價值 1,000 萬元的白米。(d)外國觀光客以美元支付在臺灣旅遊的旅館費用 10 萬元。(e)美商 IBM 公司以美元在臺北購買價值 1,000 萬元的辦公大樓。

解析 (a)貿易餘額不變，經常帳餘額不變。

(b)進口增加 2 億元，經常帳餘額出現 2 億元赤字。

(c)經常性移轉支出增加 1,000 萬元，經常帳餘額出現 1,000 萬元赤字。

(d)經常帳餘額盈餘增加 10 萬元。

(e)此係屬於金融帳交易，對經常帳餘額並無影響。

17.試回答有關購買力平價理論問題：(a)何謂購買力平價理論？(b)為何購買力平價理論在現實生活中經常無法被觀察到？(c)為何各國物價若以同一貨幣衡量時，經常發現較富裕的國家的物價也較高？(d)「假設某國的通貨膨脹率高於他國時，其貨幣價值必然會下降」，此種說法在何種情況下才成立？(e)有人曾對世界各國的漢堡速食進行實證研究，發現彼此間並無法滿足購買力平價理論，其中原因為何？

解析 (a)購買力平價理論係指匯率主要取決於兩國貨幣的購買力，而貨幣購買力或貨幣價值係決定於單位貨幣在國內所能買到的商品和勞務數量，亦即透過物價水準體現出來。

(b)該理論成立的基本條件包括兩國間的貿易活動無交易成本、運輸成本與貿易障礙（關稅與配額）、所有商品均為貿易財等因素下，人們透過套利活動，將促使同質商品在不同市場的價格趨於相同。

(c)各國物價係指包括貿易財與非貿易財價格之加權平均值，故無法透過國際套利活動促使兩國物價趨於一致。另外，富裕國家的所得水準較高，促使其非貿易財價格相對較高，造成物價相對較高。

(d)依據購買力平價理論，某國的通貨膨脹率較高，其貨幣將趨於貶值，該種說法在下列情況才屬正確，包括貿易活動無交易成本、運輸成本與貿易障礙（關稅與配額）、所有商品均為貿易財等條件。

(e)各國漢堡無法滿足購買力平價理論，理由是：各國漢堡價格無法滿足無交易成本、運輸成本與貿易障礙（關稅與配額）存在等現實條件，從而造成價格發生差異現象。

三、計算題

1.假設臺灣對美國、日本與香港的匯率（以臺幣表示的外幣價值）與出口貿易結構如下：

國家	出口值	基期匯率	即期匯率	各國當期物價指數
美國	20	0.025	0.030	120
香港	15	3.000	4.000	115
日本	5	4.000	5.000	110

(a)計算實質有效匯率指數 (IREE)。

(b)新臺幣被高估（或低估）的幅度為何？

(c)利用 IREE 研判一國幣值是否合理，存在哪些重大缺失？

(a)新臺幣實質有效匯率指數：

$$IREE = \alpha_1(\frac{P}{e_1 P_1^*}) + \alpha_2(\frac{P}{e_2 P_2^*}) + \cdots + \alpha_n(\frac{P}{e_n P_n^*})$$

$$= (\frac{20}{40})[\frac{100}{(\frac{0.3}{0.25}) \times 120}] + (\frac{15}{40})[\frac{100}{(\frac{4}{3}) \times 115}] + (\frac{5}{40})[\frac{100}{(\frac{5}{4}) \times 110}]$$

$$= 0.3472 + 0.2446 + 0.0909 = 0.6827$$

(b)臺幣幣值低估幅度為 $(1 - 0.6827) \times 100 = 31.73\%$

(c)當選擇計算 IREE 的權數與基期發生偏誤時，將無法正確判斷一國幣值的合理水準。

2. 在固定期間內，假設臺灣的物價指數由 100 上漲為 125，試回答下列問題：
(a)物價上漲率為何？　(b)貨幣價值或貨幣購買力變動為何？　(c)臺灣在此期間的名目貨幣供給為 125，則實質貨幣供給為何？　(d)假設臺灣的貿易對手國在此期間的物價維持不變，我國匯率應該升值或貶值？

解析 (a) $\dfrac{125 - 100}{100} = 25\%$

(b)貨幣購買力將下跌 25%

(c)實質貨幣供給為 $\dfrac{125}{1.25} = 100$

(d)依據購買力平價說，臺幣匯率應該貶值。

3. 依據工商時報的報導，臺灣與美國的名目利率分別為 4% 與 2%，試回答下列問題：(a)假設兩國實質利率相同，依據 Fisher 方程式的關係來推測，兩國間的預期通貨膨脹率有何不同？(b)假設購買力平價理論成立，試預測美元兌換新臺幣的匯率會發生如何變化？(c)假設有人建議向美國的銀行借入資金，然後存入臺灣的銀行，中間即可賺取利差 2%，試問該建議是否有考慮不周之處？

解析 (a) Fisher 方程式：

$$i = r + \pi^e$$

$$r = i_a - \pi_a^e = i_t - \pi_t^e$$

$$i_a - i_t = \pi_a^e - \pi_t^e = 2\% - 4\% = -2\%$$

(b)臺幣兌換美元匯率貶值 2%。

(c)未考慮臺幣貶值問題。

4. 假設臺幣對美元的即期匯率：$S = \dfrac{NT}{US} = 33.8$，

臺幣對美元的遠期匯率（90 天期遠期外匯）：$F = \dfrac{NT}{US} = 34.3$，

臺灣的利率 $r_t = 3\%$，美國的利率 $r_a = 1\%$，試回答下列問題：(a)何謂拋補的利率平價說？在此例中，拋補的利率平價說是否成立？(b)何謂未拋補的利率平價說？在此例中，臺幣被預期升值或貶值？(c)外匯操作者的選擇決策為何？

解析 (a)投資人進行跨國金融操作時，選擇赴海外投資，若是在遠期外匯市場進行避險活動（預售外匯），從而獲得預期匯率貶值率與兩國利

率差額的關係，即稱為拋補的利率平價說。

$$\beta = \frac{F-S}{S} = \frac{34.3-33.8}{33.8} = 1.48\% > (\frac{r_t}{4} - \frac{r_a}{4} = 3\%/4 - 1\%/4 = 0.5\%)$$

拋補的利率平價說不成立。

(b)投資人進行跨國金融操作時，若選擇直接赴海外投資，且未進行避險活動（預售外匯），從而獲得預期匯率貶值率與兩國利率差額的關係，即稱為未拋補的利率平價說。

$$e_t^* = r_t - r_a = 3\%/4 - 1\%/4 = 0.5\% > 0$$

臺幣將預期貶值。

(c)選擇美元存款較有利（採取拋補策略）

選擇美元存款利潤：

$$\frac{1}{33.8} \times (1 + \frac{1\%}{4}) \times 34.3 = 1.0173298$$

選擇臺幣存款利潤：

$$(1 + 3\%/4) = 1.0075$$

5. 大立光電在 1 年後可收到 100 萬美元，假設 1 年期美元存款利率 $r_a = 2\%$，1 年期臺幣存款利率 $r_t = 4\%$，即期匯率 $S = \frac{NT}{US} = 33$。試計算下列問題：(a)假設不考慮其他因素，遠期外匯市場上的 1 年期遠期匯率為何？(b)假設大立光電需要臺幣資金，試舉出兩種避免匯率風險的方式，而使大立光電最後可得到同額的臺幣。(c)假設大立光電係在 6 個月後即可收到 100 萬美元，6 個月期美元利率 $r_a = 1\%$，6 個月期臺幣存款利率 $r_t = 3\%$，則 6 個月期的遠期匯率為何？(d)由(a)與(c)小題可測知市場對匯率走勢的預期，試問大立光電對臺幣匯率的預期是看漲或看跌？(e)假設 1 年期美元存款利率維持 $r_a = 2\%$，而 1 年期臺幣存款利率將低至 $r_t = 3\%$，則 1 年期遠期匯率為何？

解析 (a) 1 年期遠期匯率：

$$\beta = \frac{F-S}{S} = r_t - r_a = \frac{F-33}{33} = 4\% - 2\% = 2\%$$

$$F = 33.66$$

(b)預售 1 年期遠期外匯，或買進外匯賣權。

(c) 6 個月期的遠期匯率：

$$\beta = \frac{F-S}{S} = r_t/2 - r_a/2 = \frac{F-33}{33} = 1.5\% - 0.5\% = 1\%$$
$$F = 33.33$$

(d)大立光電對臺幣匯率的預期是看漲（貶值）。

(e) 1 年期遠期匯率：

$$\beta = \frac{F-S}{S} = r_t - r_a = \frac{F-33}{33} = 3\% - 2\% = 1\%$$
$$F = 33.33$$

6. 經濟學人雜誌在 1998 年 4 月 11 日公佈大麥克指數 (Big Mac index) 中的美國、日本、瑞士、印尼及臺灣之相關資料如下：大麥克價格係指以各國貨幣表示之每一個大麥克價格，實際匯率係指各國貨幣表示的 1 美元價格。

	大麥克指數 (1998/4/6)	實際匯率
美國	US 2.5	US 1
日本	Yen 280	135
瑞士	Sfr. 5.90	1.52
印尼	Rupiah 9,900	8,500
臺灣	NT 68	33

試回答下列問題：(a)計算以美元表示之日本、瑞士、印尼及臺灣之大麥克價格。(b)何謂購買力平價理論。(c)就日本、瑞士、印尼及臺灣而言，PPP 是否成立？理由為何？各國之貨幣是高估或低估？(d)長期而言，相對美國而言，日本、瑞士、印尼及臺灣之物價、或匯率會如何調整？為什麼？

解析 (a)日本：$280 \div 135 = 2.074$

瑞士：$5.90 \div 1.52 = 3.882$

印尼：$9,900 \div 8,500 = 1.165$

臺灣：$68 \div 33 = 2.061$

(b)購買力平價理論係指兩國貨幣的兌換匯率將等於兩國的相對物價水準。

$$e = \frac{p}{p^*}$$

(c)日本：$e = 280/2.5 = 112 < 135$，日圓低估

瑞士： $e = 5.9/2.5 = 2.36 > 1.52$，瑞士法郎高估

印尼： $e = 9,900/2.5 = 3,960 < 8,500$，印尼幣低估

臺灣： $e = 68/2.5 = 27.2 < 33$，臺幣低估

上述四國的匯率均不符合 PPP 的說法，可能原因包括各國的生產

成本（原料與勞工薪資）不同所致。

(d)日圓應該升值或物價上升、瑞士法郎貶值或物價下跌、印尼幣升值

或物價上升、臺幣升值或物價上漲。

7.下表是未來三個月三種不同狀態下的美元資產價格及即期匯率分配表，

$e(s) = NT/US$，每一狀態出現之機率值均為 1/3。

狀態 s	美元資產價格 $p(s)$	匯率 $e(s)$
1	USD 900	35.50
2	USD 1,000	35.00
3	USD 1,100	34.50

假設張無忌持有美元外匯資產，並希望運用遠期美元規避匯率風險，試回答

下列問題：(a)依據表中資料，計算張無忌現在持有該項美元資產的外匯暴險

額。(b)說明張無忌如何利用遠期美元規避匯率風險（假設不考慮交易成本）？

(c)一旦張無忌完成遠期交易後，該項美元資產的外匯風險是否已完全規避

掉？為什麼？

解析 (a)外匯暴險額：

$$900 \times \frac{1}{3} + 1,000 \times \frac{1}{3} + 1,100 \times \frac{1}{3} = 1,000$$

(b)預期匯率值：

$(35.50 + 35.00 + 34.50) \div 3 = 35.00$

張無忌可預售 1000 美元的遠期外匯，遠期匯率訂為 35.00。

(c)由於未來匯率波動範圍在 35.5～34.50，張無忌僅是以預期匯率值

與預期的美元外匯資產進行避險，實際出現的匯率與美元資產可

能並不一致，此即外匯風險所在。

4

第四篇

銀行產業
運作模式

第 12 章　銀行產業組織

習題解答

一、選擇題

1. 臺灣自 2001 年 12 月迄今已經成立 14 家金融控股公司，該類公司顯現的營運特質，何者錯誤？　(a)效率重分配集團內各金融子公司的資源　(b)實際投入經營金融業務　(c)透過控股方式從事跨業經營　(d)必須考慮資本適足性

2. 有關銀行產業組織的運作型態，何者正確？　(a)工業銀行屬於金融控股公司的變形　(b)綜合銀行採取金融百貨公司方式營運　(c)綜合銀行與金融控股公司均可從事授信活動　(d)銀行控股公司與分支銀行的運作模式完全相同

3. 針對富邦金融控股公司的運作模式，何者正確？　(a)富邦金控直接從事授信活動　(b)富邦金控僅是掌握各類型金融公司的經營權而已　(c)富邦金控兼具從事直接與間接金融活動的特色　(d)富邦金控的業務與投資銀行雷同

4. Morgan-Stanley 投資銀行從事的業務項目，何者不包括在內？　(a)直接投資廠商股票　(b)包銷廠商發行的現金增資股票　(c)從事存款與放款業務　(d)代理買賣有價證券

1.(b)	2.(b)	3.(b)	4.(c)

二、問答題

1. 試說明銀行在中介資金過程中會生產那些金融勞務？

 銀行提供的金融勞務包括：(1)資產轉換勞務包括交易媒介、價值儲藏、銀行信用。(2)經紀勞務包括收付通貨、儲蓄服務、國內外匯兌、

信託服務與其他實質服務：倉儲、保管及代理服務、提供資訊。

2.何謂技術性產品與經濟性產品？

(1)技術性產品：商品或勞務經由生產過程轉變為其他商品，銀行提供
的金融勞務均屬於技術性產出，包括：(a)提供活期存款客戶的支付
機能管理、(b)存款者與貸款者間的仲介勞務、(c)信託活動及提供資
產管理顧問勞務。

(2)經濟性產品：生產係指創造較原先投入更高附加價值，產品型態是
否改變並不重要。是以銀行授信活動係以存款資金為基礎而創造
更高價值，故屬於經濟性產品。

3.試由信用觀點分析銀行產品的內容。該觀點有何缺陷？

在授信過程中，銀行以放款與投資型態融通人們的消費與投資支出，
重新分效率配金融與實質資源，對經濟活動運行發揮貢獻。從信用觀
點來看，銀行產品可用銀行信用衡量，強調附加價值的經濟性產品。
該項衡量方式的缺陷是：銀行產出是流量概念，資產負債表上的銀行
信用屬於過去放款與投資總額累積的存量概念，兩者在理論上並不
一致，且以此衡量銀行產品將有重覆計算現象。另外，銀行信用包括
各類型放款與投資，型態迥異肇致發揮之融資效果不同。若以銀行信
用總值衡量銀行產出價值，無疑是認為所有放款與投資均屬同質，無
形中將低估銀行產品價值顯然不符現實。

4.以國民產出方法衡量銀行產品價值會發生何種問題？如何修正？

銀行創造的附加價值可用銀行利潤衡量，該方法的缺陷在於：將銀行
存款視為金融投入，忽略其提供流動性勞務或保值（安全）勞務對體
系的貢獻，將利息支付作為負面項目扣除。採取的修正方式是：銀行
發行的支存提供交易安全性與方便性，該部分無償提供經濟成員使
用，故須設算其價值。支存提供流動性勞務的設算價值包括：(1)顯現
成本：銀行增加提供活存所需支付的成本。(2)隱含成本：銀行利用活

存資金從事授信所增加之報酬。銀行對體系當期的貢獻為銀行利潤考慮流動性勞務的設算價值，不過廠商使用流動性勞務數量部分須適度扣除。

5. 試說明金融預警制度對經濟活動發揮的影響。

　金融預警制度係於平日蒐集銀行財務、業務資料，透過科學化分析模型，及早篩選出問題銀行與確認其經營缺失，提出妥適因應策略採取最小成本方式化解金融危機。該制度對經濟活動發揮的影響如下：

(1)掌握銀行營運動態。

(2)效率運用金融監理資源，加強問題銀行處理。

(3)檢查評等結果將依銀行營運績效評估等級，金融監理當局依據風險等級採取不同監理措施。

(4)金融預警系統提供中央存款保險公司資訊，降低存保風險。

(5)金融預警制度的檢查評等系統以客觀量化資料為基礎，實地瞭解各銀行管理能力，以獨立超然原則評估銀行經營績效，確實反映銀行經營績效與風險程度。

 題　庫

 、選擇題

1. 金融廠商吸收存款與發行金融債券吸收資金，進而供給中長期信用，係屬於何種類型？　(a)壽險公司　(b)儲蓄銀行　(c)投資銀行　(d)信託投資公司

2. 在銀行組織架構的型態中，由個人同時控制多家銀行的組織型態稱為：　(a)連鎖銀行　(b)集團銀行　(c)銀行控股公司　(d)金融控股公司

3. 在銀行生產過程中，銀行產品的內涵眾說紛紜，何種說法係屬錯誤？　(a)銀行信用屬於銀行的經濟性產出　(b)銀行產品若定義為活期存款，銀行信用將是金融投入　(c)銀行勞務將屬於銀行的經濟性產出　(d)銀行產品若定義為

銀行放款，銀行存款將是金融投入

4. 何種業務並非信託銀行的業務範圍？　(a)吸收信託基金　(b)吸收活期存款　(c)資產管理　(d)代理收付

5. 中信銀行在臺北市設立總行，在國內外各地普遍設立分行，此即屬於何種銀行制度？　(a)單一銀行制　(b)分支銀行制　(c)銀行控股公司制　(d)連鎖銀行制

6. 張先生獲財政部選任為華僑商業銀行董事長，對該銀行扮演功能的基本認識，何者錯誤？　(a)支付清算功能　(b)仲介資金　(c)創造銀行信用　(d)吸收儲蓄資金用於直接投資製造業

7. 國內金融業採取的組織運作型態，何者正確？　(a)工業銀行是投資銀行的變型　(b)金融超市（或百貨公司）基本上係指綜合銀行而言　(c)綜合銀行與銀行控股公司的運作方式完全相同　(d)銀行控股公司與分支銀行的運作模式完全相同

8. Morgan-Stanley 投資銀行從事的業務內容，何者錯誤？　(a)直接投資工商企業股票　(b)包銷政府債券　(c)吸收存款與進行放款　(d)代理買賣證券與衍生性商品

9. 新光金融控股公司採取的營運模式，何者錯誤？　(a)在不同領域設立子公司從事跨業經營　(b)金融控股公司採取本身自行營運與控制子公司從事營運　(c)金融控股公司僅是從事金融集團內的資源配置　(d)金融控股公司與投資銀行的營運方式類似

10. 有關銀行產品性質的敘述，何者錯誤？　(a)支票存款隱含提供方便、安全與對帳等金融勞務，將屬於技術性產品　(b)銀行吸收信託基金，提供信託服務，將可創造附加價值，故屬於經濟性產品　(c)銀行授信活動係以存款資金為基礎而創造更高價值，屬於經濟性產品　(d)銀行信託部提供客戶代理服務，將屬於技術性產品

11. 依據信用觀點衡量銀行產品，何種說法係屬正確？　(a)以銀行信用總值衡量銀行產出價值，將是認為放款與投資屬於同質產品　(b)銀行信用屬於技術性產品　(c)資產負債表上的銀行信用屬於流量觀念　(d)以銀行信用變動量衡

量銀行產品，將是合理的選擇

12. 張無忌從貨幣學派觀點來衡量銀行產品，何種概念係屬於錯誤？　(a)銀行創造活存提供流動性，將是屬於技術性產品　(b)銀行提供活存將需運用銀行信用作為金融投入　(c)銀行在固定期間提供的流動性數量，可用資產負債表上的活存餘額作代表　(d)銀行提供的流動性勞務，全部屬於最終商品，其價值將反映在當期 GNP 增加

13. 中研院經濟所打算採取國民產出方法估算臺灣的銀行產品價值，何種看法係屬正確？　(a)銀行當期的利潤即是銀行產品價值　(b)銀行業在大量拍賣不良放款債權，導致出現巨幅虧損，顯示銀行當期產出的價值為負　(c)該方法強調銀行產品包括貸放產品（放款與投資）與金融勞務兩類　(d)該方法已經設算活期存款提供流動性勞務的價值

14. 在營運過程中，高新銀行評估經濟環境變遷，採取的因應策略，何者錯誤？　(a)電子商務盛行將促使銀行減少設立分行　(b)銀行採取轉投資策略擴充規模，子公司營運虧損將與銀行營運無關　(c)金融創新活動盛行，將擴大銀行與非金融廠商的競爭性　(d)銀行吸收存款將面臨提款風險

15. 比較信託銀行與商業銀行的差異性後，何者錯誤？　(a)商業銀行屬於零售型銀行，以放款利息收入為主　(b)信託銀行屬於批發型銀行，以手續費與信託報酬收入為主　(c)信託銀行特質在於從事長期金融及資產管理活動　(d)商業銀行特質在於從事中長期資金中介

16. 臺銀呂董事長擬訂銀行營運計畫，考慮的限制條件，何者錯誤？　(a)央行可針對自一定日期起，要求臺銀就增加吸收之支存及活存餘額另訂額外準備比例　(b)臺銀的自有資本與風險性資產比例須維持在 8% 以上　(c)臺銀營運出現盈餘，選擇分配現金股利或股票股利並無限制　(d)臺銀不得對呂董事長進行無擔保授信

17. 第七商業銀行從事何種業務時，無需採取信託方式辦理？　(a)指定用途信託資金投資國外有價證券　(b)辦理出租保管箱業務　(c)企業員工持股信託　(d)安養信託

18. 亞洲信託將信託資金用於操作有價證券時，依〈信託業法〉規定應該申請兼

營何種業務？　(a)證券投資信託業務　(b)證券投資顧問業務　(c)證券自營商業務　(d)證券承銷商業務

19.台新銀行信託部提供代理與顧問服務時，何種業務將不包括在內？　(a)擔任公司重整監督人　(b)代理發放有價證券紅利　(c)辦理保證業務　(d)辦理與信託業務有關不動產買賣及租賃之仲介

20.何者不是投資銀行採取的公開承銷方式？　(a)包銷　(b)代銷　(c)足額發行　(d)私下募集

21.採取科學化及系統化方法，事先預測銀行經營逐漸惡化與財弱點，適時提供主管機關、客戶、股東與其他利害關係人參考，此即是：　(a)銀行業績考核　(b)存款保險制度　(c)金融預警制度　(d)信用評等制度

22.在銀行生產過程中，衡量銀行產品價值的方式，何者正確？　(a)銀行利潤相當於銀行創造產品的附加價值　(b)銀行存款係銀行使用的金融投入之一　(c)銀行存款的設算價值全部屬於銀行產品價值的一部分　(d)以銀行利潤衡量銀行產品價值將會發生低估現象

23.就銀行營運型態來看，有關單一銀行控股公司的形成過程，何者正確？　(a)由單一銀行控股公司掌握某銀行的過半數股權與經營權　(b)由單一銀行控股公司掌控或持有兩家以上的銀行股權　(c)由一家銀行採取發行金融債券方式購併另一家銀行　(d)由個人同時控制兩家以上的銀行股權

24.有關各種金融廠商提供銀行信用的敘述，何者錯誤？　(a)商業銀行以供給短期信用為主　(b)專業銀行提供的專業信用係屬於政策金融的一種　(c)壽險公司以供給中長期信用為主　(d)信用保證基金提供政策金融為主

1.(b)	2.(c)	3.(c)	4.(b)	5.(b)	6.(d)	7.(b)	8.(c)	9.(b)	10.(d)
11.(a)	12.(c)	13.(c)	14.(b)	15.(d)	16.(c)	17.(b)	18.(a)	19.(c)	20.(d)
21.(c)	22.(b)	23.(a)	24.(b)						

二、問答題

1. 為什麼商業銀行不僅是金融中介機構，而且又是存款貨幣機構？

 銀行在中介資金過程中，吸收存款資金，透過徵信調查轉換為放款資金，兩者性質截然不同，此即提供資產轉換勞務，從而扮演金融中介機構的角色。此外，銀行吸收支票存款賦予交易媒介角色，透過授信回存的信用擴張過程，將創造出存款貨幣，故又屬於存款貨幣機構。

2. 試述投資銀行的功能及在資本市場中扮演的角色。

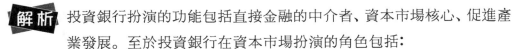 投資銀行扮演的功能包括直接金融的中介者、資本市場核心、促進產業發展。至於投資銀行在資本市場扮演的角色包括：

(a)投資銀行是建立高效率、低成本、標準化資本市場的先決條件。

(b)投資銀行維持次級市場價格穩定性和連續性，提高交易效率，維持市場秩序，發揮價格發現機能。

(c)投資銀行從事金融創新活動。

(d)投資銀行協助廠商透過購併活動，加速產業結構調整。

3. 降低銀行業道德危險問題的方法之一，就是讓人們在存款時有誘因慎選銀行，而不把資金存入問題銀行。如此一來，營運不佳的銀行將因存款流失而倒閉或被金管會接管，道德危險問題將不致拖延或擴大。試分析下列因素對人們進行存款時，是否有誘因慎選銀行？將形成何種影響？

(a)金管會對於問題銀行的處理方式。

(b)存款人在同一金融機構的存款中有多少能受到存款保險的保障。

(c)法令對於銀行所需揭露資訊的規定。

(d)中央銀行的重貼現政策。

 (a)金管會處理問題銀行採取概括承受、接管或清算，將會讓存款者考慮到銀行發生倒閉，自己持有存款可獲得的保障程度。

(b)存款保險的保障額度愈高，存款人慎選銀行的動機愈弱。

(c)銀行所需揭露資訊的規定愈詳細，存款人慎選銀行的動機愈強。

(d)重貼現政策要求的融資條件愈嚴格，銀行愈難取得融資，銀行面臨
　　危機時，發生倒閉的可能性愈高，存款人慎選銀行的動機愈強。

4.我國存款保險制度已經實施強制投保、彈性保費費率制度、理賠上限（如：
　每個存款帳戶以 100 萬元為限）等制度，其理由與優點為何？試說明之。

解析 (1)強制投保係要求金融廠商必須投保，中央存款保險公司將給予一
　　　　定期間進行輔導，然後再納入保險範圍。該項制度將會產生道德危
　　　　險問題，不肖經營者可能將爛攤子丟給政府解決，不過強制投保將
　　　　可避免擠兌風險。

(2)彈性保費費率制度中央存款保險公司針對不同信用評等的金融廠
　　商，收取不同的保費費率，符合公平原則與市場機能。該制度優點
　　在於：不同風險的金融機構支付不同保費費率，將可降低存保公司
　　風險。不過對繳納較高費率的金融機構，可能將面臨擠兌風險。

(3)理賠上限將減輕中央存保公司的財務負擔，讓存款者承擔部分風
　　險，慎選金融廠商，進而淘汰問題銀行。

5.試說明金融監督管理委員會對銀行營運的管制措施。

解析 為確保銀行穩定經營，金管會對銀行營運的管制措施包括：

(1)吸收存款必須提存準備。

(2)資本適足性，銀行自有資本與風險性資產比例必須維持在 8% 以
　　上。

(3)授信活動需訂定內部防火牆。

(4)不得經營未經核定的業務、規範對無擔保放款或保證的限制條件、
　　最高放款率、限制投資企業及非自用不動產。

(5)銀行應將財務報表於股東會承認後 15 日內，報請金管會備查並公
　　告。

第 *13* 章　銀行財務結構理論

 習題解答

一、選擇題

1. 有關原始存款與衍生存款的差異性，何者正確？　(a)前者因現金存入銀行而生，後者因銀行授信活動而生　(b)前者可充當法定準備，後者無法作為法定準備　(c)前者與貨幣供給無關，後者將增加貨幣供給　(d)兩者均屬活期存款性質

2. 有關銀行資產負債表的敘述，何者錯誤？　(a)該表顯示銀行在固定時點的財務狀況　(b)屬於流量概念　(c)銀行資產組合代表其運用資金方式　(d)銀行負債組合將顯示其資金來源

3. 依據法定準備率由低至高排列，銀行吸收的存款排序為：　(a)定期存款、活期儲蓄存款、支票存款、活期存款　(b)定期存款、活期存款、活期儲蓄存款、支票存款　(c)定期存款、活期儲蓄存款、支票存款、通知存款　(d)定期存款、通知存款、活期存款、支票存款

4. 為確保營運安全性，決定銀行股東權益占資產比例的關鍵因素為何？　(a)銀行存款與放款的比率　(b)銀行資產結構與其風險間的關係　(c)放款期限結構　(d)市場景氣狀況

5. 海天企業向中信銀行借入 1,000 萬元，名義放款利率為12%，中信銀行要求保留 20% 的資金在支票帳戶作為補償餘額。對海天企業來說，實際負擔的利率為？　(a) 9.6%　(b) 12%　(c) 14.4%　(d) 15%

1.(a)	2.(b)	3.(d)	4.(b)	5.(d)

二、問答題

1.假設臺灣金融體系處於銀根緊縮狀況。聚隆纖維向土地銀行申請廠房設備抵押放款 1,000 萬元，土銀授信條件包括聚隆纖維需在活期帳戶中維持放款金額的 20%。假設土銀給予的名義放款利率為 6%，活期存款帳戶利率為 0.5%，土銀提存活存的準備率為 10%，而且超額準備維持為零。試計算土銀承作該筆放款的有效放款利率為何？聚隆纖維實際負擔的借款利率為何？

(a)土銀承作該筆放款的有效放款利率：

$$1,000 \times 6\% = 60 \text{ 萬}$$

$$1,000 \times 20\% \times (1 - 10\%) \times 6\% = 10.8 \text{ 萬}$$

$$1,000 \times 20\% \times 0.5\% = 1 \text{ 萬}$$

$$(60 + 10.8 - 1) \div 1,000 = 6.98\%$$

(b)聚隆纖維實際負擔的借款利率：

$$1,000 \times 6\% = 60 \text{ 萬}$$

$$1,000 \times 20\% \times 0.5\% = 1 \text{ 萬}$$

$$(60 - 1) \div (1,000 \times 80\%) = 7.375\%$$

2.華南銀行從事投資活動時，將會受到何種限制？

解析 華南銀行從事投資活動包括：

(a)資金運用性質：以投資上市股票為限，總額不得超過投資時所吸收存款餘額及金融債券發行額之和的 25%，投資單一股票金額不得超過該公司資本額 5%。銀行儲蓄部投資上市公司發行的證券與受益憑證，不得超過銀行淨值 20%，上櫃股票以銀行淨值 5% 為限。

(b)參與經營直接投資性質：銀行轉投資企業總額不得超過實收資本額的 40%，且轉投資非金融相關事業總額亦不得超過實收資本總額的 10%，銀行設立創業投資公司為不得超過實收資本額的 5%。

3.銀行吸收貨幣性存款與儲蓄性存款而用於授信，對體系造成的影響有何不同？

銀行吸收貨幣性存款屬於交易媒介，用於授信活動將具有膨脹性，理由是：貨幣性存款屬於交易媒介，人們可以簽發支票進行交易，銀行若將該筆資金用於授信活動，儲蓄性存款係為價值儲藏工具，有助於資本累積。

4. 國際清算銀行 (BIS) 提高銀行資本適足性要求，將對銀行營運造成何種衝擊？
實施提高資本適足性要求將對銀行造成的衝擊效果包括：(1)營運成本上升。(2)營運風險內容改變。(3)銀行資本適足性對風險權數的評估有異，同類資產品質差異化無法反映於風險權數。(4)銀行資產組合調整。

5. 中信銀行訂定儲蓄存款利率較活期存款利率為高，考慮因素為何？
中信銀行考慮的因素包括(1) $\varepsilon_s > \varepsilon_d$、(2) $C_d > C_s > 0$、(3)活期存款流動性顯著高於儲蓄存款，前者必須提存之準備與發生準備匱乏的預期損失大於後者。

6. 試評論：由於活存利率遠低於定存利率，銀行應該全力吸收活期存款，以降低利息支出。
解析 理由與第 5.題的答案相同。

📖 題　庫

一、選擇題

1. 比較原始存款與衍生存款的性質後，何者正確？　(a)前者起因於人們將現金存入銀行，後者則係由銀行授信活動所誘發　(b)前者可充當法定準備，後者不具法定準備的條件　(c)前者對貨幣供給不產生影響，後者將增加貨幣供給量　(d)兩者均屬活期存款性質
2. 針對銀行資產負債表內容反映的特性，何者錯誤？　(a)該表將顯示銀行在固定時點的財務狀況　(b)屬於流量概念　(c)銀行資產組合代表其資金運用方

式　(d)銀行負債組合將可顯示其資金來源

3. 華泰銀行透過金融市場發行金融債券,取得中長期資金來源,此種操作稱為:
(a)資產管理　(b)負債管理　(c)資本管理　(d)流動性管理

4. 高雄銀行吸收的貨幣性負債,係指何種類型?　(a)同業存款　(b)貼現　(c)支票存款與活期存款　(d)同業拆款

5. 板信銀行發給香香公主存摺,依約定方式隨時提取現金,此種存款類型稱為:
(a)定期存款　(b)儲蓄存款　(c)通知存款　(d)支票存款

6. 在 1930 年代經濟大蕭條期間,銀行過度競爭造成金融體系崩潰,是以金融當局遂採取事後管制金融廠商競爭,主要內容是:　(a)限定資本額　(b)放寬銀行業務　(c)利率管制　(d)禁止成立新銀行

7. 彰銀財務部門規劃資金來源時,採取何種策略係屬正確?　(a)積極尋求無成本的非借入準備資金來源　(b)定存利率高於活存利率,存款結構應以吸收活存為主　(c)採取非價格策略才能擴大吸收存款資金　(d)向銀行同業拆款融通中長期授信活動

8. 為確保銀行營運安全性,土銀董事會經過討論後,認為決定土銀資本占資產合理比例的關鍵因素在於:　(a)兩者間的實際比率　(b)銀行資產結構與其風險間的關係　(c)放款期限結構　(d)景氣循環狀況

9. 令狐沖面臨資金需求時,何種存款將可申請質押借款?　(a)支票存款　(b)通知存款　(c)活期存款　(d)定期存款

10. 當銀行業吸收存款出現利率僵化時,何種現象將屬正確?　(a)反映銀行業具有完全競爭性　(b)銀行可用最低成本吸收存款資金　(c)銀行支付存款的顯現利率將高於隱含利率　(d)推動利率自由化將會降低吸收存款的總成本

11. 玉山銀行營業部規劃銀行負債結構時,必須考慮的策略為何?　(a)採取創造性反應策略,調整不同期限存款利率來達成預擬的存款結構　(b)活期存款利率遠低於儲蓄存款,應積極吸收活期存款以降低資金成本　(c)採取傳統性反應策略吸收存款較為有效　(d)運用購入資金策略來進行中長期授信活動

12. 華南銀行從事銀行負債管理活動時,何種規劃係屬正確?　(a)借入準備存在將反映銀行採取負準備操作策略　(b)銀行資本適足性即是銀行的自有資本

比例　(c)活存的資金成本較低,改採吸收活存融通中長期授信較為划算　(d)發行金融債券融通,將屬於借入準備的一環

13. 中華開發工業銀行從事銀行負債管理活動,何種操作策略係屬錯誤?　(a)銀行的財務結構即是銀行資本適足性　(b)非借入準備的來源係依據銀行核心存款所提存的準備　(c)中華開發工銀以提供工業信用為主,故應降低吸收活期存款的比例　(d)發行金融債券募集資金係屬於借入資金的一環

14. 彰銀董事會特別注重銀行營運安全性,而營業部提供指標,何者卻不具有同向變化關係?　(a)資本適足性　(b)不良放款債權　(c)存放款比例　(d)流動性

15. 在第一銀行的負債中,何種類型係屬於借入資金範圍?　(a)活期存款　(b)定期存款　(c)可轉讓定期存單　(d)國庫券

16. 何種項目係屬於銀行的負債?　(a)法定準備　(b)銀行承兌匯票　(c)可轉讓定期存單　(d)商業本票

17. 何種交易活動將能增加銀行的可運用資金?　(a)銀行從客戶帳上扣除清償放款金額 100 萬元　(b)清算聯行往來的貸方金額 200 萬元　(c)收回到期的拆放同業資金50 萬元　(d)在本行開戶的兩廠商之間清算貨款（轉帳）80 萬元

18. 土銀董事會討論轉投資高鐵公司案,考慮因素除總金額不得超過土銀淨值的40% 外,且不得超過高鐵公司資本額的比例為:　(a) 10%　(b) 8%　(c) 5%　(d) 20%

19. 何者屬於原始存款型態?　(a)銀行向央行貼現　(b)銀行賣公債給央行　(c)顧客將他行支票存入銀行　(d)銀行發行金融債券

20. 華僑銀行發行特別股募集資金,相關的特質,何者錯誤?　(a)累積特別股係指今年未發放之股利,將累積到明年有盈餘時一併發給　(b)參加特別股係指可參加股東大會　(c)可贖回特別股在發行一段時間後,銀行將按原約定價格贖回　(d)有表決權特別股係指可參與銀行董監事選舉及表決重要事項者

21. 假設慶豐銀行存款餘額為 1,000 億元,持有準備部位為 120 億元,恰好足夠作為法定準備。假設央行宣佈調降存款準備率至 8%,則原始法定準備率與慶豐銀行至少可動用準備金各是多少?　(a) 10%；80 億元　(b) 12%；80 億元　(c) 12%；40 億元　(d) 10%；40 億元

22.依據金管會銀行局的規定，萬通銀行對同一關係人之無擔保授信總餘額，必須受銀行淨值的何種比例限制？　(a) 5%　(b) 10%　(c) 15%　(d) 40%

23.依據 Basel 協定，華泰銀行從事何種交易活動必須要有較高的資本適足性需求？　(a)地方政府發行的債券　(b)住宅抵押放款　(c)商業本票　(d)財政部發行的公債

24.中信銀行對中租迪和授信，採取要求補償餘額策略，此係屬於何種銀行管理活動範圍？　(a)信用風險管理　(b)資產管理　(c)利率風險管理　(d)資本管理

25.建華銀行董事會評估該銀行的獲利性，何種指標將不可作為評估標準？　(a)資產報酬率　(b)淨值報酬率　(c)逾放比率　(d)存放款利差

26.中信銀行董事會若要評估該銀行存款資金運用效率，或其放款能力時，可以採何種指標進行評估？　(a)逾放比率　(b)流動比率　(c)資本適足率　(d)存放比率

27.當銀行資本相對風險性資產不足時，將大幅提昇銀行失敗的機率，為求提昇銀行資本適足性，採取何種策略係屬錯誤？　(a)增資發行新股　(b)減少發放股利以增加保留盈餘　(c)出售證券所得用於降低負債　(d)買回銀行庫藏股

28.臺灣的銀行業吸收原始存款 100 億元從事授信活動。面對市場放款與投資的誘因甚佳，在放款結束後計有 10 億元現金流出銀行體系。假設央行規定法定準備率為10%，則對在體系內流通貨幣數量之變動的影響為：　(a) 790 億元　(b) 800 億元　(c) 810 億元　(d) 820 億元

29.假設中國商銀的資本適足性恰好為 8%，何者正確？　(a)財務槓桿倍數為 8　(b)負債比率為 125　(c)財務槓桿倍數為 4　(d)自有資本比率小於8%

30.土銀董事會決議要求營業部加強吸收存款，而在後者考慮的因素中，何者正確？　(a)加強吸收活期存款，以降低資金成本　(b)加強吸收儲蓄存款，以降低體系內通貨膨脹壓力　(c)定存的利率彈性必然較活存為大,故前者利率必然較高　(d)通知存款的提款風險顯著低於定期存款

31.新竹商銀訂定存款利率時，考慮何種因素後，將會訂定偏低的利率？　(a)存款需求具有完全利率彈性　(b)存款需求完全缺乏利率彈性　(c)處理存款的成本遞減　(d)存款準備率偏低

32. 檢視臺銀的資產負債表內容，何者屬於貨幣性負債的範圍？　(a)支票存款與活期存款　(b)支票存款、活期存款與定期存款　(c)支票存款、活期存款、儲蓄存款與定期存款　(d)支票存款、活期存款、儲蓄存款、定期存款與政府存款

33. 針對衍生性存款的性質，何種說法係屬正確？　(a)附有一定期限，未到期原則上將不得提領　(b)銀行在授信過程中創造出來的存款　(c)衍生性存款即是誘發性存款　(d)存款者必須事先通知銀行才能提領現金

34. CAMEL 係評估銀行財務狀況的指標，何種說法係屬正確？　(a)C 係以資本適足性的衡量　(b)A 可用逾期放款比率衡量　(c)M 係採取每人平均獲利衡量　(d)E 可運用市場平等比例衡量

35. 在華泰銀行資產負債表中，除銀行淨值外，其他項目如下：持有通貨 35 億元、定期存款 120 億元、放款 120 億元、存放於央行存款 25 億元、活期存款 130 億元與持有公債 95 億元,則該銀行淨值為何？　(a)55 億元　(b)15 億元　(c)25 億元　(d)35 億元

36. 華僑銀行過去曾經面臨擠兌危機，何種理由正確？　(a)過度競爭　(b)無法支應存戶提款　(c)逾期放款比例偏低　(d)業務拓展太快

37. 實務上，央行規定的支票存款準備率遠高於定期存款，理由是？　(a)央行鼓勵銀行多吸收定期存款　(b)支票存款的獲利性低於定期存款　(c)支票存款金額通常高於定期存款　(d)支票存款流動性高於定期存款

38. 假設板信商銀持有資產包括庫存現金 60 億元、在中央銀行存款 150 億元、在銀行同業存款 100 億元、十筆不動產市價 50 億元、放款 240 億元與持有政府長期公債 50 億元，則該銀行持有的準備資產為何？　(a)310 億元　(b)60 億元　(c)360 億元　(d)210 億元

1.(a)	2.(b)	3.(b)	4.(c)	5.(b)	6.(c)	7.(c)	8.(b)	9.(d)	10.(d)
11.(c)	12.(a)	13.(a)	14.(b)	15.(c)	16.(c)	17.(c)	18.(c)	19.(c)	20.(b)
21.(c)	22.(a)	23.(c)	24.(a)	25.(c)	26.(d)	27.(d)	28.(c)	29.(d)	30.(c)

| 31.(b) | 32.(a) | 33.(b) | 34.(d) | 35.(c) | 36.(b) | 37.(d) | 38.(a) |

二、問答題

1. 評估銀行財務狀況有所謂的 CAMEL 標準，試說明其標準。

 美國聯邦準備銀行制定 CAMEL 等級制度，利用五個標準衡量銀行營運的健全程度，並對銀行進行分級：

(a)資本適足性 (capital adequacy)：針對風險性資產比例、低品質資產數量、銀行業務成長記錄、未來規劃與展望、管理基層能力等因素進行評等，同時考慮其資產比率在其他來源取得財務協助的能力。

(b)資產品質 (asset quality)：針對資產負債比率、資產分配狀況、停止計息資產數量、資產評價準備適切性、管理階層催收能力等因素進行評等，同時評估授信與投資對象是否過度集中，尤其注意資產性質與金額、授信政策及授信管理作業是否適切等因素。

(c)管理政策 (management policy)：評估管理階層的專業才能、領導統御能力、法令規章的遵行情形、內部經營政策的適切性、內部控制、作業程式、放款及投資政策品質、董事及股東參與程度等。

(d)獲利能力 (earning capacity)：評估資本適足性與彌補虧損能力、盈餘成長趨勢、淨利品質與結構外，尚需考慮股利支付比率與盈餘成長率的關係，非經常所得及證券交易所得等。

(e)流動性 (liquidity condition)：對存款來源穩定性、利率敏感性資金的依賴程度、借款次數與金額、應付目前負債能力、高變現資產的數額、參與貨幣市場或取得其他來源資金能力的評估，並考慮資產負債管理策略正確有效性、流動性管理政策適切性，及其他同業核發的融通額度的性質、金額與動用方式。

2. 銀行從事負債管理活動的意義為何？負債管理與銀行的關係為何？

 (a) 1970 年代兩次能源危機釀成停滯性通貨膨脹，金融當局採取利率

管制嚴重扭曲資金配置，加以非金融機構與直接金融興起對銀行
業營運形成強烈競爭，從而刺激金融創新活動盛行，促成銀行資金
來源多元化。在多元化資金來源中，銀行吸收存款資金仍然高居核
心地位，不過銀行若面對有利可圖機會或緊急資金需求時，若採取
吸收存款資金支應緩不濟急，故可採取調整發行證券報酬率策略，
在貨幣市場、債券市場、國外金融市場與股票市場募集資金，從而
形成負債管理活動。

(b)銀行從事負債管理活動，除擴大資金來源，降低財務風險外，更可
提昇銀行的流動性部位與獲利性，同時積極創新金融商品募集資
金。

3. 國際清算銀行在 1988 年 7 月 1 日通過「銀行自有資本比例國際統一標準」，
要求銀行在 1992 年以前提高至 8%，並將利用該基準作為審核國外銀行申
請設置分支機構之標準。試回答下列問題：(a)何謂銀行資本適足性？(b)設置
此國際統一基準之目的何在？(c)爭取參與國際金融市場的我國銀行業，應如
何因應？

解析 (a)銀行資本適足性係指銀行自有資本與風險性資產比例不得低於
8%。

(b)設置此國際統一基準之目的包括公平性競爭、表外交易問題與營
運健全性。

(c)銀行採取的因應策略包括短期將以高流動性債券取代高風險的商
業放款、長期推動放款證券化，透過放款銷售市場出售放款債權、
將高風險權數的資產調整成低風險資產。

4. 何謂資本適足性？〈銀行法〉第 44 條規定銀行自有資本與風險性資產之比率
不得低於 8%，係指什麼？試說明之。

解析 銀行資本適足性係指銀行自有資本與風險性資產比例不得低於 8%，
衡量方式如下：
(1)自有資本比例

$$\frac{自有資本}{風險性資產} = \frac{核心資本 + 輔助資本}{風險性資產} \geq 8\%$$

$$\frac{核心資本}{風險性資產} \geq 4\%$$

(2)風險性資產的衡量

風險性資產 ＝（帳內 ＋ 帳外）風險性資產

＝（帳內資產 ＋ 帳外資產×轉換係數）×風險係數

5.在營運過程中，商業銀行從事投資活動，將受何種限制?

解析 (1)銀行對同一法人授信不得超過淨值 15%，同一自然人不得超過淨值 3%，同一關係人不得超過淨值 40%，無擔保授信不得高於淨值 5%。

(2)銀行業從事投資活動面臨的限制：(a)資金運用性質：銀行投資上市與上櫃股票，總額不得超過投資時所吸收存款餘額及金融債券發行額之和的 25%，投資單一股票金額不得超過該公司資本額 5%。銀行儲蓄部投資上市公司發行的證券與受益憑證，不得超過銀行淨值 20%，上櫃股票以銀行淨值 5% 為限。(b)參與經營直接投資性質：轉投資企業總額不得超過實收資本額的 40%，且轉投資非金融相關事業總額亦不得超過實收資本總額的 10%，設立創業投資公司為不得超過實收資本額的 5%。

6.金管會銀行局對銀行資本的定義與一般會計學對資本的定義有何不同?我國銀行資本係由那些項目構成?

解析 在會計學上，資本的意義是指股東繳足、並向主管機關登記的資本額。銀行資本係指資產負債表上的資產與負債項目的差額，包括股本、資本公積、盈餘公積、法定盈餘公積、特別盈餘公積以及放款與保證等各類損失的準備金。至於金管會銀行局將銀行自有資本分為兩類：(1)核心資本或第一類資本：包括實收股本（資本及預收資本）、帳面列示公積（資本公積、法定盈餘公積、特別公積、累積盈餘），

加上少數股東權益及權益調整（包括兌換差價準備減未實現長期股權投資損失加減累積換算調整數），再扣除商譽。(2)輔助資本或第二類與第三類資本：包括特別股、資產重估增值準備及證券隱含利益，可轉換公司債等複合資本憑證、備抵呆帳等。

7. 試回答下列有關銀行資本適足性的問題：(a)金融監理機構要求銀行滿足最低資本適足性之經濟意義為何？(b)試扼要說明國際清算銀行 (BIS) 所訂定資本適足性對資產項目的計算原則，並說明其經濟意義。

解析 (a)要求銀行持有充分的權益資本（相對其風險性資產），將可降低銀行從事高風險活動的誘因。假設銀行過度曝險而倒閉，銀行股東將直接承受更多的損失。是以銀行在追求股東財富極大下，將會適度控管曝險程度。

(b) BIS 所定的風險性資產係依各類資產的風險大小給予不同的權數，如：商業放款為 100%、國庫券為 0%。另一特點是：表外資產也將納入考慮，先給予一個轉換係數，再依其風險程度進行加權，目的在讓銀行曝險程度有一個衡量指標。

8. 試說明銀行資本適足性扮演之功能為何？當銀行資本適足性低於 8% 時，可採取何種方式解決？

解析 (a)銀行資本適足性扮演的功能包括降低倒閉風險、構成放款與投資的限制、股東權益報酬率下降、股東權益（銀行淨值）與存款負債間的替代性、業務成長基礎。

(b)解決方法包括限制分配現金盈餘、限制設立分行、現金增資或調整風險性資產組合。

三、計算題

1. 假設臺灣銀行吸收存款利率為 5%，法定準備比率為 10%。試回答下列問題：(a)臺銀每吸收一筆存款後，可運用之資金比率最高為何？(b)臺銀每放款 1 元，需負擔多少資金成本？(c)當法定準備比率提高為 20%，臺銀每放款 1 元，需

負擔的資金成本為何? ⑷假設預期通貨膨脹率為8%，實質存款利率為何?
⒠假設法定準備比率維持為10%，臺銀不保留超額準備，所有放款資金均回
流至臺銀，則張三豐將100元存入銀行，將可創造出多少貨幣供給量?

解析 (a) $(1 - 10\%) = 90\%$

(b) $5\% \div (1 - 10\%) = 5.56\%$

(c) $5\% \div (1 - 20\%) = 6.25\%$

(d) $5\% - 8\% = -3\%$

(e) $100 \div 10\% = 1,000$

2. 花蓮企銀的簡化資產負債表如下:

Asset		Balance Sheet		Liability
實際準備		存款市場		
法定準備 (*RR*)	*RR*	活期存款 (*DD*)		20,000
超額準備 (*ER*)	*ER*	儲蓄存款 (*SD*)		50,000
		外幣存款		1,000
銀行信用 (*BK*)		央行融通		
放款 (Loan)	50,000	央行短期抵押放款		150
投資 (Security)		金融市場		
票券投資	3,000	金融同業拆款		100
債券投資	8,400	金融債券		50
股票投資	420			
國外資產	1,050	國外負債		
固定資產	1,200	國外可轉換債券		200
		銀行淨值 (Net Worth)		
		銀行資本 (Equity)		1,100
		公積與保留盈餘 (*RE*)		300
總資產		負債與淨值		

假設金管會銀行局規定放款的風險係數為0.7，票券的風險係數為0.95，債
券的風險係數為0.8，股票的風險係數為0.6，國外資產的風險係數為0.7，
其餘資產的風險係數為0。央行規定活期存款、儲蓄存款與 S 外幣存款的法
定準備比率分別為10%、8% 與 5%。試依據上述資產負債表計算下列問題:
⑴提存的法定準備。⑵持有的超額準備。⑶持有的實際準備。⑷面臨外匯風

險暴露部位。(5)持有的非借入準備。(6)銀行持有的自由準備。(7)依據財政部
規定，花蓮企銀持有風險性資產折算成相當於安全性資產的價值。(8)銀行自
有資本比例。(9)銀行資本適足性比率。

解析 (1)法定準備：

$$RR = 20{,}000 \times 10\% + 50{,}000 \times 8\% + 1{,}000 \times 5\% = 6{,}050$$

(2)資產 = 負債 + 銀行淨值

$$6{,}050 + ER + 50{,}000 + 3{,}000 + 8{,}400 + 420 + 1{,}050 + 1{,}200$$

$$= 20{,}000 + 50{,}000 + 1{,}000 + 150 + 100 + 50 + 200 + 1{,}100 + 300$$

$$ER = 72{,}900 - 70{,}120 = 2{,}780$$

(3)實際準備：

$$R = RR + ER = 6{,}050 + 2{,}780 = 8{,}830$$

(4)外匯風險暴露部位 = 國外資產 − 國外負債 − 外幣存款

$$= 1{,}050 - 200 - 1{,}000 = -150$$

(5)實際準備 = 借入準備（央行短期抵押放款 + 金融同業拆款）+ 非借
入準備 (UB)

$$8{,}830 = (150 + 100) + UB$$

$$UB = 8{,}580$$

(6)自由準備 (FR) = 超額準備 − 借入準備

$$FR = ER - BR = 2{,}780 - (150 + 100) = 2{,}530$$

(7)安全性資產總額 = $\sum$ 風險係數 × 風險性資產

$$= 50{,}000 \times 0.7 + 3{,}000 \times 0.95 + 8{,}400 \times 0.8 + 420 \times$$

$$0.6 + 1{,}050 \times 0.7$$

$$= 45{,}557$$

(8)自有資本比例 $= \dfrac{銀行淨值}{銀行資產} = \dfrac{1{,}400}{72{,}900} = 1.920\%$

(9)銀行資本適足性 $= \dfrac{銀行淨值}{風險性資產} = \dfrac{1{,}400}{45{,}557} = 3.73\%$

3. 假設中國商銀在 2003 年底的資本總額為 630 億元,核心資本額為 297 億元,資產總額為 20,000 億元。其中, 風險權數為 0% 的資產為 2,000 億元, 風險權數為 10% 的資產有 4,000 億元, 風險權數為 20% 的資產為 3,000 億元, 風險權數為 50% 的資產為 6,000 億元, 風險權數為 100% 的資產為 5,000 億元。依據上述資料計算下列問題: (1)計算總資本和核心資本與風險性資產的比例。(2)上述結果是否符合資本適足性的要求? (3)針對該銀行實際情況, 提出處理意見。

解析 (1)安全性資產總額 = Σ風險係數 × 風險性資產

$$= 2,000 \times 0 + 4,000 \times 10\% + 3,000 \times 20\% + 6,000 \times$$
$$50\% + 5,000 \times 100\%$$
$$= 9,000$$

$$總資本適足性 = \frac{總資本}{風險性資產} = \frac{630}{9,000} = 7\% < 8\%$$

$$核心資本適足性 = \frac{核心資本}{風險性資產} = \frac{297}{9,000} = 3.3\% < 4\%$$

(2)上述結果均不符合資本適足性的要求。

(3)積極降低風險權數為 100% 的資產。

第14章 銀行資產組合

習題解答

一、選擇題

1. 銀行對信用良好廠商進行授信，要求支付的放款利率稱為： (a)貼現利率 (b)折價利率 (c)基本利率 (d)信用利率

2. 在銀行理論中，銀行為維持資產流動性，偏好承作短期自償性放款，此種說法屬於： (a)商業放款理論 (b)資產可移轉理論 (c)預期所得理論 (d)資金混合使用理論

3. 銀行進行商業放款，考慮的主要因素為何？ (a)自償性與流動性 (b)流動性與獲利性 (c)獲利性與安全性 (d)安全性與流動性

4. 廠商以未到期票據向銀行要求兌換現金，支付當日至票據到期日間的利息，此種行為稱為： (a)貼現 (b)承兌 (c)投資 (d)放款

5. 銀行實際準備扣除提存法定準備後，稱為： (a)借入準備 (b)次級準備 (c)超額準備 (d)自由準備

6. 有關土地銀行持有準備部位的內容，何者正確？ (a)庫存現金與儲蓄存款 (b)庫存現金與金融同業存款 (c)庫存現金與在央行的存款 (d)庫存現金、在央行的存款及所有證券

1.(c)	2.(a)	3.(a)	4.(a)	5.(c)	6.(c)

二、問答題

1. 試說明實際準備、超額準備、法定準備、自由準備等銀行準備概念間的關係。

解析 法定準備係指銀行吸收各種存款,依據法定準備率提存的準備。超額準備係指銀行為因應金融環境變化與日常營運所需,在法定準備之外增加保有的準備。銀行持有實際準備部位即是法定 (RR) 與超額準備 (ER) 兩者之和:

$$R^a = RR + ER$$

就來源觀察,銀行持有實際準備部位由非借入準備與借入準備兩者構成:

$$R^a = UR + BR$$

自由準備 (FR) 為銀行可以自由運用的資金:

$$FR = ER - BR$$

2. 試說明銀行吸收存款何以保有準備資產部位的理由?

解析 銀行持有準備資產部位的理由包括保障存款者權益、應付金融危機、避免準備資產匱乏。

3. 何謂信用評等? 其類型為何? 將對經濟體系發揮何種效果?

解析 信用評等是對廠商償債能力進行評比,包括發行機構信用評等與債務發行評等兩部分,對經濟體系發揮的效果包括: (1)針對發行單位(借款人): 擴大籌資彈性、降低借款成本、穩定籌資來源、評估相對人 (counterparty) 的風險; (2)針對投資人: 信用風險指標、風險溢酬評估、投資組合監視; (3)針對金融廠商: 協助資產訂價與承銷、市場行銷、監控相對人的風險等。

4. 銀行能夠從事資本放款的理由為何?

解析 (1)商業銀行設立儲蓄部與信託部吸收中長期資金,將有能力支援較長期限的授信活動。(2)資產可移轉理論與預期所得理論的興起,以及

資產證券化活動趨於盛行。(3)階梯效果。

5.試從清償方式的設計上，說明不動產放款的類型。

 基於還款方式的設計，銀行不動產放款類型分為到期還本型、等額攤還型、定額付款型、漸增付款型等四類。

 # 題　庫

 ## 一、選擇題

1.臺北商銀吸收存款餘額為 1,000，央行要求的平均法定準備率為 10%，該銀行借入準備餘額為 20，預擬持有超額準備餘額為 50，則持有實際準備餘額為：　(a) 150　(b) 170　(c) 240　(d) 290

2.富邦銀行呈報央行提存初級準備餘額時，何種資產無法列入？　(a)待交換票據　(b)可轉讓定期存單　(c)庫存現金　(d)存在央行的存款

3.假設日盛銀行保有超額準備 5,000 與支票存款 100,000，而央行規定法定準備率為 10%，銀行持有實際準備餘額為：　(a) 17,000　(b) 15,000　(c) 24,000　(d) 29,000

4.在營運過程中，彰銀必須掌握操作準備資產的概念，何者正確？　(a)自由準備必須經常維持為正數，才能確保不會遭到擠兌風險　(b)採取負準備操作策略，係指借入準備處於正數狀態　(c)不論採取何種營運策略，法定準備部位必定為非負值　(d)當借入準備為正值時，超額準備將是負值

5.中信銀行要求東元電機在授信額度中，必須維持若干比例回存不得動用，此即稱為：　(a)誘發性存款　(b)補償性存款　(c)交易性存款　(d)衍生性存款

6.中國商銀放款授信部門建議對廣輝電子放款，基本上係對廣輝電子的 3C、4F、5C 或 5F 的了解，何者正確？　(a) 3C 係指品性、能力與資本　(b) 4F 係指個人因素、財務因素、經濟因素與組織因素　(c) 5C 係指清償來源、未來展望、資本、擔保品與財務結構　(d) 5F 係指借款戶、放款用途、償債來源、

債權保障與借戶展望

7. 中興銀行屬於淨值負數的銀行,故其經營階層更需掌握各種準備概念的正確性: (a)自由準備必須維持為正數 (b)借入準備需維持為負值 (c)次級準備通常係以現金型態保有 (d)超額準備無須維持正值

8. 交通銀行安排金融資產組合,長期將面臨購買力風險,此係指: (a)資產尚未到期,而要求提前變現所招致的損失 (b)債務人破產而導致利息與本金損失 (c)利率提高而導致價值下降 (d)發生通貨膨脹而導致購買力損失

9. 彰銀財務部追求生息資產收益率最大,選擇標的資產將強調何種特質? (a)風險性與流動性亦達最大 (b)風險性愈高,流動性愈低 (c)風險性愈低,流動性愈高 (d)風險性與流動性達到最低

10. 銀行放款業務中的拆款,性質與何者相似? (a)貼現 (b)短期投資 (c)活期放款 (d)定期放款

11. 華泰銀行面對放款信用風險造成的損失,可以考慮採取何種補償策略? (a)重新調整放款訂價方式 (b)改為採取抵押放款型態 (c)從事放款證券化活動 (d)提存呆帳準備

12. 台新銀行營業部規劃保有各種準備資產,何種規劃係屬可行? (a)借入準備係指法定準備扣除自由準備的剩餘部分 (b)次級準備係指實際準備扣除超額準備的剩餘部分 (c)超額準備係指實際準備扣除次級準備的剩餘部分 (d)自由準備係指實際準備扣除借入準備的剩餘部分

13. 土銀董事會檢討該行準備資產部位的合理性時,王常董的建議,何者正確? (a)持有借入準備將是正數 (b)可用央行國庫券保有初級準備 (c)面臨金融危機,將需持有正的借入準備 (d)擁有超額準備顯示自由準備為正數

14. 聯信商銀的資金調度部門規劃準備資產部位時,何種正確概念係屬必備? (a)實際準備係指銀行持有央行規定各種存款必須提存的準備 (b)法定準備可用公債抵繳給央行 (c)持有超額準備將可用於授信活動 (d)自由準備必須恆為正值。

15. 在營運過程中,富邦銀行採取何種操作係屬正確? (a)對廠商進行中長期授信,才符合商業放款理論 (b)採取負準備操作策略,意味著自由準備處於負

數狀態　(c)向金融同業拆款,意味著保有超額準備不足　(d)放款證券化活動盛行, 促使銀行偏好短期周轉金放款

16.建華銀行安排最適財務結構時,何種操作係屬正確?　(a)銀行資本適足性等於自有資本比例　(b)銀行持有正的自由準備部位, 顯示自有資本比例偏高　(c)銀行自有資本比例愈高,未必等同於資本適足性愈高　(d)銀行持有借入準備愈高, 代表擁有的生息資產愈大

17.文曄科技向中國商銀等 14 家銀行申請 8,500 萬美元長期聯貸放款, 提出未來的清償來源可能是:　(a)廠商的獲利與提存的折舊　(b)廠商銷售產品收入　(c)廠商借入短期資金來償還　(d)廠商壓縮營運規模

18.周伯通向復華證券金融公司採取融資買進亞洲光學股票,何種操作係屬錯誤?　(a)繳交部分自備款,其餘由復華證券金融給予融資購入股票　(b)以購入亞洲光學股票為擔保　(c)股價下跌,周伯通無法補足保證金,復華證券金融會將之斷頭　(d)周伯通若要出售亞洲光學, 必須事先清償融資金額

19.玉山銀行營業部評估持有超額準備部位時,何種考慮係屬正確?　(a)市場利率愈高,持有超額準備的機會成本愈小　(b)持有超額準備增加, 將有助於擴大貨幣供給　(c)持有超額準備數量與預期存款外流量呈正比　(d)持有超額準備與貨幣乘數無關

20.土銀營業部門提交董事會有關提存準備資產變化的說法,何者錯誤?　(a)超額準備等於實際準備扣除法定準備　(b)保有庫存現金將是銀行準備的一部分　(c)準備資產的收益率偏低,央行規定提存準備將產生類似課稅的效果　(d)在央行的準備金帳戶屬於無息存款

21.政府鼓勵廠商擴大投資的政策奏效,將對銀行業的放款餘額與放款利率造成何種影響?　(a)放款餘額增加且放款利率下跌　(b)放款餘額減少且放款利率上升　(c)放款餘額增加且放款利率上升　(d)放款餘額減少且放款利率下跌

22.農民銀行風險管理部門從事流動性管理績效,可由何種指標的變化看出端倪?　(a)存戶數量　(b)超額準備數量　(c)利率水準　(d)持有公債與股票的比例

23.在金融危機時期,存款戶大量提領現金的機率上升,銀行的因應策略將造成

何種衝擊？　(a)提高超額準備,造成貨幣乘數下降　(b)提高自由準備,造成貨幣乘數上升　(c)減少借入準備,造成貨幣乘數下降　(d)減少非借入準備,造成貨幣乘數上升

24.慶豐銀行評估持有超額準備的機會成本,可採取何種利率指標？　(a)基本放款利率　(b)重貼現利率　(c)拆款市場利率　(d)存款利率

25.銀行從事篩選與監視、建立長期客戶關係、放款承諾、抵押品與補償性餘額要求、以及信用分配等活動,凡此係屬於何種管理範圍？　(a)流動性管理　(b)負債管理　(c)資本適足性管理　(d)信用風險管理

26.土銀王常董在董事會檢討該銀行的資產品質,建議採取何種指標進行評估最為適當？　(a)資本適足率　(b)逾期放款比率　(c)資產報酬率　(d)流動準備率

27.在銀行理論中,銀行為維持流動性,僅能承作短期自償性放款,此項說法屬於何種理論？　(a)商業票據學說　(b)資產可移轉理論　(c)預期所得理論　(d)資金混合運用理論

28.銀行吸收存款必須提存法定準備,並且存入在央行的準備金帳戶,何種目的係屬正確？　(a)避免銀行同業惡性競爭　(b)方便票據交換的進行　(c)保障存款客戶的權益　(d)央行基於金融監理的方便性

29.央行理監事會議評估當前經濟環境,建議針對銀行創造信用進行合理分配與限制,此係運用何種貨幣工具？　(a)信用分配　(b)直接行動　(c)流動比率　(d)利率上限

30.安泰銀行放款給三豐建設 1,000 萬元,產生的衝擊效果,何者正確？　(a)安泰銀行將放款金額撥入三豐建設的帳戶中,此即稱為原始存款　(b)安泰銀行的資產與負債將等額減少　(c)安泰銀行資產負債表發生變動的主動權,將操之於三豐建設的手中　(d)體系內的貨幣供給將因此筆放款而增加

31.復華銀行從事證券抵押放款,何種狀況將不會發生？　(a)股價愈高,證券放款需求愈大　(b)保證金比例愈高,證券放款需求愈高　(c)拆款利率愈高,證券放款供給愈低　(d)股市邁向多頭市場,證券放款需求將愈高

32.依據資產可移轉理論,台新銀行從事投資活動的對象,選擇標的具有的特質為何？　(a)市場性高　(b)獲利性高　(c)安全性高　(d)期限長

33.土銀從事授信活動時,放款授信部門將面臨何種問題?　(a)放款與貼現雖有次級市場,但卻缺乏流動性　(b)透支是活期放款的一種　(c)銀行偏好定期放款,係因其可降低信用風險　(d)透支與通知放款的期限相同,故其流動性係屬一樣

34.台中商銀安排資產組合時,將需掌握何種訊息?　(a)房地產放款最具連鎖效果　(b)超額準備與法定準備均缺乏利率彈性　(c)商業放款係採信用額度方式授信　(d)銀行放款必定要求補償餘額

35.安泰銀行安排銀行資產組合後,何種看法係屬正確?　(a)考慮財務風險後,銀行的價值將與銀行財務結構成反向關係　(b)投資與放款均屬於銀行信用,兩者屬於同質產品　(c)次級準備的利率彈性相對大於實際準備的利率彈性　(d)放款具有初級市場與次級市場

36.群益證券採取票券發行融資 (NIF) 策略募集資金,該項融資工具的性質,何者錯誤?　(a)屬於可發行商業本票的短期融資　(b)支付短期利率的長期負債　(c)票券發行融資通常由銀行團提供長期保證的聯合授信　(d)該項融資工具可改善長短期負債結構

37.土銀安排資產組合時,除持有初級準備外,並保有次級準備,該類資產具有何種特質?　(a)該類資產屬於實際準備的一環　(b)具有高流動性與安全性的特性　(c)超額準備即是次級準備　(d)該類準備係以債券或股票型式保有

38.在銀行的授信活動中,何種資產最符合實質票據學說要求的條件?　(a)商業放款　(b)證券抵押放款　(c)資本放款　(d)放款債權證券化

1.(a)	2.(b)	3.(b)	4.(b)	5.(b)	6.(d)	7.(d)	8.(d)	9.(c)	10.(b)
11.(d)	12.(d)	13.(b)	14.(c)	15.(b)	16.(c)	17.(a)	18.(d)	19.(c)	20.(d)
21.(c)	22.(b)	23.(a)	24.(c)	25.(d)	26.(b)	27.(a)	28.(c)	29.(a)	30.(d)
31.(b)	32.(a)	33.(b)	34.(a)	35.(c)	36.(a)	37.(c)	38.(a)		

二、問答題

1. 銀行承作授信業務必須考慮那些因素?試就信用評估基礎與信用工具的特性進行說明。

解析 銀行承作授信業務，必須評估廠商信用等級，評估借款者性質（包括財務與非財務）與預期倒帳機率間關係。一般而言，銀行採取的信用評估基礎係以 5F 或稱 5P 為標準，針對個人、目的、還款、保障與展望等因素為基礎進行評估。

此外，針對信用工具的特性，銀行更應該評估廠商財務預測及募集資金方式：(a)自償性放款之票據融資以應收客票為清償來源；(b)臨時性與季節性周轉資金放款以銷貨收入為清償來源；(c)經常性周轉資金放款以現金收支結餘為清償財源；(d)資本性放款以現金流量為清償來源。

2. 在過去數年間，臺灣銀行業的逾期放款比例迅速攀升，顯示銀行對信用風險控管不佳，試說明銀行如何進行信用風險管理?

解析 銀行進行信用風險管理的途徑包括：(a)客戶信用風險分析，即一般所謂的 5P 或 5C，同時善用外部信評資訊。(b)分散授信對象：分散授信客戶於不同產業或廠商。(c)要求抵押品或擔保，降低授信風險。(d)追蹤客戶財務狀況與明確指定資金用途。(e)維持長期客戶關係，降低資訊不對稱問題。

3. 試說明商業放款理論的意義，並討論其缺點。

解析 商業放款理論係指銀行營運必須維持資產與負債的期限結構類似，方能避免發生流動性匱乏問題，原因是：商業銀行的負債結構係以吸收活期及短期存款為核心，從事授信活動應以具有實質商業交易行為之短期自償性票券（包括交易性商業本票與銀行承兌匯票）作擔保之商業放款為主。商業放款理論的缺失：(1)若未安排適當到期日結構，銀行遭逢擠兌仍將陷入流動性匱乏的困擾。(2)實質票據自償性在

景氣繁榮期間方得落實，景氣反轉陷入蕭條，商業放款可能淪為無法履行自償性。⑶廠商與銀行雙方需建立良好關係，結果促使商業放款持續展期，無形中變成銀行資產中最缺乏流動性者。

4. 上市公司可在股票市場募集資金，亦可向銀行融資。若企業以其股票向銀行辦理股票質押借款，試分析股票市場不振時，企業與銀行面臨的財務風險為何？

解析 企業以其股票向銀行辦理股票質押借款，在股票市場不振造成股價持續下跌，企業將面臨補提擔保品或被斷頭的狀況，要不就是出面護盤維持股價，但是此舉又將造成企業面臨資金匱乏問題。至於銀行則將面臨股價下跌，擔保品價值滑落甚至面臨倒帳風險。

5. 在利率自由化後，銀行業的房地產放款逐漸改採浮動利率計價，試說明其原因與衍生的問題。

解析 浮動利率放款係指放款利率係採取釘住某一利率指標調整，產生的原因是：直接金融盛行，銀行為爭取業務提昇競爭力，遂依據金融市場的利率變動方式，來訂定中長期放款的價格。房地產貸款者將需承擔利率波動的風險。

6. 試說明銀行審核授信案件的 5P 原則內容。

解析 銀行審核授信案件的 5P 原則，係針對個人 (personal)、目的 (purpose)、還款 (payment)、保障 (protection) 與展望 (perspective) 等因素評估。

7. 銀行與借款人間的關係可由銀行如何處理信用風險與利率風險來分析，試說明銀行如何管理信用風險及利率風險。

解析 信用風險或稱倒帳風險，係指銀行從事授信或投資，將無法完全取回資金的風險；至於利率風險係指當市場利率上漲時，導致固定收益證券的價格下跌，從而釀成資本損失的風險。銀行管理信用風險方式包括採取 5P 原則對客戶進行信用評等、分散授信對象、要求抵押品或

擔保、維持長期客戶關係,降低資訊不對稱問題等,同時運用信用衍生性商品進行規避。至於銀行管理利率風險則可採取利率衍生性商品進行避險,或是採取浮動利率訂定放款價格。

8. 為維持足夠的流動性,銀行通常需持有何種資產? 試舉例說明。

解析 銀行除持有初級準備部位外,安排資產組合將持有貨幣市場工具,此係屬於保護性投資或次級準備。同時,央行要求銀行針對吸收的存款總額,依法定比例 7% 提存流動準備,銀行可用超額準備、國庫券、可轉讓定存單、銀行互拆借差、銀行承兌匯票、公債等經央行核定的證券或流動資產持有流動準備部位。

9. 銀行持有的流動性資產包括那些項目?試分析央行規定這些流動性資產占淨存款餘額的比例(流動性比率)的原因。

解析 銀行持有的流動性資產包括初級準備、次級準備以及流動準備,這些資產內容包括銀行超額準備、國庫券、可轉讓定存單、銀行互拆借差、銀行承兌匯票、公債等經央行核定的證券或流動資產持有流動準備部位。央行規定流動性比率的原因在於維持銀行資產負債表的流動性,避免發生金融危機時,促使銀行陷入擠兌而缺乏流動性的狀況。

10. 試說明商業銀行如何維持適當的流動性。

解析 銀行除持有初級準備部位外,安排資產組合將持有貨幣市場工具,此係屬於保護性投資或次級準備。此外,銀行採取兩種方式維持準備資產流動性:(1)資產流動性: 在金融環境穩定下,銀行預期存款出現變異性不大,吸收存款提存準備屬於可以掌控的流動性資產,此即非借入準備。(2)負債流動性: 銀行向央行或金融業拆款市場借入資金,透過舉債取得流動性資產,即是借入準備。

11. (1)在營運過程中,將面臨流動性風險與信用風險,試說明兩者的內涵。(2)銀行授信時,要求借款人開設支票存款帳戶,規定存款餘額不得低於放款金額某一比例,試說明其中的理由。

(1)流動性風險係指銀行面臨突發的大額資金需求（如：大額存款流失）時，一時之間無法將資產轉換成現金來支應此項需求，而陷入流動性匱乏的危機，此即稱為流動性風險。信用風險係指借款人發生違約，導致無法履行原先承諾清償債務的風險。

(2)此即補償性餘額，目的有二：(a)提高有效放款利率，擴大銀行獲利；(b)由借款人支票帳戶的資金進出，銀行可以取得有關借款人的訊息，有助於協助銀行監督借款人。

12.何謂逾期放款與催收款？金融機構可採取何種策略降低逾放比率，提昇放款品質？

解析　銀行放款本金超逾清償期限三個月以上而未辦理轉期或清償者，以及中長期放款逾六個月以上未按期攤還本息者，即屬於逾期放款。若再經六個月仍未清償即列為催收款。金融機構採取降低逾放比率策略，包括對新增放款之信用評等更加嚴格、出售不良放款債權給金融資產管理公司、提列呆帳準備與打消呆帳。

13.試說明銀行持有次級準備的內涵。央行規定銀行必須提存流動準備，兩者的差異性為何？

解析　銀行持有次級準備的內涵係以貨幣市場工具為主，包括國庫券、可轉讓定期存單、銀行承兌匯票、商業本票、附買回等資產。至於央行規定銀行必須提存流動準備的內容，除上述的次級準備內容外，還可包括超額準備、公債、公司債與金融債券等。

14.何謂非借入準備？何謂借入準備？央行採取公開市場操作與調整重貼現率，各自影響兩者中的那一種？其中，央行較能控制何種準備？

解析　(1)銀行針對吸收的存款而提存準備，稱為非借入準備。至於銀行在金融業拆款市場借入資金、向央行融通與發行可轉讓定存單取得流動性，由此取得的準備稱為借入準備。

(2)央行採取公開市場操作將影響非借入準備，而調整重貼現率則影

響借入準備。其中，央行可以透過公開市場操作與調整準備率直接影響非借入準備。

三、計算題

1. 假設臺東企銀的資產負債表如下：（單位：百萬元）

資產		負債	
準備金	90	存款	480
放款	470	資本	80
合計	560		560

假設臺東企銀遭到擠兌而流失存款 60 百萬元，而法定準備率為 10%，試問：(a)該銀行的資產負債表將如何變動？(b)銀行存款流失後，是否面臨準備不足的現象？(c)為解決準備不足問題，銀行可以採取何種策略？

解析 (a)存款與準備金同時減少 60 百萬元。

資產		負債	
準備金	30	存款	420
放款	470	資本	80

(b)銀行必須要提存的法定準備為：

$420 \times 10\% = 42$

$42 - 30 = -12$（準備不足）

(c)採取收回放款 12 百萬元，或在金融業拆款市場借入 12 百萬元充當準備，或向央行融通 12 百萬元。

2. 華信銀行的簡化資產負債表如下：

Asset		Balance Sheet	Liability
實際準備	R	負債	D
銀行信用	(5,000)	活期存款	DD
放款	4,000	儲蓄存款	4,000
投資	S	借入準備	760
		淨值	
			E
總資產		負債與股本	

華信銀行正好符合〈銀行法〉規定的 8% 資本適足性要求，其最適財務結構 (D/E) 比例為 2,000%。假設財政部規定放款的風險係數為 0.7，投資的風險係數為 0.8，央行規定的 DD 與 SD 法定準備比率分別為 10% 與 8%。(提示：風險性資產總額 $= \sum$ 風險係數 $\times$ 風險性資產的餘額)

試計算下列問題：(1)風險性資產總額。(2)銀行淨值。(3)銀行負債。(4)銀行自有資本比例。(5)實際準備。(6)必須提存的法定準備。(7)超額準備。(8)非借入準備。(9)自由準備。

解析 (1) $BK = L + S = 4,000 + S = 5,000, S = 1,000$

風險性資產總額 $= 4,000 \times 0.7 + 1,000 \times 0.8 = 3,600$

(2)淨值 $= E/$風險性資產 $= E/3,600 = 8\%, E = 288$

(3) $D/E = D/288 = 2,000\%$，銀行負債 $D = 5,760$

(4)自有資本比例 $(E/A) = E/(D + E) = 288/(5,760 + 288) = 4.162\%$

(5)實際準備 $R = A - BK = (5,760 + 288) - 5,000 = 1,048$

(6)法定準備 $RR = 10\% \times (5,760 - 4,000 - 760) + 8\% \times 4,000 = 420$

(7)超額準備 $ER = R - RR = 1,048 - 420 = 628$

(8) $R = RR + ER = BR + UR = 760 + UR$

非借入準備 $UR = 1,048 - 760 = 288$

(9)自由準備 $FR = ER - BR = 628 - 760 = -132$

3.(a)假設遠東銀行的淨存款淨額為 2,000 億元，〈銀行法〉規定流動比率為 7%，則應提流動準備為何？(b)假設遠東銀行持有資產包括存款準備不足 10 億元、銀行拆款借差 2 億元、國庫券 42 億元、商業本票 100 億元、公債 20 億元、央行儲蓄券 300 億元、央行可轉讓定存單 16 億元等項目，則已提存流動準備為何？ (c)遠東銀行超額提存的流動準備為何？

解析 (a) 2,000 億元 $\times 7\% = 140$ 億元

(b)流動準備內容包括銀行超額準備、國庫券、可轉讓定存單、銀行互拆借差、銀行承兌匯票、公債等經央行核定的證券或流動資產。

流動準備 $= (-10) + 2 + 42 + 100 + 20 + 300 + 16 = 470$ 億元

(c)超額提存的流動準備 = 470 − 140 = 330 億元

4. 假設台新銀行提存實際準備為 300 億元，而應該提存的法定準備為 230 億元，並向央行進行短期擔保融通 25 億元，該銀行持有之超額準備與自由準備為何？

解析　超額準備 = 實際準備 − 法定準備 = 300 − 230 = 70 億元

自由準備 = 超額準備 − 借入準備 = 70 − 25 = 45 億元

5. 台東企銀的股東權益為 185，同時提高存款利率至 3%，積極吸收存款資金高達 20,000。假設台東企銀預估當年度可賺取 180，評估發生破產機率為 5%，而發生破產進行清算時，每單位破產金額所需支付的單位成本為 2%。試回答下列問題：(a)台東企銀在期末將面臨何種狀況？(b)台東企銀採取發行股票募集資金，必須支付的股權資金成本為何？

解析　(a)台東企銀發生破產的條件如下：

$iD > E + Y$

$iD = 20,000 \times 3\% = 600$

$E + Y = 185 + 180 = 365 < 600$

該銀行將會破產。

(b)募集股權資金的成本：

$\rho = i - S_e$

$= i + a(1+i)\int_{-\infty}^{y} g(y)dy$

$= 3\% + (2\%)(1 + 3\%)(5\%)$

$= 3\% + 0.103\% = 3.103\%$

6. 假設某壟斷性銀行的資金來源全部是活期存款 (D)，其需求函數為：$D^d = 8 + 100r_d$；該銀行的資金用途為放款 (L) 與投資公債 (S)，面對的放款需求函數是：$L^s = 20 - 100r_l$。假設財政部將公債利率訂為 $r_s = 12\%$，央行規定活存利率為 $r_d = 1\%$。當銀行追求利潤最大時，試計算下列問題：(a)試計算 L, D, S, r_l 值。(b)試計算銀行的利潤或損失金額。(c)在利率自由化下，銀行如何訂

定活期存款利率? (d)在此例中，央行採取規定活存利率與銀行自行訂定活存利率，何者對銀行較有利? (e)假設央行促使銀行利潤為零，則應如何訂定活存利率?

解析 (a)將 $r_d = 1\%$ 代入 $D^d = 8 + 100r_d$，可得 $D = 9$。由於 $L + S = D$，是以 $S = 9 - L$。銀行利潤為：

$$\pi = r_l L + r_s S - r_d D$$
$$= L(\frac{20 - L}{100}) + (D - L) \times 12\% - D(\frac{D - 8}{100})$$
$$= L(\frac{20 - L}{100}) + (9 - L) \times 12 \times (-9) \times 1\%$$

銀行追求利潤最大：

$$\frac{\partial \pi}{\partial L} = 0.2 - 0.02L - 0.12 = 0$$
$$L^* = 4 \ (r_l = 16\%, S = 5)$$

(b)銀行利潤：

$$\pi = 4 \times 16\% + 5 \times 12\% - 9 \times 1\% = 1.15$$

(c) $\pi = L(\frac{20 - L}{100}) + (D - L) \times 12\% - D(\frac{D - 8}{100})$

銀行追求利潤最大：

$$\frac{\partial \pi}{\partial L} = 0.2 - 0.02L - 0.12 = 0, \quad L^* = 4$$
$$\frac{\partial \pi}{\partial D} = 0.12 - 0.02D + 0.08 = 0, \quad D^* = 10 \ (r_d = 2\%)$$

(d)在(c)題的狀況下，$L^* = 4$, $r_l = 16\%$, $D = 10$, $r_d = 2\%$, $S = 6$, $r_s = 12\%$，

銀行利潤較(b)題為大：

$$\pi = 4 \times 16\% + 6 \times 12\% - 10 \times 2\% = 1.16$$

(e)銀行利潤為零：

$$0 = 4 \times 16\% + (8 + 100r_d - 4) \times 12\% - (8 + 100r_d) \times r_d$$
$$100r_d^2 - 4r_d - 1.12 = 0$$
$$r_d \cong 12.77\%$$

7.假設高新銀行的資產負債表如下所示：（單位：億元）

資產		負債	
準備金	18.9	活期存款	150
放款	150	定期存款	30
證券	31.1	淨值	20

假設活期存款的法定準備率為12%，定期存款的法定準備率為3%。試計算下列問題：(a)高新銀行的超額準備。(b)高新銀行出售5億元證券，資產負債表將如何變化？超額準備又將如何變化？

解析 (a) $RR = 12\% \times 150 + 3\% \times 30 = 18.9$

$ER = 18.9 - 18.9 = 0$

(b)

資產		負債	
準備金	23.9	活期存款	150
放款	150	定期存款	30
證券	26.1	淨值	20

$ER = 23.9 - 18.9 = 5$ 億元

第15章　銀行資產管理與營運

習題解答

一、選擇題

1. 彰化銀行從事風險管理活動，何種看法係屬錯誤？　(a)銀行負債的存續期間愈大，銀行資產與負債的存續期間缺口愈小　(b)銀行資產與負債的存續期間缺口愈大，面臨的利率風險愈大　(c)存續期間缺口愈大，銀行將可採取延長放款期間因應　(d)銀行資產與負債的存續期間差距維持為零時，銀行淨值仍然會受利率變動影響

2. 富邦銀行從事銀行活動與非銀行活動兩種業務的差異性，何者正確？　(a)前者無需承擔風險，後者需承擔風險　(b)前者產生利息收入，後者帶來手續費收入　(c)前者與銀行資產負債表無關，後者將影響資產負債表變化　(d)前者不計入銀行加權風險資產總額，後者要計入銀行加權風險資產總額

1.(c)　2.(b)

二、問答題

1. 何謂資產分配理論？銀行採取該理論進行實際操作時，將會發生何種弊病？

 銀行執行風險管理活動，必須評估資金來源成本、流動性及周轉率等因素，各自訂定比例投入各種資金用途，此即資產分配理論。實務上，該理論存在下列缺陷：(1)銀行資產負債管理具有動態性質。(2)銀行資金來源與用途實際上存在互動關係。(3)資金運用無法精確依周轉率或變異性來執行。

2. 中國商銀為降低利率變動對銀行淨值的影響，將可採取何種策略因應？

 銀行面對利率變動可採取兩種風險管理策略：(1)消極策略：銀行採取縮小資產存續期間或延長負債存續期間，調整財務槓桿與重新架構資產負債表內容，促使資產與負債持續期間差為零，銀行淨值對利率變動具有免疫性。(2)主動策略：銀行精確預測利率走勢，掌握相關的資產負債資料，維持資產與負債存續期間的固定差距，將有助於在利率變動過程中獲利。

3. 試說明銀行擴張非銀行業務活動的影響。

 銀行積極擴張非銀行業務活動造成的影響：(1)破產風險上昇、(2)金融當局必須擴大對非銀行業務的保障範圍、(3)利益衝突問題、(4)經濟資源遭致壟斷。

4. 試分析金融控股公司採取購併活動的動機為何？

 金融控股公司採取購併活動的動機包括：(1)提昇資金運用效率、(2)追求綜效、(3)租稅考量、(4)具備完整的金融產品線、進入新市場與新地區或從事跨業經營。

題　庫

一、選擇題

1. 中信銀行從事利率敏感性缺口管理，主要管理何種風險？　(a)信用風險　(b)利率風險　(c)流動性風險　(d)匯率風險

2. 何者不屬於銀行的表外交易活動？　(a)保證業務　(b)遠期外匯　(c)買賣期貨交易　(d)附買回交易

3. 安泰銀行董事會執行風險管理活動，必須掌握何種特質？　(a)短期決策焦點在於關心銀行股票價值　(b)長期目標在於追求穩定的資本報酬率　(c)長期應該強調如何評估營運績效　(d)營運期間長短與關心的變數無關

4. 華僑銀行運用資產分配理論，從事安排資產組合，何種策略係屬正確？　(a)
銀行依據生息資產流動性，將所有資金進行配置　(b)強調生息資產收益率與
流動性，再決定投入資金的比例　(c)部門利潤中心評估資金來源性質的差異
性，透過區別資金成本與收益而提昇資金運用效率　(d)強調銀行資產組合流
動性

5. 陽信銀行從事控制缺口部位活動，何者正確？　(a)追求避險目標，則應採取
縮小缺口部位　(b)銀行預期利率上漲時，應維持負缺口部位　(c)預期淨利息
所得變動值將是預期利率變動值與缺口部位的乘積　(d)當敏感性比率大於
1 時，銀行將持有負缺口部位

6. 花旗銀行運用存續期間管理利率風險，何種概念係屬正確？　(a)募集負債資
金營運，可以產生收益的期間　(b)運用存續期間除考慮資產或負債到期日
外，同時考慮現金流量到達期間　(c)採取免疫策略僅需尋求資產與負債的期
限配合　(d)銀行淨值變動取決於銀行資產規模而定

7. 彰化銀行從事避險活動，何種策略係屬正確？　(a)利用期貨規避特定資產風
險，即是單一避險　(b)利用衍生性商品，消除個別利率敏感性資產風險，此
即整合避險　(c)評估利率波動狀況，隨時出售期貨抵銷表內利率風險暴露部
位，即屬於連續性避險　(d)針對表內暴露於利率風險部位的某一比例，利用
期貨進行套利活動，即是動態性避險

8. 第一勸業銀行運用利率選擇權規避利率風險，何種操作係屬正確？　(a)發行
利率上限，將可規避利率上漲的損失　(b)買進利率下限，將可維持生息資產
部位的最低報酬率　(c)買進利率區間選擇權仍須支付權利金　(d)發行利率
上限獲取權利金，卻無須承擔風險

9. 法國巴黎銀行運用金融交換從事風險管理活動，何種操作策略係屬錯誤？
(a)當銀行資產存續期間較負債短時，可將固定利率負債轉換為浮動利率　(b)
假設銀行資產負債結構出現正存續期間缺口時，可將浮動利率負債轉換成固
定利率　(c)銀行與投資人從事股價交換，必須買進股票避險　(d)銀行針對廠
商量身設計商品交換，將可在金融交換市場流通交易

10. 台灣工銀營運重心轉向採取非銀行業務，能否發揮效果將與何種因素無關？

(a)範圍經濟發揮作用 (b)產品多元化及營運區域分散 (c)存款保險制度是否涵蓋非銀行業務 (d)資訊不對稱問題的紓解

11. 寶華銀行從事非銀行活動,何種操作係屬錯誤? (a)從事經紀業務無須承擔表內風險 (b)提供房屋履約保證將須承擔消費者的購屋風險 (c)代銷基金將可收取固定比例的手續費收入,而且無須承擔風險 (d)銀行提供財務顧問服務係以資產管理、證券承銷、理財和融資、廠商購併等為主

12. 中信銀行積極採取成長擴張策略,何者正確? (a)採取綜合銀行營運模式,將是增設分行、設立新部門、推動業務多元化與轉投資設立子公司等 (b)追求規模經濟,將可採取成立分行降低經營成本 (c)轉型為金融控股公司,將可達到追求收益多元化、風險互抵與跨業經營目標 (d)與不同產業策略結盟,將是屬於採取金融控股公司營運模式

13. 中信金控公司採取吸收合併金融廠商,必須計算合理換股比例,何者錯誤? (a)必須評估授信資產品質與應提列的備抵呆帳,才能評估金融廠商的合理價格 (b)採取銀行帳面價值方法估算購併銀行價值,將會發生低估現象 (c)銀行帳面價值屬於銀行清算的概念,而銀行市場價值係反映銀行永續經營的價值 (d)以價格收益比例用於估算銀行價值,將具有精確性

14. 彰化銀行執行債券之免疫策略,何者正確? (a)盡量購買票面利率高的債券 (b)設法使債券投資組合之存續期間愈短 (c)盡量在資產組合中加入股票 (d)設法讓債券投資組合之存續期間能與投資期限相等

15. 華南銀行針對資產負債表採取免疫策略操作,主要是應用何種概念? (a)存續期間 (b)利率期限結構 (c)流動性偏好 (d)套利

16. 中國商銀擔任統一黑馬基金之保管銀行,所提供之服務將不包括下列何者? (a)帳務處理 (b)年度財務報表之簽署 (c)基金買回價款與費用之支付 (d)向證期局申請募集許可

17. 富邦銀行進行何種交易活動,將不會擴大風險? (a)降低資產組合之分散程度 (b)擴大放款以取代投資公債 (c)提高資本對資產的比率 (d)提高固定利率負債與固定利率資產之差距

18. 中華開發工業銀行從事何種業務,對資產負債表將不發生影響? (a)投資未

上市公司股票　(b)購買公債　(c)為客戶進行大額外匯交易收取服務費　(d)放款給友達電子從事廠房擴建

19. 為因應利率變動對盈餘造成的衝擊，台新銀行採取風險管理活動，係屬於何種類型？　(a)流動性管理　(b)利率風險管理　(c)信用風險管理　(d)負債管理

20. 土銀正式成立風險管理部門，該部門的營運特質，何者正確？　(a)流動性管理的目的在於創造銀行最大盈餘　(b)存款保險制度將可降低流動性管理的重要性　(c)資產管理強調在風險分散的前提下，尋求高投資報酬率　(d)資產管理目的在開發存款戶之客源

21. 中國商銀擁有的利率敏感性資產為 2 億美元，而持有利率敏感性負債為 5 億美元，依據缺口管理模型內容，何者正確？　(a)該銀行擁有 3 億美元的正缺口　(b)該銀行擁有 7 億美元的負缺口　(c)利率上升將促使缺口縮小　(d)利率上升將促使該銀行利潤下跌

22. 假設台北銀行的固定利率資產超過固定利率負債稱為資產缺口，當利率逐漸攀升時，將發生何種結果？　(a)逐次擴大資產缺口　(b)逐次收縮資產缺口　(c)使資產缺口縮至最小　(d)使資產缺口放寬至最大

23. 交通銀行從事風險管理活動，何種操作策略係屬錯誤？　(a)其他條件不變下，銀行負債存續期間愈大，銀行資產與負債的存續期間缺口愈小　(b)銀行資產與負債的存續期間愈大，面臨的利率風險愈大　(c)央行要求交通銀行保有的流動準備率需大於7%　(d)當存續期間缺口愈大，銀行可以延長放款期間，降低長期存款占存款總額的比重

24. 日盛銀行營運收入的主要來源包括利息收入與手續費收入，何種業務將可產生手續費收入？　(a)投資公債　(b)操作外匯　(c)保管銀行業務　(d)長期授信

25. 建華銀行依據資金混合使用理論，基於安全性與流動性原則，安排資金用途的優先次序為：　(a)持有流動準備、提存實際準備、進行放款、投資證券　(b)提存實際準備、持有流動準備、進行放款、投資證券　(c)持有流動準備、提存實際準備、投資證券、進行放款　(d)提存實際準備、持有流動準備、投資證券、進行放款

1.(b)	2.(d)	3.(b)	4.(c)	5.(c)	6.(b)	7.(a)	8.(b)	9.(c)	10.(c)
11.(b)	12.(d)	13.(d)	14.(d)	15.(a)	16.(d)	17.(c)	18.(c)	19.(b)	20.(c)
21.(d)	22.(b)	23.(d)	24.(c)	25.(b)					

二、問答題

1. 何謂 Tobin 的 q 比例？銀行的 Tobin q 比例高低與成為購併標的是否有關？理由為何？

 q 比例理論係指：「證券市場將對廠商投資活動進行評估，如果新投資計畫造成預期廠商市場價值增加超越投資成本，股價將存在上升的動力而應予執行。反之，一旦投資計畫促使預期廠商市場價值上升幅度小於投資成本，股價滑落將在預料之中而應予以放棄」。換言之，股價 (P_e) 與廠商重置成本 (P_K) 的比例即稱為 q 比例。當銀行的 $q = \dfrac{P_e}{P_K} > 1$ 時，將不易成為被購併的標的，理由是：從事購併活動的銀行進行內部擴張的成本將低於向外購併的成本。

2. 試說明銀行採取流動性管理政策的意義，並說明各種理論下的管理原則。

　　銀行採取流動性管理政策在於維持資產負債表的流動性，避免因金融危機發生造成擠兌，造成銀行陷入流動性匱乏的困境。資產分配理論認為銀行執行流動性管理政策，首先評估資金來源性質的差異性，包括資金來源成本、流動性及周轉率等因素，各自訂定比例投入各種資金用途，協助銀行降低持有流動資產準備部位，透過區別資金成本與收益而提昇資金運用效率。資金混合使用理論主張銀行基於安全性與流動性原則，依初級準備、次級準備、放款及證券投資等順序統籌運用資金與相互支援。實務上，該理論雖然較適於執行，不過銀行無法精確掌握個別資金來源的成本效益，同時突出流動性原則將肇致盈餘無法臻於極大。

3. 試說明銀行從事授信活動，必須評估資金運用的優先次序。

解析 銀行從事授信活動，應該基於安全性與流動性原則，依初級準備、次級準備、放款及證券投資等順序，統籌運用資金與相互支援，從而達成降低信用風險與維持資產組合流動性的目的。實務上，銀行無法精確掌握個別資金來源的成本效益，而且突出流動性原則將肇致盈餘無法臻於極大。

4. 試解釋債券的存續期間，說明存續期間概念在利率風險管理上的重要性。

解析 債券存續期間的公式為：

$$D = \frac{\sum\limits_{t=1}^{N} CF_t \cdot DF_t \cdot t}{\sum\limits_{t=1}^{N} CF_t \cdot DF_t} = \frac{\sum\limits_{t=1}^{N} PV_t \cdot t}{\sum\limits_{t=1}^{N} PV_t}$$

CF_t 是債券在 t 期末收到的現金流量（包括利息與本金），N 是最後一期，$DF_t = \dfrac{1}{(1+r)^t}$，$r$ 是市場利率，$\sum\limits_{t=1}^{N} PV_t$ 是債券所有現金流量的現值。

存續期間涵義包括兩方面：(1)債券未來收益（付息與償還本金）的平均到期日，或債券以現值方式收回價值的時間。(2)債券價值對利率變化的敏感度。從第二種涵義來看，銀行運用存續期間將能充分衡量資產或負債的利率敏感性，掌握利率波動對銀行淨值造成的衝擊，採取適當調整活動以降低利率風險。

當銀行資產存續期間大於負債存續期間，利率上升造成資產價值減少幅度超過負債價值減少幅度，將造成銀行淨值下跌。銀行採取出售公債期貨將可獲得利潤，用以抵銷銀行淨值的價值下跌。相對的，當利率下降時，出售公債期貨造成的損失將與銀行淨值的價值上升相互抵銷。

5. 假設華南銀行信託部預期明年將募集 100 億元信託基金，為求維持 3% 的報酬率，規劃將此基金投入長期公債，試說明如何運用金融期貨來達成目的？假設華銀信託部考慮改採選擇權，如何操作才能達成目的？利用選擇權或期

貨的優缺點為何?

 (a)可在期貨市場購買利率 3%、明年到期之長期債券期貨;或在選擇權市場買進明年到期、執行利率 3% 之利率買權。

(b)利用選擇權或期貨均可用於規避利率波動風險,而購買期貨並需承擔保證金波動的風險,購買選擇權承擔的最大損失將是損失權利金而已。

6.在過去 10 年中,國際間的銀行合併活動蔚為風潮,而國內金融當局也積極鼓吹銀行合併。假設臺灣的銀行間發生合併風潮,將對臺灣銀行業產生何種長期衝擊效果?

解析 銀行合併風潮將對臺灣銀行業產生的長期衝擊效果包括:(1)銀行進行上中下游合併,享受技術經濟與減少交易成本。(2)創造起動綜效、營運綜效與規模經濟。(3)利用目標公司為使用之負債潛能以享受節稅效果。(4)具備完整的金融產品線、進入新市場與新地區或從事跨業經營,進而朝綜合銀行或金融控股公司的方向發展。

7.花旗銀行可以發行或購買利率上限、利率下限與利率區間選擇權,三者的內涵為何?

解析 利率上限相當於對債務的賣權,銀行收取權利金,買方有權取得參考利率(如:LIBOR)超過執行利率的超額部分,在每一清算日,該項支付等於利率差額(以滿期日調整)與名目本金的乘積。利率下限相當於對資產的買權,保護持有生息資產部位免於利率下跌損失。銀行關心利率變異性擴大,導致資產組合暴露於風險之下,將評估同時買進利率上限與發行利率下限兩種選擇權,形成利率區間選擇權。

三、計算題

1.假設誠泰銀行的資產負債表如下:

資產		負債	
準備金	10	浮動利率CD	30
短期票券	10	貨幣市場基金	15
浮動利率放款	20	金融業拆款	5
長期放款	40	支票存款與儲蓄存款	30
長期債券	10	金融債券	20
固定資產	5	銀行淨值	5

試計算下列問題：(a)利率敏感性缺口？(b)假設利率上升 2%，誠泰銀行的盈餘將如何變化？(c)假設利率下跌 3%，誠泰銀行的盈餘又如何變化？(d)誠泰銀行可採取何種策略來降低利率風險？

 (a)利率敏感性缺口 = 利率敏感性資產 − 利率敏感性負債

$$= (50 + 10) - (30 + 15 + 5 + 30) = -20 \text{ 億元}$$

(b)盈餘變動 $= -20 \times 2\% = -0.4$ 億元

(c)盈餘變動 $= -20 \times (-3\%) = 0.6$ 億元

(d)由於利率敏感性缺口為負值，當利率上升時，銀行盈餘將會下降，若預期未來利率上漲，須將該缺口改為正值，可採取利率交換、利率期貨或利率選擇權等工具來避險。

2. 在利率 10% 時，台北銀行按市價計算出的資產總額為 1,000 億元，負債總額為 900 億元，資產面及負債面的存續期間分別是 $D_A = 5$ 年、$D_L = 3$ 年。假設央行採取緊縮貨幣政策，促使市場利率上升 1%，試回答下列問題：(a)對台北銀行淨值造成的損失為何？(b)台北銀行若欲規避利率風險暴露，可採取何種策略因應？

解析 (a)台北銀行淨值將會出現潛在損失 20.9 億元：

$$dE = -(D_A - kD_L)A(\frac{dr}{1 + r})$$
$$= -(5 - 0.9 \times 3) \times 1,000 \times (\frac{0.01}{1.1}) = -20.9$$

(b)為降低該項衝擊效果，台北銀行可評估採取降低 D_A、降低 D_A 與擴大 D_L 或改變 k 與 D_L。

5

第五篇

總體經濟活動

第16章　貨幣供需與銀行信用

 習題解答

一、選擇題

1. 何種決策不會影響強力貨幣變動？　(a)銀行將公債轉換為央行存款　(b)銀行將庫存現金轉為在央行的存款　(c)央行向銀行買入公債　(d)央行向銀行以外的成員買入公債

2. 在影響貨幣乘數的因素中，何者正確？　(a)央行提高法定準備率，貨幣乘數上昇　(b)銀行持有超額準備比例愈大，貨幣乘數愈大　(c)存款準備率愈高，貨幣乘數愈大　(d)民眾持有通貨愈多，貨幣乘數將會下降

3. 有關道德危險的敘述，何者錯誤？　(a)道德危險是資訊不對稱下的問題　(b)主理人與代理人關係是典型道德危險的例子　(c)在道德危險發生時,人們將無法購得充足的保險　(d)檸檬市場容易發生道德危險

4. 有關趙敏持有交易性貨幣的行為,何者錯誤？　(a)實質交易性貨幣需求愈大，則貨幣流通速度愈小　(b)趙敏持有名目交易性貨幣餘額,將與物價水準等比例上漲　(c)高通貨膨脹率將導致實質交易性貨幣需求增加　(d)趙敏繳納通貨膨脹稅，將與持有實質交易性貨幣餘額呈正比

5. 〈金融統計月報〉發布 2003 年 12 月底的通貨淨額 $C^P = 6,000$，活期存款淨額 $DD = 10,000$，活期儲蓄存款餘額 $SD = 20,000$，銀行持有的超額準備 $ER = 100$。假設央行規定的活期存款準備率 $\rho_D = 0.15$，活期儲蓄存款準備率 $\rho_S = 0.1$，下列何者錯誤？　(a) $M_{1B} = 36,000$　(b) $H = 9,500$　(c) M_{1A} 乘數 = 1.67　(d) M_{1B} 乘數 = 3.75

6. 有關國內存款貨幣機構的資料如下：銀行持有庫存現金 = 60，央行的庫存現

金＝40，銀行在央行的存款總額＝250，央行發行的通貨發行毛額＝1,200，支票與活期存款淨額＝2,000，活期儲蓄存款＝4,000。何者錯誤？ (a) M_{1B} ＝7,200 (b) M_{1B} 乘數＝5.035 (c) H＝1,410 (d) M_{1A} 乘數＝2.199

1.(b)	2.(d)	3.(d)	4.(c)	5.(b)	6.(a)

二、問答題

1. 張無忌的每月薪水是趙敏的兩倍，並且直接撥入兩人的銀行帳戶。假設兩人係分次提款消費，每次提款的成本均為固定值。當兩人結婚後的總和交易性貨幣需求，相較婚前個別持有的交易性貨幣需求的總和，將呈現何種變化？

解析 依據 Baumol 模型：

$$M_B^d = \frac{M^*}{2} = \sqrt{\frac{HY}{2iT}}$$

婚前的交易性貨幣需求為：

$$M_T^d = \sqrt{\frac{HY}{2iT}} + \sqrt{\frac{2HY}{2iT}} = (1 + \sqrt{2})\sqrt{\frac{HY}{2iT}} = 2.414\sqrt{\frac{HY}{2iT}}$$

婚後的交易性貨幣需求為：

$$M_T^d = \sqrt{\frac{HY}{2iT} + \frac{2HY}{2iT}} = \sqrt{1 + 2}\sqrt{\frac{HY}{2iT}} = 1.732\sqrt{\frac{HY}{2iT}}$$

2. 試評論下列問題：(a)塑膠貨幣（如：信用卡、金融卡等）盛行將會降低貨幣需求。(b)當銀行調降存款利率時，人們將降低貨幣持有量。(c)央行提高重貼現率將促使貨幣供給增加，此係屬於寬鬆貨幣政策。(d)銀行持有超額準備，當人們未將借款全部存回銀行時，勢必造成貨幣乘數下降。

解析 (a)使用塑膠貨幣交易將可節省提款成本，交易成本下降，將降低貨幣需求。

(b)當銀行調降存款利率時，人們將增加貨幣持有量。

(c)央行提高重貼現率，推動利率上漲，將促使通貨活存比率下跌，貨幣乘數擴大，貨幣供給增加，此係屬於寬鬆貨幣政策。

(d)銀行持有超額準備，促使實際存款準備率提高；當人們未將借款全部存回銀行，顯示通貨活存比率上升；兩種比率上升將同時造成貨幣乘數下降。

3. 貨幣供給模型可表示如下：

$$M_{1B} = m \times H$$

假設 C^P 是流通在外通貨，DD 是支票存款，SD 是活期儲蓄存款，ER 是超額準備。$\rho_d = 0.1$ 是活存的法定準備率，$\rho_s = 0.02$ 是活儲的法定準備率。假設 $d = (C^P/DD) = 0.45$、$s = (SD/DD) = 2$、$e = (ER/DD) = 0.01$、$H = 250$ 億元，試計算下列問題：(a)試推演 M_{1B} 貨幣乘數 m 的內容，並計算 M_{1B} 的貨幣乘數值。(b)貨幣乘數固定不變，央行希望下個月的貨幣供給額 M_{1B} 增加 1%，則強力貨幣 H 應該增加多少？(c)承(a)題，假設 d 值在月初下跌為 0.40，其他條件不變（M_{1B} 仍為 250 億元），則該月貨幣供給額 M_{1B} 變動率為何？

解析 (a)實際準備為：

$$R = \rho_d DD + \rho_s SD + ER$$

M_{1B} 貨幣定義：

$$M_{1B} = C^P + DD + SD$$

M_{1B} 貨幣供給方程式：

$$M_{1B}^S = (\frac{C^P + DD + SD}{C^P + \rho_d DD + \rho_s SD + ER}) \times H$$

$$= (\frac{1 + d + s}{d + \rho_d + \rho_s s + e}) \times H$$

貨幣乘數：

$$m_{1B} = \frac{1 + d + s}{d + \rho_d + \rho_s s + e} = \frac{1 + 0.45 + 2}{0.45 + 0.1 + 0.02 \times 2 + 0.01} = 5.75$$

(b) $M_{1B} = m \times H$

就上式取成長率：

$$\dot{M}_{1B} = \dot{m} + \dot{H}$$

M_{1B} 成長 1%，而貨幣乘數維持不變，強力貨幣 H 應該成長 1%，

亦即增加 $250 \times 1\% = 2.5$ 億元。

(c) d 值在月初下跌為 0.40：

$$m_{1B} = \frac{1+d+s}{d+\rho_d+\rho_s s+e} = \frac{1+0.40+2}{0.40+0.1+0.02\times2+0.01} = 6.182$$

$$M_{1B} = m \times H = 6.182 \times 250$$

$$\dot{M}_{1B} = \frac{(6.182-5.75)\times250}{5.75\times250} = 7.51\%$$

4. 張無忌的月薪 20,000 元由武當山直接撥入銀行帳戶。假設儲蓄存款月利率 $i = 2\%$，而前往銀行提款成本為 $H = 14$ 元。假設張無忌預擬每月想要儲蓄 5,000 元。請依 Baumol 模型計算下列問題：(a)每月持有的交易性現金數量？必須提款的最適次數？(b)考慮整數限制後，提款次數為何？每次提款數量？每次提款後的使用天數（$T = 30$ 天）？

解析 (a) $M^* = \sqrt{\dfrac{2HY}{iT}} = \sqrt{\dfrac{14\times(20,000-5,000)\times2}{2\%\div12}} = 15,874$

該最適提款數量 15,874 超過預擬支出的 15,000，是以張無忌將提領 1 次，將整個月支出金額全部提出，持有交易性貨幣數量為 $15,000 \div 2 = 7,500$。

(b)結果與(a)相同，提領 1 次，每次提款 15,000，每次提款後使用 30 天。

5. 某國在 2004 年流通的商品包括甲商品 200 單位、價格為 5 元，乙商品 300 單位、價格 15 元。假設該國央行預測 2004 年的貨幣流通速度為 5 次，目前流通的貨幣數量為 1,000，則央行必須增加貨幣發行數量為何？

解析 $MV = Py = GDP$

$5M = \sum PQ = (200\times5 + 300\times15) = 1,000 + 4,500 = 5,500$

$M = 1,100$

$1,100 - 1,000 = 100$

央行必須增加貨幣發行數量 100。

6.央行發布 2004 年 4 月底的相關金融交易資料，單位是億元：

　(a)央行在外匯市場賣出美元（以臺幣計價）1,000

　(b)財政部國庫署降低在央行的存款 1,500

　(c)央行透過土地銀行對建築業增加紓困融資 800

　(d)央行操作外匯存底所獲的美元投資收益（以臺幣計價）300

　(e)央行發行的可轉換定期存單到期 130

　針對上述交易資料，請以央行資產負債表的型態表示，並計算 4 月底的強力
　貨幣變動量。

解析　央行資產負債表內容的變動：

資產		負債	
賣出美元　　　　　　　−1,000		大眾持有的通貨淨額	C^P
（操作外匯存底的投資收益）300			
透過土銀增加紓困融資　　800		銀行存款準備	R
		財政部國庫署存款減少	−1,500
		央行發行的可轉換定期存單到期	130
		（操作外匯存底的投資收益）	300

　　強力貨幣變動

$$\Delta H = \Delta(C^P + R) = (-1,000) + 300 + 800 - (-1,500) - 130 - 300$$
$$= 1,170$$

 # 題　庫

一、選擇題

1.在過去數年間，臺灣的銀行信用成長出現遞減現象，可能原因為何？　(a)央
　行降低法定準備率　(b)自動提款機處處可見,成為銀行擴張策略之一　(c)銀
　行積極推動現金卡業務　(d)銀行存款出現流失，競相轉向債券基金

2.央行在公開市場買進國庫券，並宣佈提高法定準備率，將會造成何種影響？
　(a)貨幣乘數擴大　(b)強力貨幣下降　(c)貨幣供給不變　(d)貨幣供給變化不

確定

3. 臺灣的貨幣供給方程式可表為 $M_{1A} = m \times H$, $m = f(d, r)$, $d = \dfrac{C^P}{D}$, $r = \dfrac{R}{D}$, 何者正確?　(a)央行與花旗銀行進行臺幣與美元的通貨交換, 將造成 d 與 H 值上升　(b)銀行業面臨金融危機, r 與 m 值將會擴大　(c)央行將郵政儲金轉存款提供中小企銀進行紓困放款, 將造成 r 與 H 值增加　(d)央行發行大鈔廣受民眾歡迎, 將造成 d 值上升與 m 值下降

4. 有關體系內貨幣供給的敘述, 何者正確?　(a)貨幣供給將由央行單獨決定　(b)貨幣供給係由央行與銀行共同決定　(c)貨幣供給將等於銀行創造的銀行信用數量　(d)貨幣供給係由央行、銀行及大眾共同決定

5. 何種現象變動將對基礎貨幣不會發生衝擊?　(a)商業銀行賣出公債, 轉而買進央行發行的國庫券　(b)銀行將持有的商業本票轉換為央行發行的儲蓄券　(c)央行在外匯市場買入美元　(d)央行將外匯存底融通給華航, 直接在國外向法國購買空中巴士

6. 代理理論運用於銀行理論時, 何種結果係屬正確?　(a)銀行經營階層與股東對銀行營運若有共識, 則逆選擇效果將不會出現　(b)〈銀行法〉規定每人持股比例不得高於5%, 銀行股東負擔的代理成本將大幅躍升　(c)顧客關係說係反映銀行授信過程中的誘因效果　(d)金融當局若與銀行彼此間存在資訊不對稱, 動態信用分配將會出現

7. 假設臺灣貨幣需求的所得彈性小於1, 將會造成何種影響?　(a)所得水準增加時, 貨幣流通速度將上升　(b)所得水準增加時, 貨幣流通速度將降低　(c)所得增加小於其所導致的貨幣需求增加　(d)貨幣需求增加將導致貨幣流通速度上升

8. 何種現象對貨幣乘數擴大毫無幫助?　(a)銀行降低存放款比例　(b)大眾降低定期存款比例且提昇活期存款比例　(c)縮小法定存款準備率的上下限區間　(d)存款風險下降

9. 央行在外匯市場拋售美元, 將會造成何種影響?　(a)新臺幣兌美元貶值　(b)貨幣需求增加　(c)強力貨幣供給減少　(d)造成套利資金外流

10. 有關貨幣乘數變化, 何者正確?　(a)強力貨幣增加, 乘數變大　(b)GNP 愈

大，乘數愈大　(c)存款愈多，乘數愈大　(d)法定準備率愈高，乘數愈小

11. 在影響貨幣乘數的因素中，何者正確？　(a)央行提高法定準備率，貨幣乘數上升　(b)銀行持有超額準備比例愈大，貨幣乘數愈大　(c)強力貨幣成長率愈高，貨幣乘數愈大　(d)民眾持有通貨愈多，貨幣乘數將會減少

12. 央行在 2002 年 11 月 14 日發布 10 月準備貨幣日平均數為 13,848 億元，較 9 月減少 62 億元。針對準備貨幣減少的來源分析，可能原因為何？　(a)央行調整外匯存底的資產組合內容，將美元轉換為歐元　(b)財政部將重建基金 900 億元用於解決基層金融的高逾放比例　(c)營利事業所得稅款繳交國庫　(d)財政部發行公債賣給央行

13. 依據貨幣數量學說，央行採取緊縮貨幣供給為原先的 1/2，將造成何種衝擊？　(a)短期產出驟減 1/2，長期物價水準則減少 1/2　(b)產出降低 1/2　(c)短期產出驟減 1/2，長期物價水準將增加 1/2　(d)物價水準下降 1/2

14. 假設貨幣在經濟活動具有中立性，其涵義為何？　(a)貨幣供給增加不會發揮效果　(b)實質貨幣需求不因貨幣供給增加而改變　(c)貨幣供給改變只會影響名目變數　(d)貨幣供給改變將降低流通速度，對物價水準與實質產出並無影響

15. 銀行業創造信用的最大可能數量為：　(a)貨幣供給量　(b)活期存款總額　(c)銀行吸收資金的總額　(d)存款準備率的倒數乘以原始存款

16. 何種現象將可用於說明利率與貨幣供給呈現正相關？　(a)利率上升誘使銀行增加持有超額準備　(b)利率上升誘使銀行降低持有超額準備　(c)利率上升促使銀行減少向央行融資　(d)利率上升使利差減小，銀行將減少向央行申請重貼現

17. 假設活期存款法定準備率 $=0.10$，通貨淨額 $=6,000$，活期存款淨額 $=10,000$，超額準備 $=100$，何者錯誤？　(a) $M_{1A}=16,000$　(b) $H=7,100$　(c) M_{1A} 乘數 $=2.285$　(d) $R=1,100$

18. 假設銀行庫存現金 $=60$，央行庫存現金 $=40$，銀行在央行的存款總額 $=250$，通貨發行毛額 $=1,200$，活期存款淨額 $=2,000$，何者正確？　(a) $M_{1A}=3,000$　(b) $R=300$　(c) $H=1,410$　(d) M_{1A} 乘數為 2.5

19. 根據下列金融交易事項：央行國外資產增加 1,000，政府存放央行存款減少 500，央行對銀行融資增加 800，央行發行國庫券 200，郵政儲金轉存央行增加 300，則準備貨幣變動量為：　(a)減少 300　(b)增加 200　(c)減少 200　(d)增加 300

20. Whalen 模型指出預防性貨幣需求與何種因素無關？　(a)持有貨幣的機會成本　(b)轉換現金的手續費　(c)轉換現金的次數　(d)收入和支出的狀況

21. 下列敘述，何者錯誤？　(a)貨幣數量學說認為貨幣供給增加時，總產出會增加　(b)古典學派認為貨幣僅扮演交易媒介功能，而無價值儲藏功能　(c)準貨幣係指容易兌換為通貨的高流動性資產　(d)本位貨幣屬於無限法償貨幣

22. 資訊不對稱理論運用於解釋金融保險市場活動時，何種結果係屬錯誤？　(a)保險公司避免調升保險費，主要在於降低逆選擇效果　(b)銀行逾期放款比例偏高，主要源自於銀行股東與授信人員間存在代理問題　(c)銀行授信特別強調顧客關係，主要係在追求降低道德危險　(d)銀行信用市場存在資訊不對稱，促使金融當局採取政策金融進行矯正

23. 在資訊不對稱狀況下，如何促使銀行信用市場達成均衡？　(a)利率調整和信用分配　(b)利率管制　(c)利率調整和金融當局干預　(d)金融當局干預

24. 聯合信用卡中心在 2002 年 9 月發布資料，顯示臺灣發行信用卡數量為 52,351,628 張，累計流通使用的卡數則超過 29,275,730 張，單月簽帳金額 686.14 億元。針對該項資料，試判斷將會發生何種現象？　(a)通貨活存比率將呈上升趨勢　(b) M_{1A} 貨幣乘數呈現長期遞減現象　(c) Baumol 貨幣需求將呈遞減現象　(d)人們利用簽帳卡消費，將具高度擴張信用效果

25. 針對貨幣數量學說的交易方程式，就交易量而言，何者錯誤？　(a)金融交易不計入　(b)商品可重覆計入　(c)採取貨幣交易才可計入　(d)非當期生產的商品交易亦可計入

26. 有關 Friedman 的貨幣數量學說的內涵，何者錯誤？　(a)本質上屬於資產替代理論　(b)實質財富增加，貨幣需求增加　(c)債券的名目預期報酬率增加，貨幣需求增加　(d)預期通貨膨脹率上漲，貨幣需求減少

27. 假設人們的邊際稅率上升，促使採取現金交易的報酬率增加，則當邊際稅率

下降,可能造成何種效果? (a)通貨活存比率上升 (b)貨幣乘數擴大 (c)強
力貨幣下降 (d)貨幣供給增加

28.下列金融事件發生將對貨幣供給造成何種影響? (a)中央票券出事被銀行團
接管並給予融通,對貨幣供給並無影響 (b)國產汽車營運艱困,銀行對其貸
款給予展期繼續融通,貨幣供給將會增加 (c)銀行收回對新巨群集團的放
款,貨幣供給將會減少 (d)國家安定基金向銀行貸款,然後進場護盤,將促
使貨幣供給增加

29.下列敘述,何者正確? (a)貨幣數量學說認為,體系內貨幣供給增加一倍時,
名目產出將維持不變 (b)貨幣數量學說強調貨幣的價值儲藏功能 (c)央行
降低重貼現率,將發揮擴大貨幣供給的效果 (d)存款貨幣乘數的最大值為
$1/(1-法定存款準備率)$

30.依據 Keynesian 學派的流動性偏好理論,衍生的各種說法,何者錯誤? (a)
所得愈高,貨幣需求會愈多 (b)物價愈高,貨幣需求愈少 (c)利率愈低,貨
幣需求愈多 (d)當發生流動性陷阱時,貨幣需求的利率彈性將趨近於無窮大

31.有關強力貨幣的敘述,何者錯誤? (a)強力貨幣屬於體系內購買力較強的貨
幣 (b)強力貨幣係央行可以高度掌控的貨幣總計數 (c)貨幣供給 = 貨幣乘
數×強力貨幣 (d)強力貨幣 = 銀行準備金 + 通貨淨額

32.假設某國的法定存款準備率為 1/3,在體系內流通的通貨為 300 億元,支票
存款為 900 億元,該國的強力貨幣為何? (a) 333 億元 (b) 600 億元 (c)
300 億元 (d) 667 億元

33.下列說法,何者錯誤? (a)央行在外市場拋售外匯資產,強力貨幣將立即減
少 (b)若廠商大量買進美元,貨幣供給量立即減少 (c)中信銀投資美國
LTCM 造成巨額虧損,一旦認賠了結,貨幣供給量將不受影響 (d)實質 GDP
是名目 GDP 除以消費者物價指數

34.依據 Baumol-Tobin 交易性貨幣需求理論的看法,何者錯誤? (a)與支出呈
正向關係 (b)與利率呈反向關係 (c)與其他資產報酬率呈反向關係 (d)與
貨幣流通速度呈正向關係

35.依據 Friedman 的理論,有關實質貨幣需求的變化,何者正確? (a)實質所

得將會影響實質貨幣需求,財富對貨幣需求則無影響 (b)人們擁有愈多的人力資本,對實質貨幣需求愈高 (c)預期通貨膨脹率與實質貨幣需求呈正向關係 (d)利率上升將促使流通速度下降

36.一般而言,稅率愈高與地下經濟活動規模愈大,將會釀成何種結果? (a)現金外流愈多,貨幣乘數將會下降、貨幣供給將會減少 (b)現金外流愈多,貨幣乘數將會上升、貨幣供給反而減少 (c)現金外流愈少,貨幣乘數將會下降、貨幣供給將會減少 (d)現金外流愈少,貨幣乘數將會上升、貨幣供給將會減少

37.決定貨幣供給長期變動趨勢的主要因素為何? (a)通貨活存比例 (b)定存與活存比例 (c)支票存款的法定準備比例 (d)非借入準備

38.金融市場經常出現逆選擇的原因是: (a)債權人提供過多的資金供債務人使用 (b)債權人較債務人擁有較少關於資金如何被使用的訊息 (c)債權人較債務人有更高的動機追求獲取暴利 (d)債權人出借的資金沒有被保障之故

39.在其他條件不變下,何種事件發生將導致貨幣供給減少? (a)央行在公開市場買進國庫券 (b)景氣好轉刺激廠商投資需求增加,導致放款餘額激增 (c)銀行發生營運危機,存戶競相將存款提出 (d)央行降低法定準備率

40.假設某國之通貨活存比例為 0.2,法定準備率為 0.1,銀行之超額準備比率 0.2,則該國的貨幣乘數為: (a) 2.0 (b) 2.4 (c) 3.6 (d) 4.0

41.保險制度通常會存在道德危險問題,而直接受害者是: (a)保險公司 (b)被保險人 (c)在事故中受害之非被保險人 (d)金融監理人員

42.何種現象發生對準備貨幣並無影響? (a)國庫向央行要求增加融通 (b)央行轉撥代理之國庫存款給 IMF 以金援友邦國家 (c)國庫發行公債以融通財政赤字 (d)央行增加發行新改版之新臺幣

43.何種交易活動將促使對準備貨幣增加? (a)央行將美元外匯存底轉換為歐元 (b)央行於外匯市場拋售美元,同時於公開市場買進等值的國庫券 (c)央行透過臺銀以外匯融通給台機電公司,並限定在國外使用 (d)央行以郵政儲金轉存款融通基層金融機構

44.金融市場的資金供給者面臨的最大難題是資訊不對稱問題,其中的逆選擇問

題係發生在： (a)交易之前 (b)交易進行期間 (c)交易之後 (d)任何交易時機

45.金融市場存在資訊不對稱現象,將會引發干擾市場效率運作的逆選擇與道德危險問題, 何種策略無法解決上述問題? (a)政府管制 (b)抵押品與淨值 (c)私人生產與販售訊息 (d)銀行國營化

46.假設臺灣的 GDP 逐年成長,而貨幣所得流通速度卻呈現逐年下降, 則臺灣貨幣需求的所得彈性可能為: (a) 0.5 (b) 0.75 (c) 1 (d) 1.25

47.隨著金融體系發展日趨健全,信用交易日漸普遍,將導致何種結果? (a)超額準備比率上升 (b)通貨活存比率下降 (c)活存定存比例上升 (d)強力貨幣增加

48.假設體系內的名目 GDP 維持不變,而貨幣所得流通速度上升,將造成何種影響? (a)貨幣供給增加 (b)貨幣需求減少 (c)物價上升 (d)利率上升

49.央行採取擴張性貨幣政策,但卻面對貨幣的流通速度下降,則對經濟體系的衝擊為何? (a)物價水準上漲 (b)名目 GDP 增加 (c)名目利率上升 (d)物價變動方向不確定

50.有關體系內貨幣需求的敘述,何者正確? (a)通貨膨脹率上升,將促使實質貨幣需求增加 (b)貨幣數量學說認為實質利率上升,將會降低實質貨幣需求 (c)貨幣需求係安排資產組合選擇的一部分 (d)財富增加對貨幣需求將無影響

51.針對人們持有交易性貨幣需求發生變化的說法,何者錯誤? (a)物價上升促使實質貨幣需求增加 (b)名目財富增加促使名目貨幣需求增加 (c)實質所得上升促使實質貨幣需求增加 (d)名目利率上升降低實質名目貨幣需求

52.央行若將法定準備率降低為原先水準的一半,將會造成何種結果? (a)銀行業創造存款貨幣能力超過 1 倍 (b)單一銀行放款貨幣能力超過 1 倍 (c)單一銀行的超額準備增加 1 倍 (d)貨幣供給量增加 1 倍

| 1.(d) | 2.(d) | 3.(d) | 4.(d) | 5.(d) | 6.(b) | 7.(b) | 8.(a) | 9.(c) | 10.(d) |

11.(d)	12.(c)	13.(d)	14.(c)	15.(d)	16.(b)	17.(c)	18.(c)	19.(b)	20.(c)
21.(a)	22.(c)	23.(a)	24.(c)	25.(b)	26.(c)	27.(d)	28.(a)	29.(b)	30.(b)
31.(a)	32.(b)	33.(d)	34.(d)	35.(b)	36.(a)	37.(d)	38.(b)	39.(c)	40.(b)
41.(a)	42.(c)	43.(d)	44.(a)	45.(d)	46.(d)	47.(b)	48.(b)	49.(d)	50.(c)
51.(a)	52.(a)								

二、問答題

1. 試分析下列現象如何影響貨幣供給的創造過程:(a)金融危機促使許多銀行倒閉。(b)許多銀行遭到擠兌，存款人競相將存款轉成現金。

(a)銀行體系透過銀行吸收存款與進行放款的交互作用，促使央行發行的強力貨幣成倍數擴張。一旦許多銀行出現倒閉，銀行體系創造貨幣的過程將出現中斷現象，阻礙貨幣乘數發揮效果，促使貨幣供給減少。

　　(b)存款人將存款提出轉為現金，導致現金存款比例上升，促使銀行放款能力下降，貨幣乘數下降，貨幣供給減少。

2. 試說明下列現象如何造成貨幣供給變動:(a)銀行普遍提高超額準備對存款的比率。(b)央行在外匯市場買入美金。

(a)銀行提高持有超額準備，將減少放款，造成貨幣乘數下降，進而引起貨幣供給減少。

　　(b)央行在外匯市場買入美金，釋出強力貨幣，促使貨幣供給增加。

3. 試述影響貨幣供給的主要因素有那些? 並分析其對貨幣供給的影響過程。

解析 影響貨幣供給的因素包括:

　　(a)強力貨幣: 強力貨幣變動的來源包括國際收支失衡、政府預算赤字與金融赤字。

　　(b)通貨活存比例: 通貨活存比率上升反映人們持有通貨意願上升，銀行可以支撐放款擴張的基礎貨幣減少，貨幣乘數相應收縮。

(c)存款準備比例: 在其他條件不變下,法定準備率提高,銀行將需收縮放款,貨幣乘數相應下降。銀行增加持有超額準備將收縮放款,促使貨幣乘數下降。

4. 為刺激房地產市場復甦,金融當局採取優惠房屋貸款措施,由央行釋出 1,000 億元之郵政儲金,而由銀行進行授信。試分析其對貨幣供給之作用過程。

解析 央行釋出 1,000 億元郵政儲金給銀行,將使強力貨幣增加,而銀行面臨超額準備增加, 將擴大授信活動, 透過回存將使貨幣供給增加。

5. 何謂貨幣乘數? 試說明通貨活存比例與準貨幣活存比例變動對 M_2 貨幣乘數的影響。決定上述兩項比例的因素為何?

解析 貨幣乘數為基礎貨幣與貨幣供給間的擴張關係, 係銀行業運用強力貨幣, 透過中介資金過程創造貨幣數量的倍數。銀行持有實際準備可表為:

$$R = \rho_d DD + \rho_s SD + \rho_q Q + ER$$

M_2 貨幣定義:

$$M_2 = C^P + DD + SD + Q$$

M_2 貨幣供給方程式:

$$M_2^S = (\frac{C^P + DD + SD + Q}{C^P + \rho_d DD + \rho_s SD + \rho_q Q + ER}) \times H$$

$$= [\frac{1 + (\frac{C^P}{DD}) + (\frac{SD}{DD}) + (\frac{Q}{DD})}{(\frac{C^P}{DD}) + \rho_d + \rho_s(\frac{SD}{DD}) + \rho_q(\frac{Q}{DD}) + (\frac{ER}{DD})}] \times H$$

$$M_2^S = m_2 \times H$$

$$m_2 = \frac{1 + d + s + q}{d + \rho_d + \rho_s s + \rho_q q + e}$$

(a)通貨活存比例: 當人們提高通貨與活存比例時,貨幣乘數將會下降。

$$\frac{\partial m_2}{\partial d} = \frac{\rho_d + e - s(1 - \rho_s) - 1}{(d + \rho_d + \rho_s s + \rho_q q + e)^2} < 0$$

(b)準貨幣活存比例：當人們將活期存款轉向準貨幣，亦即提高 q 比例時，貨幣乘數將會擴大。

$$\frac{\partial m_2}{\partial q} = \frac{d(1-\rho_q) + (\rho_d - \rho_q) + s(\rho_s - \rho_q) + e}{(d + \rho_d + \rho_s s + \rho_q q + e)^2} > 0$$

6. 假設銀行業均持有超額準備與借入準備部位，試回答下列問題：(a)試推演廣義貨幣供給乘數。(b)試以借入準備占活期存款比例代表借入準備比例，其發生變動對上述貨幣乘數的影響。(c)試以超額準備占活期存款比例代表超額準備比例，其發生變動對上述貨幣乘數的影響。

解析 (a)調整後的基礎貨幣：

$$H^a = C^P + RR + (ER - BR)$$

銀行保有法定、超額與借入準備方程式：

$$RR = \rho_d DD + \rho_s SD$$

$$ER = e(DD + SD)$$

$$BR = b(DD + SD)$$

調整後的基礎貨幣為：

$$H^a = d \times DD + (\rho_d + e) \times DD + (\rho_s + e) \times SD - b(DD + SD)$$

$$= [d + (1+s)(e-b) + (\rho_d + s\rho_s)] \times DD$$

M_2 貨幣定義：

$$M_2^S = C^P + DD + SD + Q$$

$$= (1 + d + s + q) \times DD$$

M_2 貨幣供給：

$$M_2^S = (1 + d + s + q)[d + (1+s)(e-b) + (\rho_d + s\rho_s)]^{-1} \times H^a$$

(b)借入準備比例發生變動，將對貨幣乘數造成擴張效果。

(c)超額準備比例發生變動，將對貨幣乘數造成緊縮效果。

7. 試分析在下列狀況下，體系內貨幣供給的變化。為什麼？(a)民眾提高保有通貨意願、(b)銀行提高超額準備率、(c)央行降低法定準備率、(d)央行提高郵政儲金轉存央行之比例、(e)外匯準備減少、(f)活存儲蓄存款比率上升、(g)央行

所持有的有價證券增加。

解析 (a)貨幣乘數下降，貨幣供給減少。

(b)貨幣乘數下降，貨幣供給減少。

(c)貨幣乘數上升，貨幣供給增加。

(d)強力貨幣下降，貨幣供給減少。

(e)強力貨幣下降，貨幣供給減少。

(f)貨幣乘數下降，貨幣供給減少。

(g)強力貨幣增加，貨幣供給增加。

8.假設央行在公開市場向寶華銀行買進 5 億元公債，而活期存款準備率為 10%，試回答下列問題：(a)對央行資產負債表的影響。(b)對寶華銀行資產負債表的影響。(c)對貨幣供給有何影響？其影響金額的最大極限為何？

解析 (a)央行對政府部門債權增加，強力貨幣（通貨淨額）增加。

(b)寶華銀行的資產面發生變化，由持有 5 億元公債轉為超額準備 5 億元。

(c)寶華銀行可將超額準備 5 億元用於放款，此即相當於強力貨幣供給增加，貨幣供給將會增加，影響金額的最大極限為 5 億元除以存款準備率 10%，將是 50 億元。

9.試由央行的資產負債表說明釀成強力貨幣變動的因素類型。

解析 由央行資產負債簡表定義使用面的強力貨幣為：

$$H = C^P + R$$

由來源面定義強力貨幣為：

$$H = (FA - FL) + (CG - GD) + (BA - BL) + OA - NW$$

影響強力貨幣變動的因素包括國際收支失衡、財政赤字、金融赤字等：

$$\Delta H = \underbrace{\Delta(FA - FL)}_{\text{國際收支失衡}} + \underbrace{\Delta(CG - GD)}_{\text{財政赤字}} + \underbrace{\Delta(BA - BL)}_{\text{金融赤字}} + \Delta OA - \Delta NW$$

10.何謂信用分配？其類型與發生原因為何？

以調整利率分配信用為狹義信用分配，而以調整其他授信條件或方法進行信用分配即是廣義信用分配。信用分配分為不均衡信用分配與均衡信用分配。不均衡信用分配係指在銀行放款市場利率持續壓抑在均衡水準之下，導致銀行必須附加各種授信條件分配信用，用於消除超額資金需求現象。由於銀行信用市場失衡係屬長期現象，該類信用分配亦稱恆常性信用分配。另外，基於資訊不對稱或代理成本緣故而出現信用分配，則屬於均衡信用分配，理由是：資金供需雙方若是存在資訊不對稱情況，銀行基於風險考量，縱使面臨超額資金需求，亦不願提高利率，避免徒增授信風險而降低預期利潤。

11.(1)何謂準備貨幣?(2)準備貨幣與貨幣供給有何關係?(3)下列變動對準備貨幣有何影響? (a)央行的政府存款增加、(b)央行對銀行債權增加、(c)央行持有公民營事業票券減少、(d)央行持有國外資產淨額增加。

解析 (1)準備貨幣即是強力貨幣，係央行對大眾（通貨淨額）與商業銀行的負債（準備）。

(2)貨幣供給係在準備貨幣為基礎下創造出來的貨幣數量，兩者的關係即是貨幣乘數。

(3)(a)準備貨幣減少，貨幣供給下降。

(b)準備貨幣增加，貨幣供給增加。

(c)準備貨幣增加，貨幣供給增加。

(d)準備貨幣增加，貨幣供給增加。

12.試比較 Fisher 交易學說與 Cambridge 現金餘額學說兩者衍生之貨幣需求理論的差異性。

解析 兩者差異有二:

(1) Cambridge 學派強調貨幣是生息資產（價值儲藏），係指人們願意以貨幣形式保有資產的比例，屬於存量概念。反觀 Fisherian 學派主張貨幣僅是交易媒介，貨幣需求與支出活動息息相關，係指人們從事交易活動必須持有的貨幣數量。

⑵ Fisherian 學派假設流通速度和實質交易量獨立於貨幣供給，Cambridge 學派認為人們在總資產中持有貨幣的比例係取決於邊際效用，亦即增加持有貨幣產生的邊際效用，若等於貨幣作其他用途產生的邊際效用時，貨幣與非貨幣資產間的分配比例將是最適。

13.試說明：(a)現金流通速度與支付體系之關係為何？(b)現金流通速度與市場利率之關係為何？(c)現金流通速度與其他資產風險關係為何？

解析 (a)隨著支付體系趨於電子化或具有效率，現金流通速度將會愈小。

(b)現金流通速度與市場利率兩者間呈正向關係，利率愈高，現金流通速度愈大。

(c)現金流通速度與其他資產風險呈現反向關係，其他資產風險愈高，現金流通速度將會愈小。

14.試說明 J. M. Keynes 與 M. Friedman 對貨幣所得流通速度的看法，以及其衍生的政策涵義。

解析 M. Friedman 認為體系內的貨幣需求函數具有穩定性，亦即貨幣所得流通速度為穩定值，貨幣供給變化將引起物價變化，是以貨幣政策將可發揮控制名目 GDP 的效果。反觀 Keynes 認為流通速度的變異性極大，在景氣循環與利率波動劇烈之際，貨幣需求將出現劇烈變化，促使流通速度變異性擴大而不再是穩定值。是以貨幣政策效果無法掌握，因而改採財政政策解決經濟問題。

15.面對國內股市長期不振的現象，試回答下列問題：(a)股市長期低迷如何擴大金融市場中的逆選擇與資訊不對稱現象？(b)股市低迷如何引爆金融危機？

解析 (a)股市長期低迷將擴大金融市場的逆選擇與資訊不對稱問題，理由是：廠商延遲發布正確訊息、採取美化報表策略，銀行刻意隱瞞逾放比率，促使投資人做出錯誤決策。

(b)上市公司以股票質押借款將面臨斷頭或遭銀行緊縮信用額度，影響其募集資金、股市低迷將影響發行公司募集資金能力、銀行採取

　　　　　　緊縮信用策略等。

16.針對下列敘述:「金融機構興起係反映道德危險問題」,試回答: (a)請定義道
　德危險之意義。(b)在缺乏金融機構的情況下,對放款者與投資人而言,將產
　生何種道德危險問題? (c)請說明(b)中,放款者與投資人面臨道德危險問題,
　將如何經由金融機構介入與提出適當契約進行克服?

 (a)在訊息不全下,銀行授信後無從獲知借款者確實的投資計畫,顧客
　　　　　可能未依規定執行原先計畫,反而選擇高風險投資計畫,若是失敗
　　　　　將會出現倒帳,從而擴大銀行營運風險。

　　　　(b)在缺乏金融機構下,對放款者(債務融資)或投資人(股權融資)
　　　　　面臨道德危險問題如下: (1)債務融資: 廠商有誘因以此資金進行高
　　　　　風險投資,大幅提高營運風險; (2)股權融資: 股東缺乏監督機制,
　　　　　將面臨代理問題。

　　　　(c)金融機構扮演創業投資與融資角色,協助廠商解決融資問題,並藉
　　　　　此取得部分股權,派遣代表參與廠商的董事會,監督廠商營運。投
　　　　　資人直接面對金融機構,將存款資金或股權資金交付金融機構代
　　　　　為管理運用,將可獲取較穩定收益,並透過金融機構的徵信調查達
　　　　　到分散投資風險。
　　　　　在此,放款者與投資人透過金融機構中介(簽訂存款契約或投資契
　　　　　約),將資金交由後者運用;而後者再與廠商簽訂放款與投資契約,
　　　　　對其進行授信。在此過程中,金融機構將發揮其監理的角色。

17.(a)何謂資訊不對稱、逆選擇與道德危險? (b)逆選擇對金融結構有何影響? 此
　影響所造成的問題應該如何解決?

解析 (a)資訊不對稱係指交易雙方之一方擁有他方未知的訊息。逆選擇係
　　　　　指在金融市場上,由於資訊不對稱造成具有高風險的貸款者向銀
　　　　　行申請貸款、健康情況欠佳者向保險公司投保的現象。道德危險係
　　　　　指在資訊不對稱下,銀行授信後無從獲知借款者確實的投資計畫,
　　　　　保險公司接受投保後,無從掌握投保人的狀況,從而面臨營運風險

擴大的現象。

(b)金融市場出現逆選擇問題，將會阻礙融通機能運作，信用評等較佳
的公司不願以過高利率募集資金，投資人則不願購買信用評等較
差的公司債，導致直接金融萎縮、間接金融擴大。解決方法是：建
立信用評等機構、訊息透明化、透過金融機構中介與要求抵押品。

18.試判斷下列交易對準備貨幣的影響，並說明理由：(a)臺銀將上個月代收之稅
款（國庫存款）轉存央行、(b)央行靈活運用外匯存底，使外匯存底利息收入
大增、(c)臺銀持票券向央行貼現。

解析 (a)央行對臺銀的負債增加，準備貨幣減少。

(b)外匯存底利息收入大增，促使央行的外匯準備資產增加，而央行的
淨值也同時增加，準備貨幣將維持不變。

(c)央行對臺銀的債權增加，準備貨幣同時增加。

19.(a)何謂貨幣乘數？(b)影響貨幣乘數變動的因素有那些？(c)就央行執行貨幣政
策的觀點來看，貨幣乘數宜保持穩定，或穩定與否均無關緊要？

解析 (a)貨幣乘數係指強力貨幣所能創造之貨幣供給的倍數。

(b)影響貨幣乘數變動的因素包括通貨活存比例、各種存款之法定準
備率、超額準備率、定存活存比例等。

(c)貨幣供給等於貨幣乘數與強力貨幣的乘積，貨幣乘數若能維持穩
定，央行只要控制強力貨幣，將可掌握貨幣供給的變動方向。

20.花旗銀行不斷向大學師生推銷信用卡，由於大學生人數眾多，促使臺灣的持
有信用卡比例上升兩成,郵匯局和其他銀行看到花旗銀行信用卡業務蒸蒸日
上，遂競相開辦金融卡業務，到處設置自動提款機。試回答下列問題：(a)信
用卡和金融卡的發行是否會降低持有通貨？理由為何？(b)是否引發通貨膨脹？
理由為何？

解析 (a)兩者具有替代效果，人們將以信用卡消費，而將資金存入儲蓄帳
戶。

(b)由於通貨活存比率下降，造成貨幣乘數上升，貨幣供給會增加，不過央行控制強力貨幣，貨幣供給增加幅度不會過大，將不至於引發通貨膨脹。

21. Baumol 和 Tobin 的平方根公式廣泛應用於貨幣需求與存貨的管理。假設 y 為實質產出、P 為物價、H 為每次交易成本、i 為利率、n 是前往銀行次數。試說明貨幣需求總成本為 $TC = (iPy/2n) + nH$，並推演最適的前往銀行次數。假設 $h = H/P$ 為實質交易成本，(h/y) 為一常數，試說明此時實質貨幣需求 (M/P) 為 y 的固定比例函數，及實質貨幣需求對 y、(h/y) 及 i 的彈性分別為 1、0.5 及 −0.5。

 $$TC = H(\frac{Y}{M}) + (\frac{iM}{2})$$

$$= nH + i(\frac{M}{2Y})(Y) = nH + (\frac{iPy}{2n})$$

就上式求解可得最適的提款次數如下：

$$n^* = \sqrt{\frac{iPy}{2H}}$$

實質貨幣需求將是：

$$m^d = \frac{M^d}{P} = \sqrt{\frac{hy}{2i}} = \sqrt{\frac{hy^2}{2iy}} = y\sqrt{(\frac{h}{y})(\frac{1}{2i})}$$

就上式取自然對數，並全微分可得：

$$d \ln m^d = d \ln y + \frac{1}{2}d \ln(\frac{h}{y}) - \frac{1}{2}d \ln i$$

22. 試說明何謂貨幣流通速度？將可區分為何種類型？

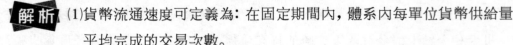 (1)貨幣流通速度可定義為：在固定期間內，體系內每單位貨幣供給量平均完成的交易次數。

(2)類型有二：(a)交易流通速度：在固定期間內，每單位貨幣完成所有商品與勞務總交易值 (PT) 的次數，交易值包括 GDP、中間財交易值與舊貨交易值：$V = \frac{PT}{M}$

(b)所得流通速度：在固定期間內，貨幣數量與 GDP 的

比值：$V = \dfrac{Py}{M} = \dfrac{GDP}{M}$

23.試就下列現象說明對貨幣流通速度造成的影響：(a)體系內支付制度邁向電子
資金移轉制度。(b)金融市場利率上漲。(c)其他金融資產風險擴大。

(a)體系採取電子資金移轉制度，促使貨幣需求下降，貨幣流通速度上
升。

(b)金融市場利率上漲，促使貨幣需求下降，貨幣流通速度上升。

(c)其他金融資產風險擴大，促使貨幣需求上升，貨幣流通速度下降。

24.試說明下列狀況對名目與實質交易性貨幣需求的影響：(a)貨幣利率上升、(b)
物價水準上漲、(c)發生通貨膨脹、(d)貨幣工資率上漲。

體系內實質交易性貨幣需求函數可表為：

$$m_B^d = \frac{M_B^d}{P} = \sqrt{\frac{hy}{2(r + \pi^e)T}}$$

(a)貨幣利率上升：名目與實質交易性貨幣需求下降。

(b)物價水準上漲：名目貨幣需求上升與實質交易性貨幣需求不變。

(c)發生通貨膨脹：實質交易性貨幣需求下降（預期通貨膨脹率上升造
成名目利率上漲）與名目貨幣需求上升（物價上漲）。

(d)貨幣工資率上漲：促使勞工所得增加與物價上漲，名目貨幣需求上
升。至於實質貨幣需求變化將視實質所得是否增加而定。

25.依據貨幣數量學說內容，試證明貨幣成長率、通貨膨脹率與經濟成長率間的
關係。假設央行設定的貨幣成長率為 8%，而主計處預估的每年經濟成長率
為 3%，試回答下列問題：(a)假設貨幣流通速度固定，體系內的通貨膨脹率
為何？(b)假設貨幣流通速度每年遞減 2%，則通貨膨脹率為何？

(1)依據貨幣數量學說，

$MV = Py$

就貨幣數量學說取自然對數，並進行全微分，可得貨幣成長率、通

貨膨脹率與經濟成長率間的關係如下：

$$\dot{M} + \dot{V} = \pi + \dot{y}$$

(2)(a) $8\% + 0 = \pi + 3\%$

      $\pi = 5\%$

(b) $8\% - 2\% = \pi + 3\%$

      $\pi = 3\%$

三、計算題

1. 假設央行公布的金融統計資料如下：商業銀行活期存款餘額 1,000、通貨發行額 500、同業活存與政府活存 300、央行庫存現金 20、商業銀行庫存現金 50、在央行的銀行存款總額 200。依據上述資料，試計算：(a) M_{1A} 貨幣數量。(b)存款準備金。

解析 (a) $M_{1A} = C^P + DD$

$$= (500 - 20 - 50 - 300) + (1,000) = 1,130$$

(b)存款準備金：

$$R = 200 + 50 + 300 = 550$$

2. 下列各項因素將會影響央行對準備貨幣的控制力量，試分別列出：(a)促使準備貨幣增加的項目。(b)促使準備貨幣減少的項目。(c)準備貨幣變動金額。

各項因素為：

(1)央行國外資產增加 1,223 億元

(2)央行對政府債權減少 2 億元

(3)央行對政府存款增加 232 億元

(4)央行對金融機構債權增加 989 億元

(5)央行收受金融機構定期存款轉存款增加 441 億元

(6)央行收受銀行業國庫存款及外幣存款轉存款減少 130 億元

(7)央行發行國庫券、定期單、儲蓄券減少 124 億元

解析 (a)促使準備貨幣增加的項目：(1), (4), (6), (7)

(b)促使準備貨幣減少的項目：⑵，⑶，⑸

(c)準備貨幣變動金額：

$$\Delta H = 1,223 + (-2) - 232 + 989 - 441 - (-130) - (-124)$$
$$= 1,791$$

3.依據下列資料，計算各年的貨幣流通速度與貨幣流通速度的成長率？

	2001	2002	2003
貨幣供給額	100	110	121
國民所得	1,000	1,200	1,440

解析　$MV = Py = GDP$

2001：$100V = 1,000$ ·················· $V = 10$

2002：$110V = 1,200$ ·················· $V = 10.9$

$\dot{V} = \dfrac{10.9 - 10}{10} = 9\%$

2003：$121V = 1,440$ ·················· $V = 11.9$

$\dot{V} = \dfrac{11.9 - 10.9}{10.9} = 9.14\%$

4.假設臺灣金融體系處於信用緊縮狀況。台南紡織向土地銀行申請廠房設備抵押放款 1,000 萬元，土銀同意授信的條件包括台南紡織必須在活期帳戶中維持放款金額的 20%。假設土銀給予的名義放款利率為 6%，活期帳戶存款利率為 0.5%，土銀必須提存活存的準備率為 10%，超額準備維持為零。試計算土銀承作該筆放款的有效放款利率為何？台南紡織實際負擔的借款利率為何？

解析　⑴利息收入：$1,000 \times 6\% = 60$ 萬元

利息支出：$1,000 \times 20\% \times 0.5\% = 1$ 萬元

活存利息支出：$1,000 \times 20\% \times (1 - 10\%) \times 6\% = 10.8$ 萬元

有效放款利率：$(60 + 10.8 - 1) \div 1,000 = 6.98\%$

⑵利息收入：$1,000 \times 6\% = 60$ 萬元

利息支出：$1,000 \times 20\% \times 0.5\% = 1$ 萬元

實際負擔的放款利率：$(60 + 1) \div [1,000 \times (1 - 80\%)] = 7.625\%$

5. 趙敏自臺大經濟系畢業後，前往土地銀行上班，每月薪水 33,000 元直接進入行員儲蓄存款帳戶，而行員存款利率為年息13%（需換算成月息）。假設趙敏規劃每月儲蓄 9,000 元，每次提款的手續費為 $H = 13$ 元。趙敏領取薪水後，突然想起在校期間選修貨幣銀行學時，謝老師曾經教過 Baumol 模型，遂派上用場試算下列問題：(a)最適提款次數。(b)最適提款金額。(c)每次提款的使用時間（$T = 30$ 天）。(d)趙敏從每個月安排最適交易餘額的過程中將可獲取的利息為何？(e)何種狀況會讓趙敏的交易餘額僅由現金組成？

解析 (a)最適提款數量 $M^* = \sqrt{\dfrac{2HY}{iT}} = \sqrt{\dfrac{2 \times 13 \times (33,000 - 9,000)}{(13\%/12)}} = 7,589.47$

最適提款次數 $n^* = \dfrac{24,000}{7,589.47} = 3.16$

提款的總成本 $TC(3) = nH + (\dfrac{iYT}{2n}) = 3 \times 13 + \left(\dfrac{\dfrac{13\%}{12} \times 24,000}{2 \times 3} \right) = 82.3$

$TC(4) = nH + (\dfrac{iYT}{2n}) = 4 \times 13 + \left(\dfrac{\dfrac{13\%}{12} \times 24,000}{2 \times 4} \right) = 84.5$

提款 4 次的總成本 $TC(4)$ 大於提款 3 次的總成本 $TC(3)$，是以提款 3 次最適。

(b)最適提款金額 = 24,000 元 ÷ 3 = 8,000 元

(c)每次提款的使用時間 = 30 天 ÷ 3 = 10 天

(d)趙敏的最適交易性貨幣餘額為 $8,000 \div 2 = 4,000$，而保有的儲蓄存款餘額為：$(24,000 \div 2) - 4,000 = 8,000$，該部分平均保留在儲蓄存款帳戶所產生的利息為：$8,000 \times 13\% \div 12 = 86.67$ 元

(e)當交易成本高達 $H = \dfrac{iYT}{2} = \dfrac{13\% \times 24,000 \div 12}{2} = 130$ 元

6. 國內銀行業應提存的法定準備率為 20%，同時針對每元存款將保留 0.05 元的超額準備。此外，人們持有每元 M_{1A} 貨幣餘額中的現金為 0.1 元。假設國內 M_{1A} 貨幣供給餘額為 8 兆元。試回答下列問題：(1)貨幣乘數為何？(2)計算

下列狀況，並說明對貨幣供給的影響：(a)民間向財政部購買 2,000 億元的公債，(b)存款準備率降低為 15%。

(1)國內通貨淨額：

8 兆元 $\times 0.1 = 8,000$ 億元

銀行業的實際準備：

$M_{1A} = C^P + DD = 8,000 + DD = 80,000$

$DD = 72,000$

$R = 72,000 \times (20\% + 5\%) = 18,000$

強力貨幣：

$H = C^P + R = 8,000 + 18,000 = 26,000$

貨幣乘數 $= 80,000 \div 26,000 = 3.077$

(2)(a)貨幣供給變為：

$M_{1A} = 3.077 \times H = 3.077 \times (26,000 - 2,000) = 73,848$

(b)銀行業的實際準備的變化為（假設 M_{1A} 維持不變）：

$R = 72000 \times (15\% + 5\%) = 14,400$

強力貨幣：

$H = C^P + R = 8,000 + 14,400 = 22,400$

貨幣乘數 $= 80,000 \div 22,400 = 3.571$

7.央行公佈的各種金融數據如下：活期存款的法定準備率 $\rho_d = 0.1$、儲蓄存款的法定準備率 $\rho_s = 0.02$、通貨活存比率 $d = (C^P/DD) = 0.45$、儲蓄活存比率 $s = (SD/DD) = 2.00$、準備貨幣 $H = 250$ 百萬元。試計算下列問題：(a)貨幣乘數 m_{1A} 與貨幣供給 M_{1A}。(b)央行預擬下個月的貨幣成長率增加 1%，假設貨幣乘數不變，準備貨幣應該增加多少?(c)假設通貨活存比率在月初降為 0.40，但央行並未察覺此種變動，依舊增加準備貨幣 2.5 百萬元，則貨幣成長率為多少? (d)針對(c)的結果，對央行控制短期貨幣供給將有何啟示?

(a)銀行持有實際準備：

$R = \rho_d DD + \rho_s SD$

M_{1A} 貨幣定義:

$$M_{1A} = C^P + DD$$

M_{1A} 貨幣供給方程式:

$$M_{1A}^S = (\frac{C^P + DD}{C^P + \rho_d DD + \rho_s SD}) \times H$$

$$= [\frac{1 + (\frac{C^P}{DD})}{(\frac{C^P}{DD}) + \rho_d + \rho_s(\frac{SD}{DD})}] \times H$$

$$m_{1A} = \frac{1 + d}{d + \rho_d + \rho_s s} = \frac{1 + 0.45}{0.45 + 0.1 + 0.02 \times 2} = 2.458$$

$$M_{1A}^S = m_{1A} \times H = 2.458 \times 250 = 614.5 \text{ 百萬元}$$

(b) 250 百萬元 $\times 1\% = 2.5$ 百萬元

(c) $m_{1A} = \dfrac{1 + d}{d + \rho_d + \rho_s s} = \dfrac{1 + 0.4}{0.4 + 0.1 + 0.02 \times 2} = 2.593$

$$M_{1A}^S = m_{1A} \times H = 2.593 \times (250 + 2.5) = 654.7325$$

$$\dot{M}_{1A}^S = \frac{654.7325 - 614.5}{614.5} = 6.547\%$$

(d)央行原先追求提昇貨幣成長率 1%,但其他因素也會發生變動,從而造成貨幣成長率會失去控制。

8.央行發布的相關金融資料如下:$\rho_D = 0.10$ 是法定存款準備率、$C = 6,000$ 億元是通貨發行淨額、$D = 10,000$ 億元是活期存款、$ER = 100$ 億元是超額準備。依據上述資料計算強力貨幣、貨幣乘數 m_{1A} 與貨幣供給 M_{1A}。

解析 實際準備:

$$R = 10,000 \times 0.1 + 100 = 6,100$$

強力貨幣:

$$H = C^P + R = 6,000 + 6,100 = 12,100$$

M_{1A} 貨幣供給:

$$M_{1A} = C^P + DD = 6,000 + 10,000 = 16,000$$

貨幣乘數：

$$m_{1A} = \frac{16,000}{12,100} = 1.322$$

9.試回答下列問題：(1)影響交易性貨幣需求的因素為何？(2)假設張三豐每年的消費支出 36 萬元，存款利率為 5%，每次提款成本為 10 元。假設張三豐追求現金管理成本最小，試計算：(a)每年提款次數。(b)平均提領現金額度。(c)平均貨幣持有量。

 (1)依據 Baumol 模型，影響交易性貨幣需求的因素包括交易成本、利率與支出金額。

(2)(a)每年提款次數：

$$n^* = \sqrt{\frac{iYT}{2H}} = \sqrt{\frac{5\% \times 360,000}{2 \times 10}} = 30$$

(b)平均提領現金額度：

$$M^* = \frac{Y}{n} = \frac{360,000}{30} = 12,000$$

(c)平均貨幣持有量：

$$M^d = \frac{M^*}{2} = 6,000$$

10.假設臺灣地區之貨幣供給僅包括通貨淨額 (C^P) 及支票存款餘額 (DD)，銀行無提供其他型態的存款。假設銀行支票存款的法定準備率為 20%，匯率為 $e = \frac{NT}{US} = 34$，人們願意持有的通貨活存比例 $d = \frac{C^P}{DD} = 100\%$。(1)假設央行透過銀行在外匯市場向出口商買入 4 萬美元，並釋出等值的新臺幣給出口商。(2)當銀行收到出口商存款後，同時向央行買進新臺幣 100 萬元國庫券。試問上述兩項交易活動完成後：(a)對貨幣供給發揮的立即影響。(b)均衡時（銀行立即從事其他放款，超額準備為零），貨幣供給總共變動多少？

 (a)強力貨幣變動即是貨幣供給立即增加的數量：

$$34 \times 40,000 = 1,360,000$$

$$1,360,000 - 1,000,000 = 360,000$$

(b)貨幣供給變動總額：

$$\Delta M = (\frac{1+d}{d+rr})\Delta H = (\frac{1+1}{1+20\%}) \times 360,000 = 600,000$$

11.陳教授估計 1951～1973 與 1974～1997 兩個期間的臺灣貨幣需求函數，實證結果如下：

$$\Delta\ln m_t = 0.5 \, \Delta\ln y_t - 0.05 \, \Delta\ln r_t + 0.3 \, \Delta\ln m_{t-1} - 0.001t, \, t \in (1951\sim1973)$$

$$\Delta\ln m_t = 0.1 \, \Delta\ln y_t - 0.5 \, \Delta\ln r_t + 0.4 \, \Delta\ln m_{t-1} - 0.0014t, \, t \in (1974\sim1997)$$

其中，$\Delta\ln m_t = \ln m_t - \ln m_{t-1}$, $m = M_{1A}$/物價指數，$y = $ 實質 GNP，$r = 90$ 天國庫券利率。(a)根據以上兩個時期貨幣需求的利率彈性差異，你如何推斷在這兩時期貨幣的所得流通速度之變動幅度，與貨幣需求函數的穩定性？(b)根據以上兩個時期貨幣需求的所得彈性之差異，推斷人們消費的支付習慣如何改變。

解析 (a)相較於 1974～1997, 1951～1973 年間，貨幣需求的利率彈性較小，其貨幣的所得流通速度之變動幅度也較小，而且貨幣需求函數也較穩定。

(b) 1974～1997 年間，貨幣需求的所得彈性較低，顯示人們消費的支付習慣已經從使用現金(或支票)轉向其他支付方式(如：信用卡)。

12.依據〈金融統計月報〉公佈某月份的金融資料顯示：國內所有存款貨幣機構的活期存款淨額 2,000 億元、通貨發行額 1,200 億元、銀行庫存現金 60 億元、央行庫存現金 40 億元、銀行在央行的存款餘額 250 億元。試計算該月份的貨幣乘數。

解析 $H = 1,200 - 40 + 250 = 1,410$

$M_{1A} = C^P + DD = (1,200 - 40 - 60) + 2,000 = 3,100$

$m_{1A} = \dfrac{M_{1A}}{H} = 2.199$

第17章 需求管理政策

 習題解答

一、選擇題

1. 臺灣民眾握有實質貨幣並不在乎利率變動的影響,反而十分在乎利率變動對投資意願的衝擊,試判斷何種說法係屬正確? (a) LM 曲線相對 IS 曲線具有利率彈性 (b)貨幣政策效果相對顯著 (c)財政政策將不具排擠效果 (d)財政政策與貨幣政策均無效果

2. 何種情況將促使總需求曲線變得具有物價彈性? (a)貨幣需求的利率彈性縮小 (b)貨幣供給的利率彈性變大 (c)投資支出的利率彈性縮小 (d)消費支出的利率彈性變小

3. 有關總供給與總需求的敘述,何者正確? (a)金融危機促使投資意願下降,總需求曲線向右移動 (b)降低政府預算赤字將造成總需求曲線向左移動 (c)資本存量減少會使總供給曲線右移 (d)技術進步促使總供給曲線左移

4. 擴張性貨幣政策或財政政策將會增加總需求,何種效果係屬正確? (a)前者將使利率上升,後者促使利率下降,兩種政策均促使消費增加 (b)前者將使利率下降,後者推動利率上升,兩種政策均促使消費增加 (c)前者促使消費增加,後者導致消費減少,兩者均促使利率下降 (d)前者促使消費減少,後者導致消費增加,兩者均促使利率下降

5. 決策當局利用貨幣政策增加總產出,何種組合發揮的效果最大? (a)貨幣需求與投資支出的利率彈性愈大 (b)貨幣需求與投資支出的利率彈性愈小 (c)貨幣需求的利率彈性愈大,投資支出的利率彈性愈小 (d)貨幣需求的利率彈性愈小,投資支出的利率彈性愈大

6. 有關 Walras 法則內容的敘述，何者錯誤？　(a)該法則係總體經濟活動達成均衡的條件　(b)經濟成員從事總體經濟活動,將受該法則的限制　(c)體系內若有 5 個市場,只要討論任意 4 個市場是否達成均衡即可　(d)體系內若有 4 個市場,其中的 3 個市場同時出現超額供給時,第 4 個市場必然處於超額需求狀況

7. 主計處估計臺灣消費函數 $C = 50 + 0.8y - 2,000r$，投資函數 $I = 20 + 0.3y - 1,000r$。假設臺灣目前的經濟環境為 $(r, y) = (3\%, 300)$，何者錯誤？　(a)產出呈現擴張趨勢　(b)存在超額商品需求　(c)儲蓄大於投資　(d)廠商面臨非意願性存貨遞減

8. 「工會要求提高貨幣工資」與「政府支出增加」兩種市場行為造成的影響,何者正確？　(a)對物價影響不同,對產出影響相同　(b)對物價影響相同,對產出影響不同　(c)對物價與產出影響均相同　(d)對物價與產出影響均不同

9. 在物價穩定下,某國的消費函數 $C = 500 + 0.7y_d + 0.3(\frac{M_0}{P})$、投資函數 $I = 200 + 0.1y$、$G = 100$、租稅函數 $T = T_0 + ty$，y_d 是可支用所得,而 LM 曲線為 $(\frac{M_0}{P}) = 100y - 0.8r$。何者錯誤？　(a)Keynes 效果將不會存在　(b)總需求曲線缺乏價格彈性　(c)體系處於投資陷阱狀態　(d)LM 曲線具有利率彈性

1.(b)	2.(a)	3.(b)	4.(b)	5.(d)	6.(a)	7.(c)	8.(b)	9.(b)

二、問答題

1. 試利用 IS – LM 模型回答下列問題：(a)當財政部擴大恆常性支出時,體系均衡所得和利率將會發生何種變化？(b)當財政部僅是擴大臨時性支出時,前述結果是否發生變化？

解析 (a)財政部擴大恆常性支出,IS 曲線將會右移,體系均衡所得和利率將會上漲。

(b)財政部僅是擴大臨時性支出,當期的體系均衡所得和利率將會上漲,但是下期將會回歸原狀。

2.臺灣目前有各國來的外籍勞工。請利用總供需模型說明，外籍勞工來臺工作對物價與實質 GDP 之影響。（請說明所作的假設。）

解析 外籍勞工來臺工作將產生兩種效果：(1)勞動供給增加，將促使總供給增加。(2)消費支出增加促使總需求增加，兩者促使實質 GDP 增加，物價變動不確定。

3.試說明邊際消費傾向、投資對利率的敏感性、交易性貨幣需求對所得水準的敏感性、投機性貨幣需求對利率的敏感性等因素對總需求曲線斜率的影響。

解析 邊際消費傾向擴大與投資對利率的敏感性變小，將促使 IS 曲線斜率變大，亦即 IS 曲線的利率彈性變小，將造成 AD 曲線的斜率變大（物價彈性變小）。交易性貨幣需求對所得水準的敏感性擴大、投機性貨幣需求對利率的敏感性變小，將促使 LM 曲線斜率變大，亦即 LM 曲線的利率彈性變小，將造成 AD 曲線的斜率變小（物價彈性變大）。

4.假設太平洋上諾魯共和國的總體函數模型如下：

$$C = 10 + 0.8Y$$
$$I = 50 - 200r$$
$$M^S = 50$$
$$M^d = 20 + 0.5Y - 100r$$

試計算下列問題：(a)求出均衡所得和利率水準。(b)說明貨幣供給若從 50 下降為 20，均衡所得和利率水準將發生如何變化？(c)決策當局可以採取何種策略來達成降低所得的目的？

解析 (a) IS 曲線：

$$Y = C + I = 60 + 0.8Y - 200r$$
$$0.2Y + 200r = 60$$

LM 曲線：

$$50 = 20 + 0.5Y - 100r$$
$$0.5Y - 100r = 30$$

均衡所得與利率 $Y = 100, r = 20\%$

(b) LM 曲線將變為　　$0.5Y - 100r = 0$

均衡所得與利率將變為　　$Y = 50, r = 25\%$

(c)決策當局可以採取緊縮貨幣政策或政府支出來達到降低所得的目的。

5.某國使用的生產函數型態為 $y = 10N - N^2$，勞動供給函數為 $N^s = 3(\frac{W}{P}) - 2$，試求總供給函數。

解析 勞動需求函數：

$$\frac{\partial y}{\partial N} = 10 - 2N = \frac{W}{P}$$

勞動供給函數：

$$N^s = 3(\frac{W}{P}) - 2$$

均衡就業水準：

$$N = 4$$

總供給函數：$y = 10 \times 4 - 4^2 = 40 - 16 = 24$

6.假設總供給曲線為 AS = 250、總需求曲線為 AD = 300 - 25P，試求：(a)均衡物價和所得水準為何？(b)假設總需求成長 10%，其他條件不變，新的均衡物價和所得水準為何？(c)假設總供給成長 10%，其他條件不變，新的均衡物價和所得水準為何？

解析 (a) AD = AS

　　$300 - 25P = 250$

均衡物價與所得水準：

　　$P = 2, y = 250$

(b) $(1 + 10\%)AD = AS$

　　$(1 + 10\%)(300 - 25P) = 250$

　　$P = 2.91, y = 250$

(c) $AD = (1 + 10\%)AS$

　　$(300 - 25P) = 250(1 + 10\%)$

　　$P = 1, y = 275$

7. 假設消費函數 $C = 1,000 + 0.75y_d$、投資函數 $I = 250 - 20r$、稅收 $T = ty = 0.2y$、政府支出 $G = 150$、名目貨幣供給 $M = 600$、貨幣需求 $L = 0.5y - 100r$，試求總需求函數。當物價水準為 1 時，所得水準和利率水準為何？假設總供給函數為 $y = 2,950 + 90P$，試求總體均衡所得和物價水準。假設自然產出為 3,085，體系是否達到充分就業均衡？假設央行希望採取貨幣政策實現充分就業均衡，需如何調整貨幣供給？

 (a) IS 曲線：

$$y = C + I + G = 1,000 + 0.75(y - 0.2y) + 250 - 20r + 150$$

$$0.4y + 20r = 1,400 \cdots\cdots\cdots\cdots\cdots ①$$

LM 曲線：

$$\frac{600}{P} = 0.5y - 100r \cdots\cdots\cdots\cdots\cdots ②$$

$$0.5y - 100r = 600 \ (P = 1)$$

均衡所得 $y = 3,040$，$r = 9.2$

(b) 由 IS – LM 曲線求得 AD 曲線：

$$\frac{600}{P} = 0.5y - 100r = 2.5y - 7,000 \qquad （由①式移項求出 r 代入②式，$$

求得 AD 曲線）

總供給函數為 $y = 2,950 + 90P$

均衡條件 AD = AS

$$\frac{600}{P} = 2.5(2,950 + 90P) - 7,000$$

$$225P^2 + 375P - 600 = 0$$

$$P = 0.6，y = 3,004$$

(c) 均衡產出小於自然產出為 3,085，體系處於衰退狀況。央行應該採取擴張性貨幣政策實現充分就業均衡。

題　庫

一、選擇題

1. 在何種條件下，財政政策的排擠效果為零？　(a) LM 曲線為水平　(b) LM 曲

線為垂直　(c)央行採取緊縮貨幣供給　(d)透過減稅刺激所得

2. 當體系物價呈現僵化時，擴張性財政政策造成利率和所得上升，並使投資減少，這種政府支出增加造成民眾投資減少的現象，稱為財政政策的　(a)傳遞機制　(b)投資陷阱　(c)貨幣幻覺　(d)排擠效果

3. 當體系處於流動性陷阱，貨幣與財政政策對總產出發揮的效果，何者較強？(a)貨幣政策較弱，財政政策較強　(b)貨幣政策較強，財政政策較弱　(c)貨幣與財政兩項政策均可發揮效果　(d)貨幣與財政兩項政策均無效果

4. 有關短期與長期總供給曲線之區別，何者正確？　(a)短期總供給曲線是垂直的，而長期總供給曲線具正斜率　(b)短期總供給曲線假設貨幣工資僵化，長期總供給曲線則尚未到達充分就業　(c)短期總供給曲線是古典學派主張，長期總供給曲線是 Keynesian 學派主張　(d)當勞工的預期與實際物價趨於一致時，總供給曲線將是長期供給曲線。

5. 當政府的預算赤字擴大時，將對經濟活動造成何種影響？　(a)必導致投資支出減少　(b)將不會影響投資支出　(c)可能導致投資支出增加或減少，但決定於政府赤字發生的原因　(d)可能導致投資支出增加或減少，但決定於投資相對於利率及產出的敏感性

6. 總需求可經由貨幣供給增加而增加（擴張性貨幣政策），或因政府支出增加而增加（擴張性財政政策），何者正確？　(a)前者促使利率上升，後者導致利率下降；消費在兩種政策下都會增加　(b)前者促使利率下降，後者導引利率上升；兩種政策均促使消費增加　(c)前者促使消費增加，後者造成消費減少；兩種政策均促使利率上升　(d)前者促使消費增加，後者將降低消費；兩種政策將促使利率下降

7. 假設物價不變，若一國之 IS 曲線為 $Y = C + I + G$、$C = 50 + 0.8Y$、$I = 200$，而 LM 曲線為 $M^S = 100Y - 800r$，在這種情況下該國政府欲刺激景氣，應採取何種政策較為有效？　(a)增加政府支出　(b)增加課稅　(c)調降存款準備率　(d)增加貨幣供給

8. 決策當局增加政府支出，同時減少名目貨幣供給，將可預期發揮何種效果？(a)總需求與物價增加，但利率不變　(b)總需求、物價水準以及利率均下降

(c)利率上升，總需求及物價變動方向則不一定 (d)總需求及利率下降，物價增加

9. 政府實施擴大內需政策以刺激景氣。如果國家長期生產力並未增加，因素資源亦未改變，此一政策將會形成何種效果（假設人民並無理性預期之情況）？(a)短期所得將增加 (b)短期利率上升 (c)長期物價將上漲 (d)長期所得將增加

10. 針對新古典學派對總供給曲線的基本假設，何者正確？ (a)勞動市場存在工會對勞動供給擁有的一定程度的壟斷 (b)勞動者存在貨幣幻覺 (c)貨幣工資率具有向下調整的僵化性 (d)勞動供給和需求均可立即對實質工資率變化作出反應

11. 針對總供給與總需求的變動趨勢，何者正確？ (a)金融危機促使投資減少，總需求曲線向右移動 (b)減少政府支出將造成總需求曲線左移 (c)資本存量減少促使總供給曲線右移 (d)生產技術進步促使總供給曲線左移

12. 何者與 Keynesian 學派總供給曲線之說法不一致？ (a) AS 曲線呈正斜率 (b)充分就業是常態 (c)貨幣工資率易升難降 (d)勞動達充分就業後，AS 曲線變成垂直線

13. 當體系內物價下跌後，導致 AD 曲線成為負斜率的原因，何者錯誤？ (a)利率下降，投資增加 (b)出口增加，進口減少 (c)實質財富增加，民間消費提高 (d)實質工資率上升，勞動者之消費增加

14. 林全部長考慮採取恆常性擴大公共建設支出時，必須掌握何種正確概念？(a)採取發行公債或課稅融通預算赤字，對體系均會形成擴張效果 (b)發行公債融通，將因公債數量增加發揮財富效果，進而再刺激消費支出增加 (c)採取發行貨幣融通預算赤字，在物價平穩狀況下，將會造成金融環境寬鬆的狀態 (d)財政部採取調整稅率融通政府支出，將會導致 AD 曲線平行移動

15. 假設政府租稅函數為 $T = T_0 + ty$，體系內貨幣供給函數為 $M^S = M_0 + m_1 y - m_2 i$，何者錯誤？ (a)財政部調整稅率 t，將改變 IS 曲線斜率 (b)財政部調整稅率屬於改變自動穩定因子 (c)央行調整 m_1 係數屬於權衡性貨幣政策範圍 (d)央行調整 M_0，將促使 LM 曲線移動

16.央行經濟研究處估算臺灣貨幣需求函數為 $L = 220 + 0.4y - 900r$，而央行發布的貨幣供給函數為 $M^s = 220 + 1,500r + 0.1y$。假設臺灣現在的經濟環境為 $r = 5\%$，$y = 480$，何者正確？　(a)央行係採取逆風而行的貨幣法則　(b)央行理監事會議若將貨幣供給函數改為 $M^s = 350 + 1,500r + 0.1y$，此將代表央行採取寬鬆的權衡性貨幣政策　(c)貨幣市場處於銀根寬鬆狀況　(d)貨幣市場利率出現下降趨勢

17.某中亞小國採取鎖國政策，經濟活動變化與財經當局的權衡性政策密切相關。假設該國在 1999 至 2001 年的 GDP、利率與物價指數的資料如下表所示，試利用 IS－LM 模型判斷可能發生何種現象？　(a)財政部在 2000 年採取減稅政策　(b)央行在 2000 年採取寬鬆銀根政策　(c)財政部在 2001 年採取擴張性支出政策　(d)央行在 2001 年採取緊縮銀根政策

時間	GDP（兆元）	金融市場利率(%)	物價指數
1999	320	5.5%	100
2000	290	3%	100
2001	250	4.5%	100

18.財政部擴大支出造成實質利率上漲，導致私部門支出減少，此種現象稱為：　(a)貨幣流通速度效果　(b)排擠效果　(c)貨幣中立性　(d)貨幣幻覺

19.決策當局採取穩定政策，目的在於試圖改變何種現象？　(a)移動 AD 曲線以穩定產出的短期波動　(b)移動 AS 曲線以穩定產出的短期波動　(c)移動 AD 曲線以維持較高的物價水準　(d)移動 AS 曲線以維持較低的利率水準

20.臺灣的貨幣需求函數可用 Baumol 模型代表，試判斷下列何者正確？　(a)臺灣在 2001 年出現經濟負成長時，貨幣流通速度將會下降　(b)臺灣的 LM 曲線將由正斜率曲線與垂直線兩部分構成　(c)名目貨幣需求成長率將會大於經濟成長率　(d)臺灣金融環境可能會處於流動性陷阱狀態

21.勞資雙方簽訂勞動契約，規定貨幣工資率每年重新議定一次，亦即未到談判時間，貨幣工資率將維持不變。假設所有勞動契約均屬於該類型，在未重新議定貨幣工資率前，對經濟活動將會造成何種影響？　(a)總供給曲線將由正斜率曲線與垂直線兩部分構成　(b) Phillips 曲線將是位於自然失業率上的

垂直線　(c)擴張性貨幣政策將會降低實際失業　(d)隨著勞資雙方重新議定名目工資率，長期總供給曲線將呈現正斜率

22. 假設臺灣景氣邁向繁榮狀況時，體系將會出現何種現象？　(a)人們將因通貨膨脹出現而降低購買力，促使總需求曲線隨著物價上漲而逐步左移　(b)總需求曲線將因財富效果存在而逐步右移　(c)景氣繁榮帶動物價上漲，促使人們加速消費，從而推動總需求曲線右移　(d)景氣繁榮促使人們產生通貨膨脹預期，將會推動貨幣利率上升

23. 行政院主計處估算臺灣的消費函數為 $C = 800 + 0.6y + 0.1(\frac{M_0}{P})$，投資函數為 $I = 100 + 0.1y - 1,000r$。何者正確？　(a)物價變動將導致 AD 曲線移動　(b)AD 曲線呈現負斜率的理由係基於 Keynes 效果　(c)在物價上漲過程中，Keynes 效果將促使 IS 曲線左移　(d)權衡性貨幣政策將帶動 IS 與 LM 曲線移動

24. 假設臺灣的物價水準處於穩定狀況，而中研院經濟所估計臺灣的消費函數為 $C = 500 + 0.7y_d + 0.3(\frac{M_0}{P})$、投資函數為 $I = 200 + 0.1y$、$G = 100$、租稅函數 $T = T_0 + ty$，而 LM 曲線為 $(\frac{M_0}{P}) = 100y - 0.8r$。何者錯誤？　(a)Keynes 效果將不會存在　(b)總需求曲線缺乏價格彈性　(c)體系處於投資陷阱狀態　(d)LM 曲線具有利率彈性

25. 臺灣民眾握有實質貨幣並不在乎利率變動的影響，反而十分在乎利率變動對投資意願的衝擊，試判斷何種說法係屬正確？　(a)LM 曲線相對 IS 曲線具有利率彈性　(b)貨幣政策效果相對顯著　(c)財政政策將不具排擠效果　(d)財政政策與貨幣政策均無效果

26. 臺灣在 2001 年的經濟成長率為 −2.2%，當時的財政部長決定執行短期擴張性支出政策以刺激景氣，並拜託央行總裁共襄盛舉，直接對財政部融通作為支援，則對利率走勢的影響為何？　(a)當期利率會上漲　(b)當期利率會下降　(c)下期利率會下降　(d)下期利率變動不確定

27. 假設臺灣目前的金融環境係偏離 LM 曲線，而且落在 LM 曲線右下方，則體

系將會出現何種現象？ (a)存在資金過剩現象 (b)存在銀根緊縮現象 (c)產出水準呈現遞增趨勢 (d)利率水準出現滑落趨勢

28.假設臺灣的邊際支出傾向大於1，目前環境係偏離 IS 曲線，並且落在 IS 曲線左上方，則體系將會出現何種現象？ (a)存在生產過剩現象 (b)存在超額商品需求 (c)產出水準呈現擴張趨勢 (d)利率水準呈現攀升趨勢

29.假設人們充分預期物價的變動後，何者正確？ (a)財政政策無效 (b)貨幣政策無效 (c)財政與貨幣政策均無效 (d)財政與貨幣政策均有效

30.在其他條件不變下，何種因素發生將推動本國物價水準上漲？ (a)國幣升值 (b)銀行提高超額準備率 (c)本國發生技術進步 (d)在浮動匯率制度下，央行調降法定準備率

31.有關實質景氣循環理論的主張，何者正確？ (a)貨幣完全不能影響實質產出，僅能影響名目所得 (b)貨幣完全不能影響實質利率，只能影響名目利率 (c)貨幣數量變動時，物價無法立即充分調整 (d)貨幣數量變動時，預期物價水準亦相應變動

32.假設臺灣的經濟體系符合貨幣數量學說，則有關 LM 曲線的敘述，何者正確？ (a)臺灣面臨流動性陷阱的狀況 (b)呈現缺乏利率彈性的狀況 (c)呈現正斜率 (d)呈現負斜率

33.體系出現技術進步現象，當其重新達成均衡時，除產出增加外，還會發生何種狀況？ (a)物價下跌、利率不變 (b)物價下跌、利率上升 (c)物價與利率同時下跌 (d)物價與利率的變化不確定

34.假設總體經濟模型如下：生產函數 $y = F(N, K)$，總需求函數可表為 $M = kPy$，勞動供給函數為 $N^d = N(W/P^e)$，$W = P \times (\partial y/\partial N)$，貨幣供給為固定值。下列敘述，何者正確？ (a)央行提高貨幣成長率5%，而勞工採取適應性預期形成，則實質貨幣供給將會增加 (b)央行提高貨幣成長率5%，而勞工採取理性預期形成，則實質貨幣供給將會減少 (c)央行持續維持貨幣成長率5%，通貨膨脹率將持續上升 (d)央行持續維持貨幣成長率5%，總需求曲線將移動一次後就停止

35. 經建會估計臺灣使用的生產函數為 $Y = AK^{0.5}N^{0.5}$，Y 是總產出，A 是生產力、K 是資本、N 是勞動，下列何者正確？　(a)勞動需求函數為 $(\frac{W}{P}) = 0.5A(\frac{K}{N})^{0.5}$，$W$ 是貨幣工資，P 是物價　(b)投資需求函數為 $r = 0.5A(\frac{K}{N})^{0.5}$，$r$ 是實質利率　(c)每單位勞動產出 $y = (\frac{Y}{N}) = f(k)$，$k = (\frac{K}{N})$　(d)當 A 發生變化，臺灣的最適資本數量將會維持不變

36. 依據 IS – LM 模型分析，何種政策搭配效果將促使所得維持不變？　(a)削減政府消費支出，且以所餘經費發給人民　(b)削減政府消費支出，且央行等幅增加名目貨幣供給　(c)削減政府消費支出，但邊際消費傾向增加　(d)削減政府消費支出，且等幅增加公共建設支出

37. 假設財政部擴大公共建設支出，但為避免民怨又不敢採取增稅策略，從而改採發行貨幣融通，此項操作方式造成的長期衝擊為何？　(a)產出增加　(b)國幣升值　(c)物價上漲　(d)失業率下降

38. 有關權衡性政策效果的敘述，何者正確？　(a)體系處於流動性陷阱狀態時，財政政策將會出現完全排擠效果　(b)當貨幣需求的利率敏感性愈低，擴張性財政政策愈有效　(c)在流動性陷阱下，擴張性貨幣政策對債券價格將無影響　(d)當廠商投資活動缺乏利率敏感性時，貨幣政策將能充分影響實質產出的變動

1.(a)	2.(d)	3.(a)	4.(d)	5.(d)	6.(b)	7.(a)	8.(c)	9.(c)	10.(d)
11.(b)	12.(b)	13.(d)	14.(c)	15.(c)	16.(b)	17.(d)	18.(b)	19.(a)	20.(b)
21.(c)	22.(d)	23.(d)	24.(b)	25.(b)	26.(c)	27.(b)	28.(a)	29.(c)	30.(d)
31.(b)	32.(d)	33.(c)	34.(a)	35.(a)	36.(d)	37.(c)	38.(c)		

二、問答題

1. 假設體系處於長期均衡狀態，財政部預擬增加支出，而央行採取兩種因應策略：維持現狀或採取維持利率不變。試問(a)央行採取何種策略對總需求影響

較大？(b)比較央行採取不同策略對體系長期和短期產出和物價的影響。

 (a)央行採取擴張性貨幣政策，對政府支出進行融通，將對總需求的影響最大。

(b)央行採取擴張性貨幣政策，對體系長期物價的影響最大，對短期產出與物價產生的擴張性效果最大。央行採取緊縮貨幣政策，對體系長期物價變動造成的影響最小，對短期產出與物價產生的影響將不確定。

2. 1973 年的石油危機造成總供給下降，而景氣衰退影響總需求減少，假設總需求曲線左移幅度小於總供給曲線左移幅度，試說明對物價指數與實質 GDP 造成的影響。

 體系均衡點由 A 點移至 B 點，物價指數上漲與實質 GDP 下降。

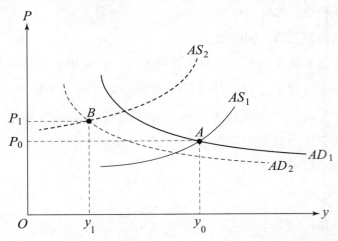

3. 中國在 1997 年 3 月實施軍事演習，以長程飛彈射擊基隆與高雄外海區域，嚴重威脅臺灣安全，造成國內投資意願下降。試以總供需模型說明投資需求下降之影響。

 國內投資意願下降將造成總需求曲線左移，假設總供給曲線維持不變，均衡物價與 GDP 均趨於下降。

4. 臺灣在 1996 上半年的經濟成長率趨緩，很多人建議央行應該增加貨幣供給，

以使市場利率降低刺激景氣。請問貨幣供給增加時，市場利率為何會下降？

解析 貨幣供給增加，透過流動性效果，將促使市場利率下降。

5. 試以總供需模型，分析預期與未預期貨幣供給變動對利率、物價與所得造成的影響。

解析 預期貨幣供給變動將迅速反映在勞工的預期調整，貨幣工資上漲率將等於通貨膨脹率，且等於貨幣增加率，亦即 AS 曲線呈現垂直線，名目利率與物價上漲，實質產出維持不變。未預期貨幣供給變動將無法充分反映勞工的預期變動，貨幣工資上漲率低於通貨膨脹率，亦即 AS 曲線呈現正斜率，結果是短期內將造成名目利率與物價上漲，實質產出也會增加。

6. 何謂排擠效果？試以 IS–LM 模型分析央行採取發行貨幣策略，融通政府公共支出，是否必然會排擠民間投資支出？

解析 排擠效果係指「政府支出直接取代私部門支出，或是間接誘使具利率敏感性的私部門支出呈現反向下降。」政府支出增加將促使 IS 曲線右移至 IS (G) 曲線，而政府採取發行貨幣融通，將因利率維持不變 $r = r_1$，而不會排擠民間投資支出。政府若未採取發行貨幣融通，將因利率維持上漲至 $r = r_2$，將會排擠民間投資與消費支出，所得將會縮小 $y_2 y_3$。

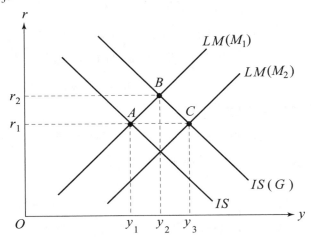

7.政府從事「國家建設六年計畫」,概估耗資新臺幣8兆元以上,採取籌措財源方式包括賦稅融通、公債融通與貨幣融通等。試分別就不同籌措財源方式,分析此項重大公共投資政策對民間投資、物價水準的影響。

(a)政府採取賦稅融通政府支出,將會造成 IS 曲線與 AD 曲線移動,利率將會上升,促成民間投資下降,物價將出現上漲。

(b)政府採取發行公債融通政府支出,將會造成 IS 曲線右移與 LM 曲線左移,AD 曲線移動的方向不確定,但是將造成利率上升,促成民間投資下降,物價變動不確定。

(c)政府採取發行貨幣融通政府支出,將會造成 IS 與 LM 曲線右移左移,AD 曲線將會右移,對於利率變動的影響不確定,民間投資的變化亦不確定下降,物價將會呈現上漲現象。

8.臺灣的 IS－LM 模型可表為:

$$C_t = a + bY_t, \quad Y_t = C_t + I_t + G_t$$
$$M_t / P_t = L_1(Y_t) + L_2(r_t)$$

若 I_t 與 G_t 皆為外生變數,表示投資與政府支出不受所得 Y_t 與利率 r_t 的影響,且 $a > 0$,$b > 0$。試回答下列問題:(a) C_t 上升時,商品市場均衡所得與利率是否皆上升?(b)當政府支出有臨時性與恆常性區別時,前題分析結果是否仍會相同?(c)當 M_t 上升時,商品市場均衡消費與儲蓄是否皆上升?

(a) IS 曲線呈現垂直線,LM 曲線呈現正斜率。當 C_t 上升時,IS 曲線將向右移動,均衡所得與利率將出現上升。

(b)當政府支出屬於臨時性質,當期的 IS 曲線將向右移動,均衡所得與利率出現上升,不過下期的 IS 曲線將回歸原狀,均衡所得與利率又將回到原先水準。

(c)當期貨幣供給增加時,將促使利率下降,而所得水準維持不變,是以均衡之消費與儲蓄仍不受影響。

9.何謂通貨緊縮?何謂流動性陷阱?兩者異同為何?請說明造成通貨緊縮以及流動性陷阱的原因,並以 IS 與 LM 曲線說明在流動性陷阱情況下,何種政

策較佳。

 通貨緊縮通常係指物價普遍性和持續性下跌、貨幣成長率連續性下降以及經濟成長率連續性下降的現象。流動性陷阱係指當利率跌到某一低限時，人們將無限制保有貨幣。兩者同時出現景氣陷入蕭條狀況，不過流動性陷阱強調利率的低限造成人們持有金融資產可能面臨的資本損失，通貨緊縮則在強調物價的下跌與失業率的擴大。當體系處於流動性陷阱時，寬鬆貨幣政策將因無法改變利率，對經濟活動將不發生影響。反觀寬鬆財政政策將因不影響利率，不會產生排擠效果，對經濟活動影響的效果較大。

10.受到不景氣以及經濟結構改變影響，國內失業率從 2000 年開始不斷創新高，為了協助失業者，政府採取幾種不同政策：發放失業救濟金給失業者、提供補貼給雇用失業之廠商、增加公共建設支出。試以總體模型分析三種策略對國民生產與就業之影響。

 (1)發放失業救濟金給失業者：此係屬於政府的移轉性支出，促使 AD 曲線右移，促成國民生產與就業增加。

(2)提供補貼給雇用失業之廠商：此係增加勞動需求，促使就業增加、AS 曲線移動，促成國民生產與就業增加。

(3)增加公共建設支出：此係屬於政府的實質性支出，促使 AD 曲線右移，促成國民生產與就業增加。

11.試述貨幣政策之時間落後的意義，並說明其形成的原因。

 央行採取權衡性貨幣政策，面臨的時間落後如下：

(1)內在落後：央行首先面臨搜集訊息問題，直迄採取政策行動，當中耗費的時間通稱為認知落後。央行從評估採取貨幣政策直至實施政策前所需耗費的時間，稱為行政落後。

(2)中期落後：央行採取調整利率或信用狀況行動，進而影響經濟活動的時間歷程，長度則視金融廠商反應與金融市場敏感度而定。

(3)外在落後：央行調整金融環境後，直至衝擊實質部門活動，當中耗

費的時間一般歸為外在落後，可分為決策落後與生產落後。

12.貨幣需求的所得彈性愈大，貨幣政策愈有效，你同意嗎？請以 IS – LM 圖形說明之。

 貨幣需求的所得彈性愈大，代表 LM 曲線的斜率愈大，愈趨近於垂直線，是以貨幣政策愈有效。

13.試以總供給與總需求模型，分析科技進步對物價、產出與利率之影響。

 科技進步促使生產力提高，促使總供給曲線右移，促使物價下跌與產出增加，而物價下跌將促使實質貨幣供給增加，貨幣市場的均衡利率隨之下跌。

14.面對亞洲金融風暴造成的衝擊,財政部預擬以擴張性財政政策來刺激經濟成長，但若政府支出擴張產生排擠效果，勢必減低對經濟成長的影響效果。請問：(1)何謂排擠效果？(2)假設短期物價固定，在何種情況下財政支出擴張可能對產出完全沒有效果？請以 IS – LM 模型說明之。(3)若資源數量及技術水準皆為固定,長期時物價可以變動,則財政支出擴張對產出的長期效果為何？請利用總供需 (AD – AS) 模型說明之。

(1)排擠效果係指政府支出增加造成私部門支出減少。

(2)當 IS 曲線具有完全的利率彈性,LM 曲線完全缺乏利率彈性,財政支出擴張將對產出完全無效果。

(3)若資源數量及技術水準皆為固定,長期的產出值將是自然產出值,亦即長期總供給曲線將是垂直線,財政支出擴張長期將僅是造成物價上漲，對產出毫無影響效果。

15.假設廠商投資決策主要取決於投資環境優劣，對利率變動較不敏感。就此經濟環境，試分析下列經濟事件，何者係造成經濟不景氣之主因？ (a)消費者與投資者信心不足，導致投資與消費支出下降。(b)因股市不景氣而減少貨幣需求。

 (a)消費者與投資者信心不足,導致投資與消費支出下降,將造成 IS 曲

線左移，總需求減少而釀成不景氣。

　　(b)股市不景氣而減少貨幣需求，將導致 LM 曲線右移，但因 IS 曲線
　　　缺乏利率彈性，總需求將維持不變，對景氣變化並無影響。

16.臺灣在過去數年面臨景氣衰退的窘境，工商企業競相建議央行採取寬鬆貨幣
　政策，促使市場利率下降以刺激景氣。試回答：(a)為何貨幣供給增加，將會
　促使利率下降？(b)利率下降為何能夠刺激景氣？(c)央行增加貨幣供給一定會
　促使利率下降、景氣回升嗎？理由是？

 (a)依據流動性偏好理論，央行增加貨幣供給，將會造成貨幣市場失
　　　衡，超額貨幣供給透過流動性效果，從而促使利率下降。

　　(b)央行增加貨幣供給，促使利率下降，進而引起消費與投資支出增
　　　加，從而刺激景氣回升。

　　(c)假設體系面臨投資陷阱或流動性陷阱，央行增加貨幣供給，將不會
　　　發揮任何效果。

17.假設某國的投資函數可表為：$I = I(r, y)$, $I_y > 0 > I_r$，而該國的 IS－LM 曲線將
　如下圖所示。試分析該國財政部擴大公共支出對投資支出的影響，亦即分析：
　(a)比較 (A, B) 兩個均衡點的投資支出水準；(b) (A, B, C) 三點之投資支出水
　準是否可以比較？

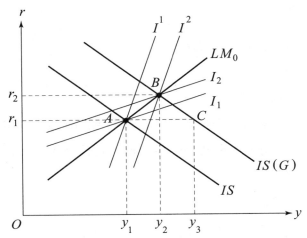

 (a)先就投資函數求出等投資曲線 $I = I(r, y)$，相對 LM 曲線而言，將出

現具有利率彈性 I_1 與缺乏利率彈性 I^1 兩種投資曲線。當政府支出增加，體系均衡由 A 點移至 B 點，造成利率上漲與所得增加。就具有利率彈性的投資函數 I_1 而言，利率上升造成投資支出減少將大於所得增加引起投資支出增加，結果是投資支出減少，財政政策具有排擠效果。反觀就缺乏利率彈性的投資函數 I^1 而言，利率上升造成投資支出減少將小於所得增加引起投資支出增加，結果是投資支出增加，財政政策具有拉入效果。

(b)投資曲線斜率相對小於 LM 曲線，$I_C > I_A > I_B$

投資曲線斜率相對大於 LM 曲線，$I_C > I_B > I_A$

■ 三、計算題

1.假設 A 與 B 兩國均屬於封閉體系，兩國的商品市場結構完全相同：

$$C = 200 + 0.8Y_d$$

$$Y_d = Y - T$$

$$I = 100, G = 300, T = 125$$

至於兩國的貨幣市場結構不同：

A 國的實質貨幣需求 $L_a = \dfrac{Y_a}{5} - 50i_a$

B 國的實質貨幣需求 $L_b = \dfrac{Y_b}{5} - 25i_b$

兩國的貨幣供給相同，物價也相同

$$M^s = M_a^s = M_b^s = 250$$

$$P = P_a = P_b = 1$$

試計算下列問題：(a)試求兩國均衡產出與利率。(b)假設兩國政府支出由 300 擴大為 400，試求兩國均衡利率。那一國的排擠效果較大？

解析 (a) A 國模型：

$$IS: Y = 2,500$$

$$LM: \frac{Y_a}{5} - 50i_a = 250$$

A 國均衡產出與利率：$Y_a^* = 2,500, i_a^* = 5$

B 國模型：

$IS: Y = 2,500$

$LM: \dfrac{Y_b}{5} - 25i_b = 250$

B 國均衡產出與利率：$Y_b^* = 2,500, i_a^* = 10$

(b)政府支出增加後的均衡產出與利率：

A 國均衡產出與利率：$Y_a^* = 3,000, i_a^* = 7$

B 國均衡產出與利率：$Y_b^* = 3,000, i_b^* = 14$

兩國的 IS 曲線為垂直線，故均無排擠效果。

2.某一封閉體系的經濟結構可描述如下：

消費函數　　　　$C = 1,600 - 10,000r + 0.8y + 0.2(\dfrac{M}{P})$

投資函數　　　　$I = 2,400 - 10,000r$

貨幣需求函數　　$L = 0.2y - 20,000r$

貨幣供給函數　　$M^S = 1,600$

試計算下列問題：(a)在物價固定 $P = 2$ 時，該國的均衡利率與所得水準? (b)在物價固定 $P = 2$ 時，財政部增加實質政府支出 $\Delta G = 200$，並採取發行貨幣融通，亦即 $\Delta G = (\dfrac{\Delta M}{P}) = 200$，則原先的均衡利率與所得將會發生何種變化? (c)就前題的答案而言，財政部採取發行貨幣融通政府支出，是否會排擠私部門支出（消費與投資支出）? 變動數量為何?

解析 (a) IS 曲線：

$y = C + I$

$\quad = 1,600 - 10,000r + 0.8y + 0.2(\dfrac{M}{P}) + 2,400 - 10,000r$

$\quad = 4,000 - 20,000r + 0.8y + 0.2(\dfrac{1,600}{2}) = 4,160 - 20,000r$

$0.2y + 20,000r = 4,160$

LM 曲線：

$(\dfrac{1,600}{2}) = 800 = 0.2y - 20,000r$

$$0.4y = 4,960$$

$$y = 12,400, \; r = 8.4\%$$

(b) IS 曲線:

$$\Delta G = (\frac{\Delta M}{P}) = 200$$

$$\Delta M = 200 \times 2 = 400$$

$$y = C + I + G$$

$$= 1,600 - 10,000r + 0.8y + 0.2(\frac{M + \Delta M}{P}) + 2,400 - 10,000r + 200$$

$$= 4,000 - 20,000r + 0.8y + 0.2(\frac{1,600 + 400}{2}) + 200 = -20,000r$$

$$0.2y + 20,000r = 4,400$$

LM 曲線:

$$(\frac{1,600 + 400}{2}) = 1,000 = 0.2y - 20,000r$$

$$0.4y = 5,400$$

$$y = 13,500, \; r = 8.5\%$$

(c)原先的私部門支出:

$$E_1 = C + I$$

$$= 1,600 - 10,000r + 0.8y + 0.2(\frac{M}{P}) + 2,400 - 10,000r$$

$$= 4,000 - 20,000r + 0.8y + 0.2(\frac{1,600}{2})$$

$$= 4,160 - 20,000r + 0.8y$$

$$= 4,160 - 20,000 \times 8.4\% + 0.8 \times 12,400$$

$$= 4,160 - 1,680 + 9,920 = 12,400$$

財政部執行貨幣融通財政政策後的私部門支出

$$E_2 = C + I$$

$$= 1,600 - 10,000r + 0.8y + 0.2(\frac{M}{P}) + 2,400 - 10,000r$$

$$= 4,000 - 20,000r + 0.8y + 0.2(\frac{2,000}{2})$$

$$= 4,200 - 20,000r + 0.8y$$

$$= 4,160 - 20,000 \times 8.5\% + 0.8 \times 13,500$$

$$= 4,200 - 1,700 + 10,800 = 13,300$$

並無排擠效果，$E_2 - E_1 = 13,300 - 12,400 = 900$

3. 假設臺灣使用的生產函數為 $y = 15N - 0.05N^2$，勞動供給函數 $N^s = 75 + 5(\frac{W}{P})$，而臺灣的勞動力 $LF = 125$。另外，假設央行發行的貨幣數量為 $M = 500$，貨幣流通速度為 $V = 4$。試計算下列問題：(a)勞動需求函數。(b)均衡實質工資率與均衡就業水準。(c)自然產出水準與自然失業率。(d)均衡物價水準與貨幣工資率為何？

接著，假設勞工與廠商簽訂勞動契約，將貨幣工資固定為 $W_0 = 12$。試回答下列問題：(e)體系內總供給函數。(f)接續第(d)題求出的均衡物價水準，在 $W_0 = 12$ 的狀況下，勞動市場的實際就業水準為何？實際失業率為何？循環性失業率為何？

解析 (a)勞動需求函數：

$$\frac{\partial y}{\partial N} = 15 - 0.1N = \frac{W}{P}, \qquad N^d = 150 - 10(\frac{W}{P})$$

(b)均衡實質工資率：

$$N^d = N^s, \qquad 150 - 10(\frac{W}{P}) = 75 + 5(\frac{W}{P})$$

$$15(\frac{W}{P}) = 75, \qquad (\frac{W}{P}) = 5$$

均衡就業水準：$N = 150 - 10 \times 5 = 100$

(c)自然產出水準：

$$y = 15N - 0.05N^2$$

$$= 15 \times 100 - 0.05 \times 100^2 = 1,500 - 500 = 1,000$$

自然失業率：$u^* = \frac{(LF - N^*)}{LF} = \frac{125 - 100}{125} = 20\%$

(d)均衡物價水準：貨幣數量學說 $MV = Py$

$$500 \times 4 = P \times 1,000$$

$$P = 2$$

貨幣工資率: $W = P \times (\frac{W}{P}) = 2 \times 5 = 10$

(e)體系內總供給函數: 將 $W_0 = 12$ 代入勞動需求函數,可得就業水準

$N = 150 - 10(\frac{12}{P})$,再將其代入生產函數可得總供給函數:

$y = 15N - 0.05N^2$

$\quad = 15 \times [150 - 10(\frac{12}{P})] - 0.05 \times [150 - 10(\frac{12}{P})]^2$

(f)實際就業水準: $N = 150 - 10(\frac{12}{2}) = 150 - 60 = 90$

實際失業率: $u = \frac{LF - N}{LF} = \frac{125 - 90}{125} = 28\%$

循環性失業率 = 實際失業率 − 自然失業率: $28\% - 20\% = 8\%$

4.所羅門共和國的經濟結構可用下列方程式表示:

$C = a + 0.8y, (\frac{M^d}{P}) = 0.2y - 20r, a = 160 - 10r, (\frac{M^s}{P}) = 160, I = 240 - 10r$

試計算下列問題: (a)所羅門的 IS 與 LM 曲線方程式? (b)所羅門的均衡利率與所得水準?(c)所羅門達成均衡時的消費與投資水準?(d)假設所羅門目前處於 $y = 1,200, r = 4$ 的狀況,利用 IS－LM 曲線標示出該國目前位置。所羅門的貨幣市場係處於何種狀況,超額需求或超額供給? 數量為何? (e)承上題,所羅門商品市場係處於何種狀況? 非意願性的存貨變動數量為何?

解析 (a) IS: $y = a + 0.8y + 240 - 10r$

$\qquad = 160 - 10r + 0.8y + 240 - 10r$

$\quad 0.2y = 400 - 20r$

$\quad$ LM: $160 = 0.2y - 20r$

(b) $r = 6, y = 1,400$

(c) $C = a + 0.8y = 160 - 10r + 0.8y = 1,220$

$\quad I = 240 - 10r = 180$

(d) $(\frac{M}{P})^d = 160 = (\frac{M}{P})^s$,貨幣市場處於均衡狀況,超額需求或供給為零。

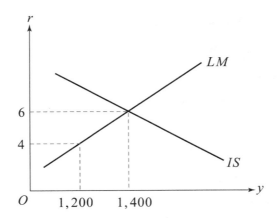

(e)商品市場處於超額需求狀況，非意願性存貨將減少 80。

$$E = C + I = 1,280$$

$$E - y = 1,280 - 1,200 = 80$$

5. 假設某國的貨幣市場均衡軌跡為：$r = 400/(200 - 0.2y)$，商品市場均衡軌跡係在 $r = 180/(0.2y - 20)$ 與 $r = 220/(0.2y - 20)$ 之間波動，試計算下列問題：(a)該國均衡所得在何種區間波動？ (b)該國均衡利率在何種區間浮動？

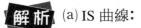 (a) $r = 400/(200 - 0.2y)$ 與 $r = 180/(0.2y - 20)$ 聯立求解，

$y = 379.31, r = 3.22$

(b) $r = 400/(200 - 0.2y)$ 與 $r = 220/(0.2y - 20)$ 聯立求解，

$y = 419.35, r = 3.44$

該國所得波動區間為 (379.31, 419.35)；利率波動區間為 (3.22, 3.44)

6. 假設主計處估計臺灣的消費函數 (C)、投資函數 (I)、交易性 (L_1) 與投機性 (L_2) 貨幣需求如下：

$$C = 150 + 0.5y, I = 200 - 400r, L_1 = 0.25y, L_2 = 50 - 100r$$

假設央行發行的貨幣數量為 $M^s = 180$。試計算下列問題：(a)臺灣的均衡所得與利率。(b)假設廠商對未來市場銷售狀況失去信心，從而降低投資支出 20，則 IS 與 LM 曲線將如何移動？ 試以圖形說明。(c)就(b)題而言，假設央行想維持原先均衡所得水準不變，應該採取何種策略因應？

解析 (a) IS 曲線：

$$y = C + I = 150 + 0.5y + 200 - 400r$$

$$0.5y + 400r = 350$$

LM 曲線：

$$L_1 + L_2 = 0.25y + 50 - 100r = M^s = 180$$

$$0.25y - 100r = 130$$

均衡所得與均衡利率：

$$y = 580,\ r = 15\%$$

(b)自發性投資降低 20，$\Delta I_0 = -20$

IS 曲線將變為 $0.5y + 400r = 330$

令 $\Delta r = 0$, $\Delta y = -40$，亦即 IS 曲線將左移的平行距離

令 $\Delta y = 0$, $\Delta r = -(1/20)$，亦即 IS 曲線將下移的垂直距離

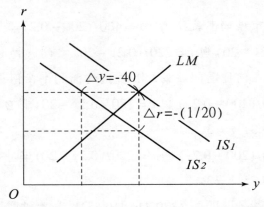

(c)央行若要維持原先均衡所得水準不變，應該採取擴張性貨幣政策，

令 $\Delta r = -(1/20)$，$\Delta M = -100 \times (-1/20) = 5$，亦即貨幣供給量需增

加 5。

第18章　通貨膨脹理論

 習題解答

一、選擇題

1. 當體系發生未預期通貨膨脹時，何種影響係屬錯誤？　(a)名目利率不變下，通貨膨脹將使實質利率上升　(b)發揮財富重分配效果　(c)包括菜單成本與皮鞋成本等交易成本提高　(d)體系採取累進所得稅制時,通貨膨脹將增加名目課稅

2. 依據 Phillips 曲線理論，當失業率維持於自然失業率水準，何者正確？　(a)通貨膨脹率為0　(b)名目工資等於實質工資　(c)勞動供給具有完全彈性　(d)通貨膨脹率未必為 0

3. 促使短期 Phillips 曲線右移的因素中，何者正確？　(a)政府支出增加，促使總需求增加　(b)自然失業率低於實際失業率　(c)預期通貨膨脹率上漲　(d)貨幣供給減少引起利率上漲

4. 假設實際通貨膨脹率大於預期通貨膨脹率，將會發生何種現象？　(a)短期 Phillips 曲線維持不變　(b)短期 Phillips 曲線往左移　(c)通貨膨脹率與失業率長期仍具抵換關係　(d)實際失業率小於自然失業率

5. 在短期內，體系通貨膨脹率 π_t 與失業率 u_t 間的關係可表為：($u^* = 2\%$ 為自然失業率)

$$\pi_t = \pi_{t-1} - 4(u_t - u^*)$$

   假設 $\pi_{t-1} = 4\%$，政府追求零通貨膨脹率，體系本期面臨的失業率為何？　(a) 7%　(b) 5%　(c) 3%　(d) 1%

6. 何者不符合總體經濟現象？　(a)在通貨膨脹期間，某些商品的相對價格上升

(b)在通貨膨脹期間，某些商品的相對價格下降　(c)在通貨緊縮期間，某些商品的相對價格上升　(d)在通貨緊縮期間，所有商品的相對價格都上升

7.體系發生未預期通貨緊縮現象，將會發揮何種影響？　(a)對廠商有利但對勞工不利　(b)對勞工有利但對廠商不利　(c)對廠商及勞工均不利　(d)對廠商及勞工均無影響

<blockquote>
1.(a)　2.(d)　3.(c)　4.(d)　5.(c)　6.(d)　7.(b)
</blockquote>

二、問答題

1. Friedman-Phelps 型態的 Phillips 曲線在長短期時有何差異？理由為何？

解析　Friedman-Phelps 將預期通貨膨脹率與自然失業率引進 Phillips 曲線，短期 Phillips 曲線對應著不同預期通貨膨脹率，且隨預期變化而移動。當人們的預期通貨膨脹率為零，且失業率等於自然失業率時，體系將處於長期均衡狀態，長期 Phillips 曲線將呈垂直線。其中的理由是：決策當局選定 Phillips 曲線上的某一點後，即是製造某一通貨膨脹率，短期或許可愚弄人們，但歷經一段期間的訊息傳播後，將會調整預期與決策行為，Phillips 曲線隨之移動，是以通貨膨脹率與失業率在長期將不存在替換關係。

2.央行採取擴張性貨幣政策，在長期何以僅能造成短期 Phillips 曲線右移？

解析　央行採取擴張性政策壓低實際失業率，促使通貨膨脹率短期內上漲。在短期內，勞工與廠商無法精確掌握物價變動，勞工在期初視貨幣工資率上漲為實質工資率提高，樂意增加工作時間，將降低摩擦性或尋找性失業；廠商在期初視物價上漲為商品需求或相對價格遞增，意謂著以商品衡量的實質工資下跌，樂意雇用更多勞工。然而實際物價上漲將修正人們的預期通貨膨脹率，經由調整貨幣工資過程，短期 Phillips 曲線逐漸向右移動。

3.理性預期臆說內容為何? 在該臆說中, 長短期 Phillips 曲線何以呈現垂直型態?

 經濟成員採取理性預期方式形成預期, 促使 Phillips 曲線中的預期通貨膨脹率採取理性預期形成方式:

$$\pi_t^* = E(\pi_t \mid I_{t-1})$$

$$\pi_t = \pi_t^* + \varepsilon_t$$

將上述結果代入 Friedman-Phelps 的 Phillips 曲線中:

$$\pi_t = \pi_t^* - b(u_t - u^*)$$

$$\varepsilon_t = -b(u_t - u^*)$$

假設人們採取理性預期形成方式時,實際失業率將是在自然失業率附近隨機波動, 亦即長短期 Phillips 曲線係呈現位於自然失業率上的垂直型態。

4.試定義需求拉動與成本推動通貨膨脹。區分兩者是否有益於決策當局執行政策參考?

 (1)需求拉動通貨膨脹: 商品市場持續出現超額需求,造成物價持續揚昇, 此即需求拉動的通貨膨脹。成本推動通貨膨脹: 廠商生產成本或因素價格上升將導致總供給下降, 進而推動物價水準上漲。

(2)由於兩種型態通貨膨脹發生的原因不同, 針對前者可以採取需求管理的權衡性政策,針對後者則需從供給面著手, 採取供給管理的所得政策。

5.試評論: 當人們採取理性預期形成方式,惟有未經宣告的貨幣政策才會發揮實質效果。

 人們在 I_{t-1} 已知下, 採取理性預期方式來形成通貨膨脹率預期:

$$\pi_t^* = E(\pi_t \mid I_{t-1}) = E(m_t \mid I_{t-1})$$

實際通貨膨脹率為:

$$\pi_t = \pi_t^* + \varepsilon_t$$

而實際貨幣成長率將是:

$$m_t = m_t^* + \mu_t$$

$$\pi_t = m_t^* + \mu_t + \varepsilon_t$$

體系內的失業率:

$$\varepsilon_t + \mu_t = -b(u_t - u^*)$$

惟有未經宣告的貨幣政策（隨機項 μ_t）才會發揮實質效果，宣告的部分為 m_t^* 已經在人們的預期中，將不會發揮人和作用。

6. 試說明決策當局短期內可藉提高通貨膨脹率壓低失業率，但在長期卻會失效。

 假設決策當局追求控制失業率，採取權衡性政策提高通貨膨脹率，由於勞工與廠商短期內無法精確掌握物價變動，勞工視貨幣工資率上漲為實質工資率提高，樂意增加工作時間，將降低摩擦性或尋找性失業；廠商視物價上漲為商品需求或相對價格遞增，樂意雇用更多勞工，故將可達到壓低短期實際失業率的目標。隨著實際物價上漲將修正人們的預期通貨膨脹率，經由勞資雙方調整貨幣工資的過程，短期 Phillips 曲線將持續不斷右移，實際失業率逐漸回復至自然失業率水準，擴張性政策在長期將無任何效果。

 題 庫

 選擇題

1. 有關物價預期形成方式的敘述，何者正確？ (a)適應性預期係利用過去的物價資訊來預期未來價格 (b)理性預期係利用過去物價資訊來預期未來物價 (c)靜態預期是古典學派對物價變動的假設 (d)理性預期假設民眾預期完全正確

2. 央行採取緊縮貨幣政策，對經濟活動造成的衝擊為何？ (a)物價和實質 GDP 在短期會下降，長期物價趨於下跌，實質 GDP 將回到原先水準 (b)物價和

實質 GDP 在短期會增加，長期物價將會上升，實質 GDP 則回到原先水準
(c)短期物價會下跌，長期物價將回到原先水準　(d)不論短期或長期，物價均
會下跌，實質 GDP 會上升

3. 何者不符合總體經濟現象？　(a)在通貨緊縮期間，某些商品的相對價格上升
   (b)在通貨膨脹期間，某些金融資產的相對實質報酬率下降　(c)在通貨緊縮環
   境下，某些金融資產的名目報酬率上升　(d)在通貨膨脹期間，所有商品的絕
   對價格都上升

4. 體系內的通貨膨脹將區分為預期和非預期，儘管預期通貨膨脹造成的社會成
   本較低，何種社會成本仍無法避免？　(a)菜單成本　(b)勞動成本　(c)資本成
   本　(d)資源成本

5. 在短期 Phillips 曲線上具有的特質，何者正確？　(a)實際通貨膨脹率等於預
   期通貨膨脹率　(b)預期通貨膨脹率為固定值　(c)實質工資膨脹率為零　(d)
   貨幣工資膨脹率為固定值

6. 假設臺灣發生未預期通貨膨脹，將對經濟活動產生何種影響？　(a)僅有經濟
   效率損失　(b)僅財富重分配　(c)經濟效率損失與財富重分配　(d)市場可迅
   速反映價格上漲，將無經濟效率損失與財富重分配現象

7. 當張無忌採取理性預期方式來形成通貨膨脹預期，何種操作結果係屬錯誤？
   (a)運用所有可得資訊　(b)使預測錯誤的區間範圍降到最小　(c)完全準確的
   預測　(d)錯誤預測平均為零

8. 體系內短期 Phillips 曲線出現往右移動現象，可能解釋的原因為何？　(a)政
   府支出增加促使總需求增加　(b)自然失業率低於實際失業率　(c)預期通貨
   膨脹率上漲　(d)貨幣供給減少造成利率上漲

9. 假設臺灣不同產業間的失業率分配變異性下降，對 Phillips 曲線造成的影響
   為何？　(a)往左移動　(b)往右移動　(c)移動方向不確定　(d)不移動

10. 假設勞資雙方進行貨幣工資協商，引發體系內的預期通貨膨脹率上升，將對
    Phillips 曲線造成何種影響？　(a)向右移動　(b)向左移動　(c)維持不變　(d)
    移動方向不確定

11. 任盈盈採取將現在狀況與前期狀況加權平均方式，形成對未來經濟活動的預

期，此即屬於何種型態？　(a)靜態預期　(b)累退式預期　(c)適應性預期　(d)理性預期

12.行政院主計處估計臺灣短期內通貨膨脹率與失業率間的關係如下：

$$\pi_t = \pi_{t-1} - 4(u_t - u_n)$$

π_t 為通貨膨脹率，u_t 為本期失業率，u_n 為自然失業率。假設 $\pi_{t-1} = 4\%$，且結構性失業率與摩擦性失業率之和為2%。若政府追求零通貨膨脹率，則本期將承受的失業率為何？　(a) 7%　(b) 5%　(c) 3%　(d) 1%

13.主計處衡量消費者物價指數時，何者正確？　(a)未將進口商品和服務列入計算　(b)物價指數所列入計算的產品項目不隨時間更改　(c)二手產品不列入計算　(d)計算結果較實際通貨膨脹率保守

14.依據 Friedman-Phelps 型態的 Phillips 曲線，當體系失業率維持於自然失業率水準，則將發生何種現象？　(a)通貨膨脹率為 0　(b)名目工資等於實質工資　(c)勞動供給有完全價格彈性　(d)通貨膨脹率不一定為 0

15.依據理性預期理論的說法，何者正確？　(a)事先公布的貨幣供給變動對名目 GDP 沒有影響　(b)事先公布的貨幣供給變動對物價沒有影響　(c)未事先公布的貨幣供給變動對產出及物價有短期影響　(d)未事先公布的財政政策對物價沒有影響

16.假設體系內貨幣流通速度呈現穩定值，何種敘述係屬正確？　(a)執行貨幣法則將可維持物價穩定　(b)通貨膨脹率 = 貨幣成長率 - 經濟成長率　(c)通貨膨脹率 = 貨幣成長率 - 失業率　(d)通貨膨脹係因太多貨幣追逐太少商品

17.何種現象係釀成體系出現通貨膨脹的因素？　(a)央行執行公開市場操作改變貨幣數量　(b)財政部採取暫時性擴張支出政策　(c)名目總需求成長率持續超過總供給成長率　(d)名目總供給成長率持續大於總需求成長率

18.停滯性膨脹係指物價上升，而且同時出現何種狀況？　(a)利率下跌　(b)產出水準下降　(c)投資支出減少　(d)政府支出減少

19.當體系內實際通貨膨脹率高於人們的預期水準時，將會釀成何種結果？　(a)廠商的財富將重分配給勞工　(b)借款者的財富將重分配給放款者　(c)放款者的財富將重分配給借款者　(d)政府的財富將重分配給納稅者

20. 臺灣民眾採取理性預期形成方式，所有價格均可充分浮動調整，一旦爆發通貨膨脹時，何種總體經濟現象將會發生？　(a)Fisher 方程式在臺灣金融市場未必成立　(b)財富將由債權人移轉到債務人　(c)財政部要求央行增加發行 100 億元臺幣融通預算赤字，相當於向民眾課徵 100 億元的通貨膨脹稅　(d)Baumol 的實質交易性貨幣需求將維持不變

21. 金融當局設定目標函數為 $U(\pi, u) = -7\pi^2 - 8(u - u^*)$，$u^*$ 是自然失業率，u 是實際失業率，π 是通貨膨脹率。何種說法係屬錯誤？　(a)金融當局偏向重視通貨膨脹率　(b)當痛苦指數固定為 1 時，以通貨膨脹率上漲取代失業率下降，社會效用將會下降　(c)假設 $\pi = 3\%$，當體系處於長期均衡時，社會效用將是 -0.63%　(d)失業率上漲將需配合通貨膨脹率上漲，才能維持社會效用不變下

22. 臺大經濟系估計臺灣產出與通貨膨脹率間的關係，可用 Lucas 供給曲線表示：
$$y = y^* + 0.6(\pi - \pi^e)$$
$y^* = \log Y^*$ 是自然就業產出，$y = \log Y$ 是實際產出值，π 是通貨膨脹率，π^e 是預期通貨膨脹率。何種說法係屬錯誤？　(a)當體系達成自然就業均衡時，預期通貨膨脹率將等於實際通貨膨脹率　(b)當民眾採取理性預期形成方式，體系將達成自然就業均衡　(c)當體系處於繁榮階段時，預期通貨膨脹率將大於實際通貨膨脹率　(d)當民眾採取靜態預期形成方式，央行採取擴張性貨幣政策，將造成景氣繁榮現象

23. 當經濟成員採取適應性預期形成方式時，央行採取擴張性貨幣政策，對經濟活動造成的影響，何者正確？　(a)貨幣利率上漲，而實質利率下跌　(b)循環性失業將是正值　(c)Phillips 曲線將維持不動　(d)通貨膨脹稅將由資金需求者承擔

24. 體系內總需求 (*AD*) 與總供給 (*AS*) 曲線發生變動造成的影響，何者正確？　(a)貨幣工資上漲，促使短期 AS 曲線左移與 Phillips 曲線右移　(b)出口競爭力衰退，促使 AD 曲線左移與 Phillips 曲線右移　(c)貨幣需求彈性增加，促使 AD 曲線與 Phillips 曲線右移　(d)技術進步促使 AS 曲線與 Phillips 曲線

右移

25.當體系內實際通貨膨脹率持續遞增，且異於社會大眾預期，則經濟活動將發生何種變化？　(a)體系內實際產出將小於自然產出　(b)Phillips 曲線呈現持續左移現象　(c)短期總供給曲線呈現持續左移現象　(d)總需求曲線呈現持續右移現象

26.有關 Phillips 曲線發生變動的說法，何者正確？　(a)財政部增加政府支出，將促使 Phillips 曲線右移　(b)勞工局職業訓練所加強職業教育訓練，將造成 Phillips 曲線上的點移動　(c)央行採取冷火雞政策，將促使 Phillips 曲線左移　(d)工會要求全面提高貨幣工資，將促使 Phillips 曲線左移

27.有關物價、利率與景氣循環三者關係之敘述，何者錯誤？　(a)物價是影響利率水準的重要因素之一　(b)名目利率＝實質利率－預期通貨膨脹率　(c)停滯性通貨膨脹為物價與景氣循環間關係的特例　(d)景氣繁榮期間容易造成名目利率上升

28.長期 Phillips 曲線係反映當預期通貨膨脹率等於實際通貨膨脹率時，通貨膨脹率與失業率間的關係。當體系內自然失業率上升時，將會導致長期與短期 Phillips 曲線如何變動？　(a)長期 Phillips 曲線右移、短期 Phillips 曲線不變　(b)長期 Phillips 曲線左移、短期 Phillips 曲線右移　(c)兩條曲線同時左移　(d)兩條曲線同時右移

29.在其他條件不變下，當勞工調高預期通貨膨脹率時，將會造成何種結果？　(a)短期實質產出水準增加　(b)勞動市場供給增加　(c)短期 Phillips 曲線右移　(d)自然失業率上升

30.在理性預期假設下，若央行事先宣佈要實施打擊通貨膨脹的緊縮貨幣政策，民眾卻不相信央行真的會付諸實施，而央行在宣佈後也真的執行，則其對產出、物價造成影響，何者為正確？　(a)產出不變　(b)物價下跌　(c)產出增加　(d)物價不變

31.行政院主計處公布臺灣今年的經濟成長率為3%，何者錯誤？　(a)假設通貨膨脹率為2%，人們必須獲得加薪5%　(b)假設貨幣具有中立性，央行增加貨幣供給，仍然會改變實質經濟成長率　(c)實質經濟成長率上升，將會刺激

貨幣需求成長　(d)貨幣若具有中立性, 央行增加貨幣供給, 實質利率仍將維持不變

32.下列敘述, 何者正確?　(a)體系的物價水準愈高, 實質國民所得水準也愈高 (b)某國的物價水準愈低, 失業率水準也愈低　(c)某國的經濟成長率愈高, 其通貨膨脹率也愈高　(d)體系發生技術進步時, 短期 Phillips 曲線將往左移

33.在其他條件不變下, 當勞工調整對物價水準預期時, 將會產生何種衝擊?　(a)將導致短期實質產出增加　(b)將導致勞動供給增加　(c)將促使短期 Phillips 曲線右移　(d)將導致自然失業率上升

34.某國兩個政黨對貨幣政策的主張不同, 甲黨主張維持高貨幣成長率, 乙黨主張維持低貨幣成長率。該國經濟結構符合 Phillips 曲線的說法, 假設兩黨輪流執政, 產生的結果為何?　(a)乙黨執政時期, 該國將面臨高失業率與低通貨膨脹率　(b)乙黨執政時期, 該國將面臨低失業率與低通貨膨脹率　(c)甲黨執政時期, 該國將面臨低失業率與高通貨膨脹率　(d)甲黨執政時期, 該國將面臨高失業率與低通貨膨脹率現象

1.(a)	2.(a)	3.(d)	4.(a)	5.(b)	6.(c)	7.(d)	8.(c)	9.(a)	10.(b)
11.(c)	12.(c)	13.(d)	14.(d)	15.(c)	16.(d)	17.(c)	18.(b)	19.(c)	20.(d)
21.(d)	22.(c)	23.(a)	24.(a)	25.(c)	26.(c)	27.(b)	28.(d)	29.(c)	30.(b)
31.(b)	32.(d)	33.(c)	34.(b)						

二、問答題

1.何謂通貨膨脹? 對實質經濟活動造成的影響如何? 需求拉動型與成本推動型通貨膨脹有何差異?

解析　通貨膨脹係指物價水準持續上漲的過程, 或貨幣價值持續貶低現象。通貨膨脹造成的影響包括造成財富與所得重分配效果、資源配置扭曲 (菜單成本與皮鞋成本)、國際收支惡化。通貨膨脹包括需求拉動與成本推動兩種類型, 前者係指商品市場持續出現超額需求, 造成物

價持續揚昇；後者係指廠商生產成本或因素價格上升將導致總供給下降，進而推動物價水準上漲。

2. 試回答下列有關停滯性膨脹與貨幣政策的問題：(1)請解釋停滯性膨脹發生的原因及其後果。(2)央行可採取寬鬆的貨幣政策來解決嗎？為什麼？

 (1)停滯性膨脹係指經濟蕭條（或低度經濟成長）與高通貨膨脹率同時並存的現象，發生原因有二：(a)在景氣循環後期，停滯性膨脹係出現需求拉動通貨膨脹後的調整過程。(b)供給面衝擊或成本推動通貨膨脹是停滯性膨脹的成因之一。停滯性膨脹造成的後果為物價上漲而出現通貨膨脹可能發生的成本，同時又將面臨失業增加或生產力下降的狀況。(2)央行若採取寬鬆貨幣政策，將推動物價上漲與就業增加，不過卻進一步推動預期通貨膨脹率上漲，造成總供給減少，又回復原先失業的狀況。

3. 人們通常誤以為通貨膨脹造成的問題是：「通貨膨脹提高生活費用，造成生活水準下降」。該項想法可能似是而非，理由是：通貨膨脹雖然促使各種商品價格持續上漲，不過薪資、租金、利潤等個人的所得來源與個人名目所得亦隨之增加，是以未必造成個人實質所得下降。不過痛苦指數顯示通貨膨脹將造成許多損失。試說明通貨膨脹會造成個人損失與對整體經濟不利的理由。

 通貨膨脹造成個人損失與對整體經濟不利，基本上係因通貨膨脹均屬於非預期型態，將會改變相對價格，促使人們調整決策改變資源配置，從而付出成本。這些損失包括：(1)所得與財富重分配。(2)資源配置扭曲（包括菜單成本、皮鞋成本），屬於社會福祉的無謂損失。(3)國際收支惡化：金融帳與貿易帳反轉成逆差，國幣貶值壓力將日趨擴大。

4. 一旦財政部擬定的擴張性支出政策係向央行借款融通，試以 Phillips 曲線分析此種措施對體系內通貨膨脹率與失業率的影響。

短期將造成通貨膨脹率上升與失業率下降，就長期而言，將因通貨膨脹率上升造成預期通貨膨脹率上升，促使 Phillips 曲線持續右移，最後將僅是造成通貨膨脹率上升，失業率又將回歸原先的水準。

5. Phillips 曲線的函數若表示如下：

$$\pi = \theta\pi^e - b(u - u^*)$$

π 為通貨膨脹率，π^e 為預期通貨膨脹率，u 為實際失業率，u^* 為自然失業率，θ 為大於零之係數。請說明下列何者為正確：

(a) $\theta > 1$ 時，長期 Phillips 曲線為負斜率，長期來看，失業率會收斂到自然失業率之水準。

(b) $\theta = 1$ 時，長期 Phillips 曲線為負斜率，可透過權衡性政策來降低失業率。

(c) $\theta < 1$ 時，長期 Phillips 曲線為負斜率，可透過權衡性政策來降低失業率。

(d) 與 θ 的大小無關，短期 Phillips 曲線為垂直線；短期來看，權衡性政策無效。

(e) 與 θ 的大小無關，短期 Phillips 曲線為負斜率；從長期或短期來看，權衡性政策都有效。

　(a) 假設人們在長期充分預期通貨膨脹率，$\pi = \pi^e$，

$$\pi = \frac{-b(u - u^*)}{1 - \theta}$$

長期 Phillips 曲線應該為正斜率。長期來看，失業率無法收斂到自然失業率之水準。

(b) $\theta = 1$ 時，長期 Phillips 曲線將是垂直線，權衡性政策將無法降低失業率。

(c) $\theta < 1$ 時，長期 Phillips 曲線為負斜率，此即 Tobin 的非加速通貨膨脹的失業率臆說，權衡性政策將可降低失業率。

(d) 短期 Phillips 曲線為負斜率，權衡性政策在短期將會發揮效果。

(e) 短期 Phillips 曲線為負斜率；權衡性政策在短期將會發揮效果，在長期需視 θ 值大小而定。

6. 請回答下列問題：

(1)非加速通貨膨脹的失業率(NAIRU)與自然失業率是否相同？為什麼？

(2)傳統的 Phillips 曲線與附加預期之 Phillips 曲線有何差異？

(1)兩者理論略有差異，兩者可將 Phillips 曲線函數設定如下：

$$\pi_t = \theta \pi_t^* - b(u_t - u^*)$$

自然失業率臆說認為預期通貨膨脹率的係數為 1，短期 Phillips 曲線呈現負斜率，但將隨預期通貨膨脹率變動而隨時移動。非加速通膨的失業率 (NAIRU) 認為長期 Phillips 曲線的預期通貨膨脹率係數是顯著小於 1，長短期 Phillips 曲線均呈現負斜率且具穩定性。

(2)傳統的 Phillips 曲線僅是反映失業率與通貨膨脹率間的替代關係：

$$\pi = \alpha + \beta u^{-1}$$

附加預期之 Phillips 曲線除引進通貨膨脹預期因素外，同時亦引進自然失業率，從而出現長期與短期 Phillips 曲線的區別：

$$\pi_t = \theta \pi_t^* - b(u_t - u^*)$$

7.體系面臨停滯性膨脹時,央行採取權衡性貨幣政策能否解決問題?理由為何?

(1)停滯性膨脹發生的原因包括：(a)政府採取擴張性政策促使物價上漲，帶動通貨膨脹預期上漲，造成總供給曲線左移，導致失業率與通貨膨脹率同時上漲的現象。(b)油價上漲帶動通貨膨脹預期上漲，促使工會持續提高貨幣工資所致。

(2)央行應該改採緊縮性貨幣政策，造成物價下跌，帶動通貨膨脹預期下跌，促使工會降低貨幣工資，進而引起供給曲線右移，將可解決問題。實務上，要求央行全面改採緊縮政策，短期將擴大失業率，顯然無法滿足社會的預期。

8.試回答下列與 Phillips 曲線有關的問題：　(a)該曲線係在說明何種經濟變數的實證關係？　(b)體系何以經常存在通貨膨脹壓力？　(c)何謂自然失業率？自然失業率何以會發生變動？

(a) Phillips 曲線係在說明失業率與通貨膨脹率之間存在負向關係。

(b)決策當局經常採取權衡性財政政策或貨幣政策刺激經濟活動，為

追求擴張產出與就業率，從而促使體系面臨通貨膨脹壓力。

(c)自然失業率係指在價格機能充分發揮下，體系達成充分就業下所存在的失業率，

$$自然失業率 = \frac{摩擦性失業 + 結構性失業}{勞動力}$$

隨著體系內就業資訊趨於充分、政府的輔導就業制度與社會就業保險制度改善，自然失業率將會發生變化。

6

第六篇

貨幣政策

第 *19* 章　國際金融危機與調整

 習題解答

一、選擇題

1. 依據 Mundell 政策搭配法則，當體系發生景氣衰退和國際收支逆差時，決策當局應該採取何種政策？ (a)擴張性貨幣政策和緊縮性財政政策　(b)擴張性財政政策和緊縮性貨幣政策　(c)擴張性貨幣政策和膨脹性財政政策　(d)擴張性貨幣政策和緊縮性財政政策

2. 央行為抑制臺幣升值，進行外匯市場干預，但可能遭致失敗的原因是：　(a)國內反通貨膨脹的壓力　(b)外匯準備不足　(c)缺少國際合作和政策協調　(d)缺少國際融資的機會

3. 隨著國民所得變化而發生的國際收支失衡稱為：　(a)結構性失衡　(b)貨幣性失衡　(c)循環性失衡　(d)偶發性失衡

1.(b)　2.(a)　3.(c)

二、問答題

1. 試說明國際收支失衡的類型。

    國際收支失衡類型包括季節性失衡、偶發性失衡、循環性失衡、結構性失衡、投機與資金外逃收支失衡、貨幣性因素。

2. 試由所得支出方法說明影響匯率貶值效果的因素。

    影響匯率貶值效果的因素包括：(1)所得效果，包括閒置資源效果與貿

易條件效果、⑵直接支出效果，包括緊縮銀根效果與所得重分配效果。

3. 試說明貨幣學派對小型國家經濟成長造成國際收支改善的理由。

 貨幣學派認為國際收支變化係反映貨幣市場供需失衡：

$$B = \Delta M^D - \Delta M^S$$

當本國物價與利率維持不變時，貨幣需求變動量可表為：

$$\Delta M^D = k\Delta Y$$

假設央行未採取擴張國內信用措施，$\Delta M^S = 0$，國內貨幣需求波動只能從國外獲得滿足（反映在外匯準備變動），國際收支餘額變動將等於貨幣需求變動：

$$B = \Delta M^D = k\Delta Y$$

貨幣學派認為經濟成長將增加貨幣需求，在貨幣供給固定下，超額貨幣需求唯有倚賴國際收支順差、國際準備資產累積才能獲得紓解。

4. 試說明某國貨幣國際化後可能產生的好處。

 貨幣出現國際化產生之利益包括：⑴在國際間享有鑄幣權，獲取鑄幣稅。⑵國際通貨發行國的廠商將可規避匯率風險。⑶貨幣國際化有利於發展成為國際金融中心。

 題 庫

一、選擇題

1. 在開放體系下，擴張性財政政策將會導致何種結果？　(a)提高利率並增加經常帳赤字　(b)降低利率並減少金融帳盈餘　(c)提高利率並增加金融帳盈餘　(d)降低利率並增加經常帳盈餘

2. 經濟成員在國際市場從事國際交易活動時，何者錯誤？　(a)國幣將是媒介商品，未必是交易媒介　(b)發行國際貨幣的國家將喪失主導貨幣政策的能力

(c)發行國際貨幣的國家享有發行貨幣的通貨膨脹稅　(d)發行國際貨幣的國家居民無須承擔匯率風險

3. 金融當局採取貶值策略，追求改善國際收支逆差，則貶值國之進口品需求彈性加上其貿易對手國對該國出口品之需求彈性絕對值的總和應：　(a)大於 1　(b)等於 1　(c)小於 1　(d)小於等於 1

4. 在固定匯率制度下，開放體系面臨失業及國際收支順差問題，應採取何種政策因應？　(a)擴張性貨幣政策　(b)擴張性財政政策　(c)所得稅降低以及貨幣貶值　(d)貨幣貶值

5. 央行擴大貨幣供給將造成匯率貶值，何種原因係屬正確？　(a)本國資產相對外國資產的實質利率下跌　(b)本國資產相對外國資產的實質利率上升　(c)本國經濟成長率相對低於外國，導致出口減少　(d)本國通貨膨脹率較低，致使本國貨幣需求增加

6. 體系發生通貨膨脹將容易導致國際收支逆差，何種理由係屬正確？　(a)國幣供給量過多　(b)利率過高導致投資減少　(c)本國物價相對外國上漲，導致進口增加與出口減少　(d)採取緊縮政策所致

7. 開放體系國際收支出現基本失衡現象，何種說法係屬錯誤？　(a)體系經濟結構出現長期失衡　(b)決策當局無法運用權衡性政策進行紓解　(c)國際收支長期處於失衡狀態　(d)基本失衡主要係資本帳失衡所造成

8. 假設某種貨幣成為各國央行持有外匯資產的核心，該貨幣稱為：　(a)關鍵通貨　(b)干預通貨　(c)準備通貨　(d)媒介通貨

9. 各國央行為維持匯率穩定，在外匯市場操作特定的貨幣，該貨幣稱為：　(a)關鍵通貨　(b)干預通貨　(c)準備通貨　(d)媒介通貨

10. 世界各國從事跨國經濟活動，採取某種貨幣作為清算的貨幣，則該貨幣稱為：　(a)關鍵通貨　(b)干預通貨　(c)準備通貨　(d)媒介通貨

11. 央行採取調整匯率方式來改善國際收支逆差，何者正確？　(a)採取臺幣匯率升值　(b)採取匯率貶值　(c)必須看 Marshall-Lerner 條件再決定匯率調整方向　(d)無法調整

12. 金融當局採取外匯管制策略，用以改善國際收支失衡，特色在於：　(a)調整

匯率　(b)改變相對價格　(c)調整相對所得水準　(d)直接管制

13. 臺灣面臨國際收支失衡狀態,何種現象係屬正確?　(a)國際收支帳將處於不平衡狀況　(b)將不利於臺灣經濟發展　(c)可能處於逆差失衡或順差失衡　(d)將促使臺幣不斷貶值

14. 在其他條件不變下,當國人對本國經濟前景感到樂觀時,將會產生何種影響?　(a)本國利率將下降　(b)本國貨幣將貶值　(c)本國的淨國外投資將增加　(d)本國的經常帳餘額將減少

15. 下列敘述,何者正確?　(a)一國物價水準愈高,實質國民所得水準也愈高　(b)一國物價水準愈低,失業率水準也愈低　(c)一國經濟成長率愈高,貿易餘額也愈高　(d)一國發生技術進步, 短期 Phillips 曲線將往右移

16. 有關國際收支變動的敘述,何者正確?　(a)當一國國際收支發生基本失衡時,必須依賴市場機能進行矯正　(b)在國際收支平衡表內,準備資產的符號為正時, 表示一國準備資產增加　(c)在浮動匯率制度下,經濟活動的調整機能是透過利率影響國內需求　(d)臺灣外匯期貨與遠期外匯市場採取直接報價法

17. 某國面臨國際收支赤字時,何種現象發生將會促使赤字現象惡化?　(a)本國所得擴張　(b)外國所得擴張　(c)本國物價相對外國物價下跌　(d)本國利率相對外國利率下跌

18. 針對外匯市場與國際收支之間關係的敘述,何者錯誤?　(a)央行採取緊縮性政策,將對國幣帶來升值壓力　(b)某國採取固定匯率制度,一旦貨幣的匯率被高估,將會引來跨國套利資金的攻擊　(c)本國向外國購買中國古董,此筆交易係屬於本國金融帳的負債項目　(d)央行無法同時控制貨幣數量與失業率

19. 假設某國面臨經常帳出現逆差,何者正確?　(a)假設該國處於自然就業狀態,此即反映該國總需求不足　(b)金融帳可能出現順差現象　(c)假設該國採取固定匯率制度, 則將導致貨幣供給下降　(d)該國將面臨超額儲蓄狀況

| 1.(c) | 2.(d) | 3.(a) | 4.(a) | 5.(a) | 6.(c) | 7.(d) | 8.(c) | 9.(b) | 10.(d) |
| 11.(c) | 12.(d) | 13.(c) | 14.(d) | 15.(d) | 16.(d) | 17.(d) | 18.(c) | 19.(b) | |

二、問答題

1. 支持浮動匯率制度者主張，在主要貿易國家發生通貨膨脹時，浮動匯率將是重要的防波堤，將能隔絕國外通貨膨脹對本國經濟的干擾。試評論該項說法。

解析 假設本國採取浮動匯率制度，當國外發生通貨膨脹，促使本國出口增加與進口減少，國際收支發生盈餘，進而引起匯率升值，導致外匯準備與貨幣供給均不受國際收支失衡的影響。換言之，匯率升值正好抵銷國外物價上漲對本國物價的衝擊，類似建立一個防波堤。

2. 試回答下列有關匯率制度的問題：

　(a)在固定匯率制度下，因應國際收支逆差的方法係暫時以外匯存底支應，然後依賴自動調節機能來解決問題。固定匯率制度下的自動調節機能為何？

　(b)在浮動匯率制度下，因應國際收支逆差的方法是透過匯率變動來調整。匯率變動如何解決國際收支逆差的問題？

　(c)在何種制度下，央行執行的貨幣政策無效？為什麼？

解析 (a)固定匯率制度的自動調節機能，係指當國際收支發生逆差時，央行為維持匯率穩定，將需賣出外匯收回貨幣，造成國內銀根緊縮，物價下跌，從而刺激出口與減少進口，逐漸回復國際收支平衡。

　　　(b)在浮動匯率制度下，國際收支逆差匯率貶值，促成出口增加與進口減少，假設該國能夠滿足 Marshall-Lerner 條件，國際收支逆差問題將可獲得解決。

　　　(c)在固定匯率制度下，央行執行擴張性貨幣政策將無效果，理由是：擴張性貨幣政策造成利率下跌與所得增加，前者將造成金融帳逆差，後者將造成經常帳逆差，兩者將促使外匯準備減少，國內貨幣供給減少，促使經濟體系又回歸原先的狀況。

3. 本國屬於採取浮動匯率制度的小型開放體系,同時採取完全禁止國際資金移動,試比較擴張性貨幣政策與財政政策發揮的經濟效果。

解析 本國完全禁止國際資金移動,將意味著國際收支平衡線為垂直線。該國採取擴張性貨幣政策將造成利率下跌與所得增加,經常帳將出現逆差,匯率將出現貶值,將進一步刺激出口與減少進口,國內均衡產出將進一步擴張。另外,該國採取擴張性財政政策將造成利率上漲與所得增加,經常帳將出現逆差,匯率將出現貶值,將進一步刺激出口與減少進口,國內均衡產出將進一步擴張。

4. 試分析 Mundell 命題:在國際資金完全移動下,財政政策在浮動匯率制度下對擴張產出完全無效,但在固定匯率制度下對擴張產出最為有效;貨幣政策在浮動匯率制度下對擴張產出最為有效,但在固定匯率制度下對擴張產出完全無效。

解析 在國際資金完全移動下,將意味著國際收支平衡線為水平線。在浮動匯率制度下,該國採取擴張性貨幣政策將造成利率下跌與所得增加,經常帳與金融帳將出現逆差,匯率將出現貶值,將進一步刺激出口與減少進口,國內均衡產出將進一步擴張。反觀該國採取擴張性財政政策,將造成利率上漲與所得增加,經常帳將出現逆差,金融帳出現順差,後者大於前者促使國際收支出現盈餘,匯率將出現升值,將進一步刺激進口與減少出口,國內均衡產出將逐漸回歸原先水準,毫無效果可言。

在固定匯率制度下,該國採取擴張性貨幣政策將造成利率下跌與所得增加,經常帳與金融帳將出現逆差,促使外匯準備減少與貨幣供給減少,國內出現緊縮狀況造成均衡產出回歸原先的狀況。反觀該國採取擴張性財政政策,將造成利率上漲與所得增加,經常帳將出現逆差,金融帳出現順差,後者大於前者促使國際收支出現盈餘,促使外匯準備累積與貨幣供給增加,國內出現銀根寬鬆狀況,造成均衡產出將進一步擴張。

5. 在固定匯率制度下，某國面臨對外國際收支逆差，對內存在失業問題，決策
當局若採取調整匯率策略，應該採取貶值或升值？

解析 金融當局應該採取貶值策略，透過貶值刺激出口與減少進口，增加國
內有效需求將可解決失業問題，同時國際收支逆差亦可獲得改善。

6. 試回答下列問題：(a)試說明為何美國國際收支赤字將會造成世界性的通貨膨
脹？(b)假設一國的出口下降，而對進口財課徵關稅，則對匯率將造成何種影
響？該國貨幣在長期係會升值或貶值？

解析 (a)美國國際收支赤字代表美元外流，而美元係國際通貨，美元發行量
將因國際收支赤字而大幅擴張，將會造成世界性的通貨膨脹。

(b)假設一國的出口下降，將造成外幣的供給下降，同時再對進口財課
徵關稅，將會減少進口，造成外幣的需求減少，則對匯率造成的影
響不定。由於該國的進出口呈現同時減少，將反映該國的經濟活動
呈現萎縮，該國貨幣長期將會趨於貶值。

7. 試分別說明在固定匯率、浮動匯率與管理浮動匯率制度下，國際收支出現巨
幅順差，對貨幣供給與匯率可能產生何種影響？金融當局面臨國際收支巨幅
順差時，可能採取的對策有那些？

解析 (1)國際收支出現巨幅順差的影響：(a)固定匯率制度：貨幣供給增加與
匯率不變、(b)浮動匯率制度：貨幣供給不變與匯率出現升值、(c)管
理浮動匯率制度：貨幣供給將會增加與匯率升值。

(2)金融當局面臨國際收支巨幅順差時，採取的對策除讓貨幣升值外，
同時解除外匯管制、降低包括關稅與補貼的財政管制、降低包括配
額與官方貿易獨占的貿易管制等。

8. 試說明貿易條件與匯率的關係：(1)如何定義貿易條件？貿易條件改善是什麼
意思？(2)新臺幣升值會改善或惡化貿易條件？為什麼？(3)為了激勵出口以提
昇經濟成長，政府通常採取的「匯率政策」會「惡化」貿易條件。試問這是
什麼匯率政策？為什麼要採取這種會惡化貿易條件的政策？

(1)貿易條件定義為以國幣計算的外國商品價格與本國商品價格之比

$$\varepsilon = \frac{eP^*}{P}$$

貿易條件改善即是以國幣計算的外國商品價格相對本國商品價格上漲，將有助於提昇本國商品在國際市場的競爭力。

(2)新臺幣升值將促使貿易條件惡化，理由是：以國幣計算的外國商品價格相對本國商品價格下跌，本國商品的國際競爭力下降。

(3)為了激勵出口以提昇經濟成長，政府通常採取匯率貶值政策，追求貿易條件改善達成刺激出口的目的。不過此種政策在短期間可能會成功，長期將會面臨兩個問題：(a)假設符合 Marshall-Lerner 條件，貶值結果可能造成貿易帳順差，匯率將面臨升值壓力，貿易條件逐漸呈現惡化現象；(b)本國出口擴張將促使有效需求增加，造成國內物價上漲，貿易條件也逐漸呈現惡化現象。

9.假設某國實施固定匯率制度，貨幣市場達成均衡且國際收支達成平衡。假設該國央行買進公債，試問：(a)貨幣市場初期將會存在超額供給或超額需求？為什麼？(b)在貨幣市場失衡下，該國總支出將如何變化？為什麼？(c)在其他條件不變下，此一變化又會如何影響該國物價、國民所得、資產報酬率、經常帳餘額、金融帳餘額與貨幣供給？

解析 (a)央行買進公債，放出強力貨幣，貨幣市場初期將會存在超額供給。

(b)貨幣市場存在超額供給，將會促使利率下降，引起消費與投資支出增加，促使總支出增加。

(c)總支出增加將會推動物價上漲、國民所得增加，同時促使資產價格上漲而導致資產報酬率下跌。物價上漲將使本國出口減少，進口增加而導致經常帳餘額淪為赤字，而貨幣供給增加促使利率下跌，將引起資金外流而導致金融帳餘額也淪為赤字。最後，在國際收支呈現赤字的狀況下，外匯準備減少將導致貨幣供給減少。

10.何謂經常帳與金融帳的外匯管制？在何種狀況下，一個國家將會採取這兩類外匯管制？

(a)經常帳的外匯管制係指政府針對包括商品與勞務投資所得與移轉
收支等經常帳交易項目，採取由政府控制其外匯收支。至於金融帳
的外匯管制係指政府對長短期資金移動進行干預與管制。

(b)國家採取這兩類外匯管制的原因包括經濟活動面臨季節性失衡、
突發事件或隨機干擾因素出現、景氣循環、商品供需和因素價格結
構失衡、投機與資金外逃、貨幣性因素等。

11.某國為解決長期貿易收支逆差的問題，因而提出三種政策措施：(a)減少政府
赤字、(b)採取擴張性貨幣政策、(c)提高貨物進口關稅。試評估何種措施最可
能有效達成目的。

解析　假設該國屬於資本完全移動的小型開放體系。

(a)減少政府赤字將造成產出下降與利率下降，促使貿易帳出現盈餘、
金融帳出現逆差；國際收支出現逆差促使匯率貶值，有助於出口增
加與進口減少（貿易帳出現盈餘）。綜合上述兩種效果，貿易赤字
問題可獲解決。

(b)採取擴張性貨幣政策將造成產出增加與利率下降，促使貿易帳出
現逆差、金融帳出現逆差，國際收支出現逆差促使匯率貶值，有助
於出口增加與進口減少（貿易帳出現盈餘）。綜合上述兩種效果，
貿易赤字變化不確定。

(c)提高貨物進口關稅有助於減少進口，出口淨額增加導致產出上漲
與利率上升，促使貿易帳出現逆差、金融帳出現順差，國際收支順
差將引起匯率升值，進一步促使出口減少與進口增加。綜合上述兩
種效果，貿易赤字問題將會惡化。

第 20 章 中央銀行的行為

 習題解答

一、選擇題

1. 央行在體系中扮演的功能，何者正確？ (a)控制利率水準 (b)控制外匯準備數量 (c)控制貨幣數量 (d)控制匯率水準

2. 有關央行必須維持超然獨立角色的敘述，何者正確？ (a)央行安排外匯資產組合，不受國際金融市場影響 (b)央行擬定貨幣政策，不受行政部門影響 (c)央行採取貨幣法則或權衡時，不受金融廠商影響 (d)央行執行權衡性貨幣政策時，無需考慮金融廠商的反應

3. 有關央行從事營運內容，何者錯誤？ (a)央行壟斷鑄幣權 (b)代理國庫 (c)直接收受民間部門存款 (d)保管與運用外匯準備資產

> 1.(c)　2.(b)　3.(c)

二、問答題

1. 央行在經濟活動中提供的金融勞務為何？ 其異於商業銀行之處為何？

解析 央行提供的金融勞務包括經紀勞務、金融監理勞務、流動性勞務等。至於央行與商業銀行相異之處在於：不經營銀行業務與非營利目的。

2. 央行執行權衡性貨幣政策，對體系衝擊過程包括直接調整與間接調整方式，兩者差異為何？

解析 直接調整方式係指央行採取公開市場操作，將形成超額貨幣供給現象。假設人們感覺保有貨幣數量超越願意持有數量，將在商品市場增

加支出。就短期而言，體系無法立即擴張生產，物價水準將因總支出擴張而迅速揚昇，直至漲幅與貨幣供給增幅一致時，體系方才回歸均衡。至於間接調整方式係指央行採取公開市場操作，促使銀行降低放款利率（貨幣利率），使其低於實質投資報酬率（實質利率），促使人們將增加消費支出與廠商增加融資購買實體資本財,兩者共同推動資本財及消費財價格上漲，帶動一般物價水準上昇。

3.央行採取權衡性政策在長期無法達成的目標為何？理由為何？

 央行採取權衡性貨幣政策，在長期無法達成的目標是：(a)控制利率：Fisher 效果。(b)控制失業率：長期 Phillips 曲線。

4.試說明能夠獲選為貨幣指標的條件。

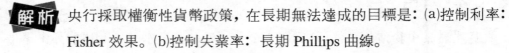 (1)工具調整效果立即反映於貨幣指標變化。(2)貨幣指標變化主要受政策工具變動影響，受環境變數衝擊應該減至最低。(3)貨幣指標變化充分反映目標變數變化。

5.以自由準備充當貨幣指標將會出現何種缺陷？

 該指標的缺陷包括：(a)縱使央行能夠控制自由準備，金融市場利率與貨幣數量指標亦將改變。(b)自由準備變動有時將讓央行誤判政策方向。

6.試說明法則論者認為以權衡性貨幣政策解決經濟問題可能會發生的問題。

 法則論者認為採取權衡性貨幣政策可能發生的問題包括訊息不全、時間落後長度不確定、金融變數的數量效果不確定。

 題　庫

一、選擇題

1.在央行資產負債表中，何者不屬於資產的範圍？　(a)政府債券　(b)強力貨幣

　(c)重貼現及放款　(d)外匯儲備

2.央行屬於國營事業的一環，從事營運展現的特質，何者正確？　(a)追求繳交國庫的盈餘最大　(b)需與財政部相配合　(c)決策需受政府施政的限制　(d)不經營銀行業務

3.在下列貨幣工具中，何者屬質的管制？　(a)存款準備率　(b)重貼現率　(c)公開市場操作　(d)保證金比率

4.臺灣的金融市場在每年春節前通常面臨資金需求殷切，而市場資金在元宵節後將趨於寬鬆。面對此種金融環境的季節性變化，央行採取何種操作策略較為適當？　(a)與銀行進行國庫券附買回交易　(b)降低存款準備率　(c)賣即期美元，同時買進遠期美元　(d)降低重貼現率

5.央行實施權衡性貨幣政策，將面臨各種時間落後，何者正確？　(a)中期落後發生在金融機構　(b)實施貨幣政策所需的內在落後最長　(c)貨幣政策的外在落後變異性極小　(d)實施貨幣政策的內在落後遠高於財政政策

6.央行經濟研究處預估 2004 年的預期通貨膨脹率為 3%，流通速度的所得彈性為 0，預期實質經濟成長率波動區間為 3% 至 6%，則送交央行理監事會議的報告中，2004 年的貨幣成長率目標區應該訂為：　(a) 5% 至 11%　(b) 6% 至 9%　(c) 8% 至 12%　(d) 5% 至 8%

7.在其他條件相同下，甲國貨幣需求的利率彈性為 1.5，乙國貨幣需求的利率彈性為 0.1，丙國貨幣需求的利率彈性為 0.5，何國較適合使用貨幣政策？　(a)甲國　(b)乙國　(c)丙國　(d)三國皆適合

8.央行執行貨幣政策特別重視物價穩定，原因是：　(a)通貨膨脹將對相對價格產生干擾效果，不利於未來決策的擬訂　(b)經濟成員將因物價穩定而受惠　(c)物價穩定有助於提昇央行的獲利　(d)物價波動不利於貨幣法則的執行

9.央行被視為「銀行的銀行」的原因是：　(a)壟斷鑄幣權　(b)保管存款準備金　(c)保管黃金及外匯資產　(d)承擔最後融通資金的任務

10.何種現象將可正確反映央行具有自主性？　(a)可以隨意調整重貼現率　(b)可以隨意調整法定準備率　(c)業務不受行政部門干預　(d)可以自由決定通貨發行量

11. 有關法則與權衡的敘述，何者錯誤？　(a)貨幣學派認為貨幣供給隨機變動是景氣循環的來源　(b)權衡較法則更具有政府信用　(c) Keynesian 學派認為權衡性政策可消弭景氣波動　(d)貨幣學派主張法則性政策才能穩定經濟

12. 針對央行對貨幣數量與實質利率的影響力，何種說法係屬正確？　(a)央行有能力完全控制貨幣數量，但僅有部分能力控制實質利率　(b)央行有能力完全控制實質利率，但僅有部分能力控制貨幣數量　(c)央行對貨幣數量與實質利率水準具有完全控制能力　(d)央行對貨幣數量與實質利率僅有部份控制能力

13. 何種業務不屬於央行制定與執行貨幣政策的範圍？　(a)發行通貨　(b)訂定存款準備率　(c)公開市場操作　(d)金融監理

14. 央行執行貨幣政策追求的最終目標，何者正確？　(a)降低通貨膨脹率　(b)擴大經濟活動波動性　(c)降低經濟成長率　(d)貨幣成長率呈現不規則變化

15. 有關貨幣政策目標與執行間的關係，何種說法係屬錯誤？　(a)貨幣政策追求的最終目標，彼此間有時會相互衝突　(b)在景氣繁榮時，央行採取緊縮貨幣政策以避免通貨膨脹的發生，此係屬於權衡性政策　(c)貨幣政策執行過程中經常存在時間落後　(d)央行將可同時釘住利率與貨幣數量兩種指標

16. 在經濟擴張期間，銀行握有的準備將出現何種變化？　(a)超額準備減少，重貼現貸款增加，自由準備增加　(b)超額準備增加，重貼現貸款增加，自由準備增加　(c)超額準備減少，重貼現貸款增加，自由準備減少　(d)超額準備減少，重貼現貸款減少，自由準備增加

17. 央行透過何種貨幣工具來扮演「最後融通者」的角色？　(a)重貼現政策　(b)法定準備率政策　(c)公開市場操作　(d)專案融通

18. 在央行掌控的貨幣工具中，何者在精確性、伸縮性與自主性上均具有優勢？　(a)法定準備率政策　(b)重貼現政策　(c)公開市場操作　(d)選擇性信用管制

19. 多數經濟學者對央行採取實質利率為貨幣指標發出質疑，理由是：　(a)央行無法完全控制實質利率　(b)實質利率變動對經濟活動影響有限　(c)名目利率才是真正的資金成本　(d)預期通貨膨脹率較實質利率容易衡量

20. 在貨幣法則與權衡的爭論中，有關法則支持者強調採取權衡可能產生的缺

點，何者錯誤？　(a)權衡性貨幣政策將會擴大經濟活動的波動性　(b)權衡將增加政黨對經濟活動的干擾而造成政治景氣循環　(c)政策目標發生衝突　(d)貨幣政策若能配合反景氣循環的財政政策，則效果大增

21.在贊成央行獨立性的論點中，何者錯誤？　(a)避免通貨膨脹壓力　(b)政黨非財經專家制度　(c)避免財政赤字貨幣化　(d)與其他政策配合

22.央行採取調整存款準備率，該項貨幣工具的優點，何者錯誤？　(a)政策效果反應迅速　(b)具有中立性，符合公平原則　(c)伸縮性　(d)宣示效果明顯

23.就貨幣指標而言，當股價指數快速大幅下跌時，顯示的訊息為何？　(a)信用寬鬆　(b)信用緊縮　(c)信用既不寬鬆也不緊縮，並不受影響　(d)無法確定信用是否趨於寬鬆或緊縮

24.央行採取權衡性貨幣政策解決經濟問題，長期受到責難與不信任，主要理由在於：　(a)存在不確定的時間落後　(b)宣導不力　(c)與行政部門的理念大多不符　(d)景氣循環

25.央行採取加速貨幣成長率的策略，將會造成何種影響？　(a)貨幣利率下降　(b)預期通貨膨脹率上漲　(c)失業率下降　(d)實質利率上升

1.(b)	2.(b)	3.(d)	4.(a)	5.(a)	6.(b)	7.(a)	8.(a)	9.(d)	10.(c)
11.(b)	12.(d)	13.(d)	14.(a)	15.(d)	16.(c)	17.(a)	18.(c)	19.(a)	20.(d)
21.(d)	22.(c)	23.(b)	24.(a)	25.(b)					

二、問答題

1.貨幣政策將對國民所得發揮影響。試分析貨幣政策的傳遞機能，試由利率、資產價格與信用市場的角度分別說明。

解析　央行採取公開市場操作，增加貨幣供給產生的效果如下：

(1)利率：貨幣供給增加促使銀行降低利率，刺激消費支出增加與實體資本財需求增加，推動資本財及消費財價格上漲，帶動一般物價水準上昇。

(2)資產價格: 寬鬆貨幣政策提昇人們持有貨幣數量,部分貨幣將轉移
    至其他金融資產,促使金融資產價格調昇,逐漸擴散至實體資產,
    如: 房屋、非耐久或耐久消費財、資本財等,而後者需求增加與價
    格上昇將誘發廠商增產意願。

(3)信用市場: 寬鬆貨幣政策提昇金融廠商授信數量,原本無從融資而
    遭中止的支出計畫,將因融資恢復而獲執行,總支出將隨信用擴張
    而遞增,此即信用可得性效果。

2.央行執行貨幣政策是否應該具有獨立性,長期成為爭論焦點。試從支持與反
  對獨立性央行的立場分別說明之。同時,試分析國內央行執行貨幣政策的獨
  立性程度。

解析 央行追求物價穩定,而失業問題促使行政部門經常以通貨膨脹為代
    價來換取經濟成長。支持央行獨立性者強調央行擁有高度獨立自主
    性,將是擺脫行政部門壓力,拒絕預算赤字貨幣化,完成穩定物價目
    標的必要條件。此外,央行獨立性將可擬定符合社會福祉之貨幣政
    策。反對央行獨立性者認為當央行執行貨幣政策自主性過高時,決策
    者基於政策偏好或個人政治意圖,可能發生過度重視物價穩定而忽
    略失業及景氣蕭條問題,從而損及民眾福祉。

    國內央行隸屬於行政院,總裁由行政院院長任命,故須參加行政院院
    會與定期至立法院接受質詢。是以央行執行貨幣政策,除受立法院詢
    問政策緣由與利用控制預算進行干預外,行政院經由院會要求央行
    貨幣政策需配合其他部門政策。尤其是財政部與經濟部部長皆為央
    行當然理事,行政部門可直接影響央行的貨幣政策,是以央行的法定
    自主性不足。

3.貨幣經濟學者對貨幣政策影響總體經濟活動的傳遞過程有不同的看法,試以
  貨幣觀點與信用觀點分析之。

解析 貨幣政策影響總體經濟活動的傳遞過程有二: (1)貨幣觀點: 強調貨幣
    政策的直接調整過程,央行採取公開市場操作,形成超額貨幣供給現

象，促使人們將多餘貨幣數量在商品市場增加支出。(2)信用觀點：強調貨幣政策的間接調整過程，央行採取公開市場操作，促使銀行超額準備部位遞增，從而擴大授信活動，進而促使銀行降低利率，刺激消費支出與投資支出增加。此外，寬鬆貨幣政策提昇金融廠商授信數量，原本無從融資而遭中止的支出計畫，將因融資恢復而獲執行，總支出將隨信用擴張而遞增，此即信用可得性效果。

4. 試評論下列問題：(a)預測利率較貨幣數量為正確且迅速，是以央行選擇中間指標，利率將優於貨幣數量。(b)由於決策者不喜歡通貨膨脹，是以其執行的政策將不是通貨膨脹的來源。

解析 (a)短期利率呈現顯著波動，波動來源到底緣自內在因素（金融市場供需）或反映外在因素（權衡性貨幣政策）變動，將甚難區分。此外，資本財供需變動也會釀成金融資產市場失衡，貨幣市場利率隨即發生變化，是以央行容易誤判利率變動的含意。

　　　(b)決策者執行貨幣政策，通常是為解決失業與蕭條問題，但卻會衍生出通貨膨脹的問題。

5. 在其他政策不變的情況下，行政院要求央行提撥外匯存底，融通公共建設所需資金，其產生的結果為何？此處所指的其他政策將包括那些主要的可能政策？

解析 此即相當於採取貨幣融通公共支出，將會造成通貨膨脹效果。其他政策包括央行是否限制該筆融通限制僅能在國外使用。

6. 試說明央行資產負債表中的資產與負債的主要項目各為何？

解析 央行的資產包括外匯準備、對政府部門債權、對金融部門債權。央行的負債包括強力貨幣（通貨淨額與準備）、對政府部門債務、對金融部門債務（郵匯局轉存款）。

7. 試述貨幣學派主張貨幣法則之意義，並分析其理由。

解析 貨幣學派主張貨幣法則係強調央行應該事先預估經濟活動的變化，

訂定貨幣供給變動的法則，然後在固定期間內依據該法則規定的貨幣成長率進行控制。至於央行採取貨幣法則的理由，係因央行採取權衡性貨幣政策，將面臨下列問題：(1)央行基於過去訊息及未來可能改善程度，並無法判斷目前是否應該繼續採行權衡性政策。(2)除非央行具有獨立自主的決策權，否則通常偏向重視金融業的利益與需求，無異係委託金融廠商執行此項任務。(3)貨幣法則強調體系長期穩定性，流通速度與經濟成長率在長期將呈現高度穩定現象。

8. 何謂法則與權衡？央行當以權衡或法則來執行貨幣政策？並說明理由。

 貨幣政策型態有二：(a)權衡：央行依據當時經濟金融環境與預擬達成目標類型，主動操作適當貨幣工具。(b)法則：央行在年度期間開始之際，依據預估未來經濟金融環境，擬定既定貨幣法則公告周知，然後依法則操作貨幣工具。央行應該採取以法則來執行貨幣政策，理由包括訊息不全、時間落後與金融變數的數量效果不確定。

9. 試評論下列問題：(a)利率的可測性優於貨幣總計數，因此利率較貨幣總計數適合作為貨幣政策的中間目標。(b)央行對準備貨幣具有十足的控制能力，因此準備貨幣是理想的操作目標。(c)法定準備金政策是積極有效的貨幣工具，是以先進國家的央行相當倚賴此一工具。

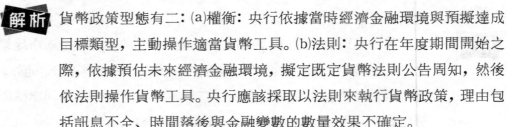 (a)理想的中間目標應具備相關性、可控制性與可測性等三個條件，利率的可測性雖然優於貨幣總計數，但其他兩個條件未必如此。

(b)央行選擇以作為操作目標，縱使具有十足的控制能力，但因貨幣乘數可能不穩定或無法預測，導致要控制貨幣數量的目標可能落空。

(c)法定準備金政策將會嚴重干擾銀行的營運，並使銀行相較於無需提列準備金的金融廠商處於競爭劣勢。該制度所剩下的政策價值，即是可維持較穩定的準備金需求，達成短期利率的較小波動。

10. 試回答與貨幣政策傳遞機能有關的問題：(1)請簡單說明 Keynesian 學派與貨幣學派的實證方法。(2)試比較貨幣觀點與信用觀點的傳遞管道。(3)「當名目

利率偏低且無再調降空間時，則採取寬鬆性貨幣政策來刺激景氣將無效果」，此一論點是否正確？理由為何？

解析 (1) Keynesian 學派與貨幣學派在研究貨幣與總體經濟活動的關係時，使用的實證方法迥異，前者偏好結構式模型分析法，係找出貨幣影響產出的每一傳遞管道，建立總體模型進行分析貨幣政策的傳遞過程；後者偏好縮減式模型分析法，忽略貨幣政策的中間傳遞過程，僅是重視貨幣與產出變動的最終關係。

(2)貨幣觀點的傳遞管道認為，貨幣政策係藉由影響貨幣數量獲利率來影響總需求；而信用觀點的傳遞管道則認為，貨幣政策係透過信用市場的資訊不對稱效果來影響總需求，銀行放款扮演相當重要角色。

(3)不正確，理由有二：(a)影響經濟活動係為實質利率，即使名目利率偏低或為零，寬鬆貨幣政策仍可透過創造預期通貨膨脹率的上升，而促使實質利率下降。(b)透過利率影響經濟活動僅是傳遞管道中的一個，其他尚有資產價格管道、信用可得性管道等，仍可發揮效果。

11.試回答下列問題：(a)何謂最適貨幣供給量？(b)如何計算維持最適貨幣成長率？

解析 (a)最適貨幣供給量係指維持經濟活動穩定運行所需之貨幣數量。

(b)最適貨幣成長率係指基於貨幣數量學說，央行預估每段期間可能達成之經濟成長率、貨幣需求彈性及可忍受的通貨膨脹率，擬定合理貨幣成長率而加以維持。由貨幣數量學說可求得最適貨幣成長率：

$$\dot{M}^s = \pi + \dot{y} - \varepsilon(V, y)\dot{y} - \varepsilon(V, i)\dot{i}$$
$$= \pi + [1 - \varepsilon(V, y)]\dot{y} - \varepsilon(V, i)\dot{i}$$

$\varepsilon(V, y)$ 是流通速度的所得彈性，$\varepsilon(V, i)$ 是流通速度的利率彈性，$\dot{i}$ 是利率成長率，通常為 0。

12.在 2000～2003 年期間，央行持續降低重貼現率與法定準備率，然而國內投

資意願卻未見上升，報章雜誌卻有不同解釋。試回答：(a)在學理上，貨幣政策如何透過利率影響產出？並說明投資意願為何沒有提昇？(b)貨幣政策如何透過銀行授信活動影響產出？並說明投資意願為何沒有提昇？

解析 (a)貨幣供給增加透過流動性效果，將促使利率降低，刺激消費支出與實體資本財需求增加，帶動體系內的產出增加。投資意願沒有提昇的原因包括國內經濟活動可能處於投資陷阱或流動性陷阱的環境。

(b)央行採取調整重貼現率、準備率與進行公開市場操作，改變銀行準備部位，促使銀行擴大授信數量，或是降低利率吸引貸款者前來申請融資，刺激消費支出與投資支出增加，從而帶動體系內產出增加。至於投資意願沒有提昇的原因可能是國內經濟活動處於投資陷阱，或銀行面對景氣衰退，放款的倒帳風險上升，採取信用緊縮策略，不願意擴大授信活動。

13.何謂流動性陷阱？下列兩種貨幣需求函數，試說明何者較有可能存在流動性陷阱？

(a) $\ln M^d = 3.1 + 1.06 \ln Y - 2.05 \ln i$

(b) $\ln M^d = 2.7 + 1.03 \ln Y - 0.01 \ln i$

解析 (1)當體系內的利率水準降低至某一低限時，人們預期未來債券價格將趨於上漲，為規避持有債券可能面臨的資本損失，人們將無限制保有貨幣，導致貨幣需求曲線呈現水平狀態，此即流動性陷阱。

(2)(a)式的貨幣需求利率彈性為：$\varepsilon(M^d, i) = -\partial \ln M^d / \partial \ln i = 2.05$，將大於(b)式的貨幣需求利率彈性 0.01，較有可能存在流動性陷阱。

第 21 章 貨幣工具類型與效果

 習題解答

一、選擇題

1. 何種狀況將對銀行信用與貨幣供給造成影響？　(a)央行出售100億元長期債券　(b)央行出售100億元債券，用於清償到期之國庫券　(c)央行提高長期債券利率，同時降低短期利率　(d)縮短分期攤還放款的償還期限

2. 央行從事互換操作，在貨幣市場買進國庫券，在債券市場賣出等額公債，將會發揮何種結果？　(a)長短期利率皆上升　(b)長短期利率皆下降　(c)長期利率上升、短期利率下降　(d)長期利率下降、短期利率上升

3. 央行採取何種政策，將無法對抗通貨膨脹？　(a)降低重貼現率　(b)提高存款準備率　(c)在公開市場賣出國庫券　(d)採取選擇性信用管制措施

4. 投資人採取融資買進股票，造成貨幣市場資金緊縮，促使央行採取公開市場操作因應，此種操作性質屬於：　(a)防禦性操作　(b)投機性操作　(c)積極性操作　(d)動態性操作

5. 央行調整重貼現的票據資格，將發揮何種效果？　(a)影響資金運用方向　(b)控制銀行準備部位　(c)影響銀行資金成本　(d)限制銀行再融資額度

6. 央行在公開市場買進國庫券，將會產生何種效果？　(a)銀行業準備部位增加　(b)銀行業準備部位下降　(c)不會改變銀行業準備部位　(d)引起貼現率上升

7. 臺灣地區在1979與1988年間出現房地產價格飆漲，央行對房地產放款進行嚴格審核，此種針對不同用途之放款實行管制是為：　(a)公開市場操作　(b)重貼現率政策　(c)選擇性信用管制政策　(d)法定準備政策

8. 美林證券在臺灣股市獲利並匯出大筆資金，而央行採取穩定匯率目標，則將

產生何種效果？　(a)央行採取沖銷政策，臺灣的債券供給會增加　(b)央行採取沖銷政策，臺灣的債券供給將減少　(c)央行採取沖銷政策，臺灣的貨幣供給將會下降　(d)央行採取沖銷政策，臺灣的貨幣供給將會增加

| 1.(a) | 2.(c) | 3.(a) | 4.(a) | 5.(a) | 6.(a) | 7.(c) | 8.(b) |

二、問答題

1.央行採取選擇性信用管制的理由為何？

解析　央行採取選擇性信用管制的理由包括：(1)輔助或替代效果、(2)修正資源配置方式、(3)避免所得與財富重分配效果。

2.試說明央行選擇最具效率貨幣工具的標準。

解析　標準包括：(1)控制貨幣數量與銀行信用數量能力、(2)對利率期限結構的影響、(3)彈性、(4)對預期形成的影響、(5)對金融廠商決策的影響。

3.試說明準備率政策工具缺乏伸縮性的理由。

解析　央行調整準備率缺乏彈性的理由包括：(a)央行微幅調整準備率，對銀行超額準備部位、貨幣乘數與銀行信用乘數衝擊深遠。(b)央行調高法定準備率，將迫使銀行出售流動性資產或擴大借入準備來應付準備不足，銀行對其排斥性極大。(c)央行提高法定準備率前，通常會事先告知銀行，致使此項工具反而變為效率遲緩。

4.公開市場操作要能成功的條件為何？

解析　公開市場操作的成功條件包括：(1)金融市場須達一定規模與須具備足夠金融資產在市場流通。(2)金融資產多元化。(3)公開市場操作需將央行的貼現機能與銀行預擬授信數量相互結合。

5.試比較市場利率臆說與貨幣總量臆說。

解析　(1)市場利率臆說：央行從事公開市場操作則以釘住長期利率 r^* 為原

則。當市場利率超越 r^* 顯示金融環境緊縮，央行應採放鬆銀根的
公開市場操作。反之，市場利率低於 r^* 代表銀根寬鬆現象，央行
宜採緊縮銀根的公開市場操作。

(2)貨幣總量臆說：央行評估事先決定最適貨幣數量為 M^*，一旦體系
內實際貨幣數量超越 M^*，央行宜採緊縮銀根的公開市場操作。反
之，實際貨幣數量若低於 M^*，央行宜採寬鬆銀根的公開市場操作。

6.試比較動態性操作與防禦性操作的差異性，兩者難以區分的理由何在？

 央行追求穩定所得水準，預測貨幣市場干擾貨幣供給的因素，然後在
公開市場反向操作，消弭干擾因素以穩定貨幣數量，此即防禦性操作
範圍。另外，央行在貨幣市場主動操作票券改變貨幣供給，此即屬於
動態性操作。上述兩種操作策略甚難劃分：(a)防禦性操作須以央行估
計金融市場干擾因素為基礎而進行操作，此項估計或有誤差。(b)公開
市場操作不僅持續進行，同時伴隨嘗試與修正過程，兩種概念在操作
初期實際上混為一談，造成難以區別央行進行操作的性質。

 # 題　庫

一、選擇題

1.在金融體系健全的國家，何者是控制貨幣供給的最重要工具？　(a)公開市場
操作　(b)重貼現率政策　(c)法定存款準備率　(d)直接管制

2.在金融體系中，何種利率係屬最低？　(a)重貼現率　(b)短期擔保融通利率
(c)懲罰利率　(d)隔夜拆款利率

3.央行核准給予商業銀行的重貼現額度，通常視何者而定？　(a)銀行資產規模
(b)銀行存款規模　(c)銀行放款規模　(d)銀行資本適足性

4.央行採取何種貨幣工具，將能發揮最強烈效果？　(a)法定存款準備率　(b)
重貼現政策　(c)直接信用控制　(d)公開市場操作

5. 央行採取公開市場操作,抵銷貨幣市場隨機因素的干擾,本質上係屬於: (a)防禦性動作 (b)選擇性操作 (c)沖銷性操作 (d)動態性操作

6. 央行利用短期票券進行公開市場操作,此種短期票券係指: (a)甲種國庫券 (b)商業本票 (c)可轉讓定期存單 (d)乙種國庫券

7. 有關央行採取擴張性貨幣政策的操作方式,何者錯誤? (a)央行採取買賣政府公債方式為之 (b)央行必須持有黃金準備才能發行通貨 (c)央行可採取調整存款準備率為之 (d)央行直接融通銀行為之

8. 何者不屬於貨幣政策中的「質的管制」工具? (a)消費信用的分期付款率 (b)證券交易保證金比率 (c)重貼現率 (d)專案融通

9. 何者屬於選擇性信用管制工具的一環? (a)重貼現率政策 (b)公開市場操作 (c)存款準備率政策 (d)輸入信用管制

10. 央行在公開市場操作買進債券,對金融活動造成的衝擊為何? (a)債券收益率上升 (b)強力貨幣下降 (c)債券價格上升 (d)毫無影響

11. 在其他條件不變下,央行宣佈調低重貼現率,將對金融市場利率水準造成何種衝擊? (a)上升 (b)下降 (c)維持不變 (d)大幅波動

12. 央行在公開市場拋售公債,將會造成何種結果? (a)利率與公債價格均下跌 (b)利率下跌、公債價格上漲 (c)利率上升、債券價格下跌 (d)金融市場的信用擴張

13. 央行採取何種操作,將會降低貨幣供給額? (a)在貨幣市場發行乙種國庫券 (b)在外匯市場買超美元 (c)收回到期之央行可轉讓定存單 (d)降低重貼現率

14. 央行在外匯市場操作,出現買超美元的動作,將會產生何種衝擊? (a)銀行業的準備金總量增加 (b)金融市場利率上升 (c)銀行業面臨的風險下降 (d)引起臺幣匯率升值

15. 央行彭總裁為消除股價巨幅波動,對貨幣市場運作形成的干擾,應該採取何種性質的公開市場操作? (a)防禦性動作 (b)互換性操作 (c)積極性操作 (d)動態性操作

16. 央行業務局在金融市場買進短期票券,賣出等額的長期債券,何者正確? (a)

體系內的銀根趨於寬鬆　(b)屬於互換操作的交易方式　(c)導致長期利率下降與短期利率上升　(d)對利率與貨幣供給將無影響

17.央行業務局若以利率為操作目標,係指何種指標而言?　(a)重貼現率　(b)隔夜拆款利率　(c)基本放款利率　(d)公債殖利率

18.下列敘述,何者正確?　(a)央行無法完全控制重貼現數量,但能透過公開市場業務影響重貼現數量　(b)央行能完全控制重貼現數量　(c)央行不能完全控制重貼現數量,但能透過訂定重貼現利率影響重貼現數量　(d)央行重貼現數量每年以固定比例成長

19.假設決策當局的共識是維持總需求不變,當央行面對財政部增加課稅時,應該採取何種策略因應?　(a)提高存款準備率　(b)提高重貼現率　(c)在公開市場購買國庫券　(d)要求銀行限制信用

20.央行採取的重貼現政策的內容,何者錯誤?　(a)調整重貼現率　(b)決定重貼現的票據資格　(c)訂定最高融通限額　(d)限制可以融通的銀行家數

21.央行採取調整重貼現率工具,主要目的在於:　(a)影響體系內的資金運用方向　(b)控制銀行準備資產數量　(c)影響銀行的資金成本　(d)限制銀行的再融資額度

22.當央行採取貨幣數量作為貨幣指標時,體系內貨幣需求發生波動,將會造成何種結果?　(a)利率固定不變　(b)所得固定不變　(c)貨幣數量波動進而影響經濟穩定性　(d)利率波動進而影響經濟穩定性

23.由於民間支出與利率間呈現不穩定關係,造成 IS 曲線出現波動狀況,何種結果將屬正確?　(a)貨幣與非貨幣資產需求也將因此而出現不穩定現象　(b)貨幣政策應該採取釘住貨幣數量指標　(c)貨幣政策應該採取釘住利率指標　(d)體系的實質面相對貨幣面為穩定

24.銀行業向央行申請重貼現放款,何者正確?　(a)央行透過調整重貼現率,將可完全控制貼現放款數量　(b)市場利率高低將會影響銀行業申請重貼現放款的意願　(c)銀行業增加重貼現貸款,將會造成貨幣供給減少　(d)重貼現率高低將不會影響強力貨幣數量

25.央行出售外國資產對強力貨幣造成的影響,將與何種政策措施發揮的效果雷

同? (a)降低重貼現率 (b)降低法定準備率 (c)在公開市場買進公債 (d)在公開市場賣出國庫券

26.當央行採取未沖銷的外匯干預政策,試圖提高國幣價值時,何種結果係屬正確? (a)央行持有的國際準備會減少 (b)國幣供給量會增加 (c)本國利率會下降 (d)央行必須購入外國資產

27.央行在外匯市場買超美元,同時又對銀行出售央行定期存單,此即屬於何種操作方式? (a)動態性操作 (b)換匯交易 (c)附買回協定 (d)沖銷政策

28.央行從事公開市場操作,何種策略係屬正確? (a)央行在春節期間的釋金動作係屬於動態性操作 (b)央行的防禦性操作之釋金係代表寬鬆貨幣政策 (c)若銀行準備金因兩岸關係陷入危機而減少,此時央行的釋金動作係屬於動態性操作 (d)央行認為不景氣即將來臨,為刺激景氣而釋金動作係屬於動態性操作

29.有關央行操作行為的敘述,何者正確? (a)央行為促使臺幣貶值而買進美元,將使準備貨幣減少 (b)央行為穩定匯率而在外匯市場賣出美元,將促使準備貨幣增加 (c)在會計帳上,央行累積的外匯存底係屬於保留盈餘 (d)央行發行臺幣,對央行而言係屬於負債

30.當金融市場較政府支出不穩定時,央行執行貨幣政策採取的指標,何者較佳? (a)釘住貨幣數量 (b)釘住利率 (c)同時釘住貨幣數量與利率 (d)貨幣數量與利率均非央行釘住的指標

31.假設體系內僅有單一銀行、無資金外流、無超額準備與僅吸收支票存款,當央行採取透過貼現窗口或公開市場操作釋出資金,比較兩者引發貨幣供給增加額的大小,何者正確? (a)前者將小於後者 (b)前者將大於後者 (c)前者將等於後者 (d)無法確定兩者的大小

32.央行從事公開市場操作,要能發揮效果所需具備的條件,何者錯誤? (a)效率的金融市場 (b)銀行持有穩定的準備 (c)銀行需避免向央行要求重貼現 (d)銀行需處於準備不足狀況

33.若財政部增加支出,而央行追求維持利率不變,則應該採取何種政策? (a)在公開市場中買進債券 (b)提高郵匯局轉存央行比例 (c)提高存款準備率

(d)提高重貼現率

34.央行採取存款法定準備制度來控制貨幣供給,能夠發揮最大的優勢,何者正確?　(a)提高存款準備率可促使低超額準備銀行減輕流動性問題　(b)對全體銀行造成的影響相同,屬於強有力的貨幣工具　(c)可以消除央行採取動態公開市場操作的需要　(d)對銀行資產組合的衝擊最小

35.央行訂定重貼現票據資格,考慮的影響方向為何?　(a)影響銀行運用資金的方向　(b)控制銀行借入準備數量　(c)影響銀行的資金成本　(d)限制銀行授信能力

36.央行訂定銀行重貼現額度,主要目的在於:　(a)影響銀行運用資金的方向　(b)產生宣告效果　(c)影響銀行的資金成本　(d)限制銀行擴張授信能力

37.有關央行貨幣政策的效果,何者錯誤?　(a)存款準備比率愈高,銀行創造信用能力愈低　(b)當央行認為貨幣市場利率偏高時,將買入銀行持有之公債及央行定存單　(c)央行調整重貼現率,主要目的在於利率政策的宣示效果　(d)採取調整重貼現率所產生之效果最強

38.假設央行在外匯市場採取完全沖銷操作,在其他條件不變下,何種情況可能出現?　(a)強力貨幣增加且國幣貶值　(b)強力貨幣減少且國幣貶值　(c)債券價格上漲且國幣升值　(d)利率下跌且國幣貶值

39.央行採取選擇性信用管制,想要達成的目的為何?　(a)調整銀行保有的準備部位　(b)管制銀行的貼現放款　(c)調整利率水準　(d)管制信用市場

40.央行採取釘住利率指標的公開市場操作策略,體系內貨幣供給將如何變動?　(a)繁榮期間將會遞增　(b)蕭條期間將會遞減　(c)繁榮期間將會遞減　(d)貨幣供給將維持不變

41.面對遏止通貨膨脹的呼聲,央行採取何種政策反而會釀成火上加油的效果?　(a)放寬重貼現票據資格　(b)提高法定準備率　(c)在公開市場賣出國庫券　(d)實施選擇性信用管制措施

42.央行向金融業表明政策立場,希望金融廠商能夠支持央行政策,何者正確?　(a)此即公開宣傳政策　(b)透過宣告效果達成目的　(c)此即道德說服政策　(d)此即自動合作政策

43.有關央行執行貨幣政策的內涵,何者錯誤? (a)央行發行國庫券促使短期貨幣供給下降,此即屬於公開市場操作範圍 (b)重貼現率代表央行對利率看法與可能採取的動作 (c)央行降低存款準備率,促使貨幣供給增加,短期利率將因此而上漲 (d)央行可透過干預外匯市場而改變利率水準

44.央行接受郵匯局或合庫的轉存款,主要的作用在於: (a)控制外匯存底 (b)沖銷金融市場的干擾因素 (c)抑制物價波動 (d)穩定利率與匯率

1.(a)	2.(a)	3.(c)	4.(a)	5.(a)	6.(d)	7.(b)	8.(c)	9.(d)	10.(c)
11.(b)	12.(b)	13.(a)	14.(a)	15.(a)	16.(b)	17.(b)	18.(b)	19.(c)	20.(d)
21.(c)	22.(d)	23.(b)	24.(d)	25.(d)	26.(a)	27.(d)	28.(d)	29.(d)	30.(b)
31.(c)	32.(d)	33.(a)	34.(c)	35.(a)	36.(d)	37.(d)	38.(c)	39.(d)	40.(a)
41.(a)	42.(c)	43.(c)	44.(b)						

二、問答題

1.央行執行貨幣政策追求的目標為何? 為達成目標所使用的工具為何?

解析 央行擬定貨幣政策,追求的目標包括物價穩定、充分就業、經濟成長與國際收支平衡。央行使用的貨幣工具包括:(1)量的管制:包括法定準備率、重貼現率與公開市場操作。(2)質的管制:包括(a)選擇性信用管制:證券市場的融資與融券、商品市場的消費者信用管制與不動產信用管制。(b)直接管制:包括信用分配、直接行動、流動性比例與利率上限等。(c)間接管制:包括維持銀行關係、道德說服、自動合作與公開宣傳等。

2.為什麼工商企業與銀行業總是要求央行調降存款準備率?這對企業與銀行的成本與利潤分別有何影響?

解析 工商企業要求調降存款準備率,係因銀行可以放款的資金將大幅增加,放款利率將會下跌,有助於降低資金成本與增加利潤。至於銀行

業要求調降存款準備率，將可增加可運用資金，降低放款的資金成本與增加利潤。

3. 貨幣政策採取釘住貨幣數量或利率法則時，在何種狀況下將發生相異效果？

解析 當商品市場或實質部門發生波動時，央行採取這兩種法則的效果將會不同。

4. 試分析央行採取緊縮貨幣政策，在貨幣市場對利率與貨幣需求量的影響。

解析 央行採取緊縮貨幣政策，代表貨幣供給減少，將造成貨幣市場利率上升，而貨幣需求量將因利率上漲而減少。

5. 試利用 AD－AS 模型分析央行在公開市場賣出國庫券，對物價與所得水準的影響。

解析 央行在公開市場賣出國庫券，貨幣供給減少，促使總需求減少。在短期內，短期總供給曲線為正斜率，將造成物價下跌與產出減少。就長期而言，物價下跌促使預期通貨膨脹率下跌，短期總供給將會增加，物價將會持續下跌，產出將會增加。此種現象將持續至實際產出回歸至自然產出為止，而物價水準則是下跌。

6. 學者對央行是否具有控制貨幣數量的能力感到十分懷疑。試檢討央行對準備貨幣與貨幣乘數的控制能力。

解析 貨幣供給是強力貨幣與貨幣乘數之積，不過央行無法控制準備貨幣與貨幣乘數的原因包括：(1)貨幣定義及控制程度。(2)非銀行金融廠商與銀行兩者間的業務存有高度替代性。貨幣所得流通速度並非穩定，央行僅能控制貨幣數量，對經濟活動方向仍然無從掌控。(3)貨幣數量與貨幣政策間的關係並不穩定：(a)貨幣乘數中含有利率變數，貨幣數量增減引起利率變動，進而改變貨幣乘數，實際貨幣數量變動與貨幣政策預擬操作目標將發生分歧。(b)外生變數（如：財政政策、債券操作、金融市場變動）也會影響貨幣數量變動。

7. 假設體系內的投資具有不確定性，試分析選擇貨幣政策中間目標時，採取利率目標法則或貨幣數量法則，何者較佳？

假設體系內的投資具有不確定性，造成實質部門不穩定（亦即 IS 曲線發生波動），引發利率背離目標利率值 $(r = r^*)$，央行若採取利率目標法則操作，體系內的所得波動範圍為 $y_3 y_4$，而採取貨幣數量法則操作造成所得波動範圍為 $y_3 y_4$，後者顯然較佳。

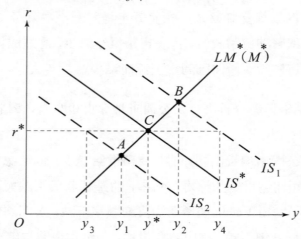

8. 何謂不沖銷外匯干預？何謂沖銷外匯干預？假設央行原先的資產負債表如下：

資產		負債	
國外資產	1,200	銀行業存款	750
國內資產	1,850	通貨	2,300

假設民間出售 100 萬元外匯給銀行業以換取本國通貨，而央行採取沖銷外匯干預，則其資產負債表將如何變化，試列表說明之。

央行在外匯市場買進或賣出外匯以維持匯率穩定，此種將會造成貨幣供給變動，此即不沖銷外匯干預。假設央行同時在貨幣市場賣出或買進國庫券，將干預外匯市場所引起的貨幣數量變動予以消除，此即沖銷外匯干預。央行買進外匯資產 100 萬元，放出通貨 100 萬元，然後再發行國庫券沖銷增加的通貨，是以央行資產負債表的新狀況如下：

資產		負債	
國外資產	1,300	銀行業存款	750
國內資產	1,850	通貨	2,300
		國庫券	100

9. 試說明貨幣政策追求之各種目標，及彼此間可能存在的衝突。

 央行擬定貨幣政策，追求的目標包括物價穩定、充分就業、經濟成長與國際收支平衡。其中，依據 Phillips 曲線分析，物價穩定與充分就業可能發生衝突，而依據 Keynesian 理論，經濟成長與國際收支平衡可能發生衝突。

10. 試就下列狀況分別指出何者為緊縮信用？何者為放寬信用？(a)央行出售 100 億元長期債券、(b)央行出售 100 億元長期債券，以所得款項清償到期之同額國庫券、(c)央行提高長期債券利率，同時降低國庫券利率。

解析 (a)緊縮信用

(b)維持貨幣供給不變

(c)放寬信用。

11. 在其他條件不變下，央行在外匯市場買進美元，同時對銀行出售同額之乙種國庫券，試分析對匯率、利率與貨幣供給的影響。

解析 臺幣匯率將貶值、利率將下降、貨幣供給維持不變。

12. 何謂保證金比率？央行降低證券保證金比率造成的影響為何？

解析 人們買進上市或上櫃股票，由綜合證券商同時給予 θ 比例的融資，本身必須支付 $(1-\theta)$ 比例的資金，θ 是融資比例，$(1-\theta)$ 即是保證金比例，或人們擴張信用買進股票必須自備的最低保證金。降低證券保證金比率將可擴大買進股票的能力，增加股票市場的需求。

13. 假設政府部門追求產出水準的穩定性或變異性最小，當體系面臨貨幣面或實質面干擾時，在何種情況下，央行應該採取釘住利率政策？在何種情況下，央行應改採取釘住貨幣數量政策？試繪圖說明。

解析 (a)當體系面臨貨幣面干擾大於實質面干擾時，代表 LM 曲線波動幅度大於 IS 曲線波動幅度，央行採取釘住利率政策（$r = r_1$，LM 曲線成為水平線），所得波動範圍僅有 $y_1 y_2$；央行採取釘住貨幣數量政策，所得波動範圍則為 $y_3 y_4$。前者顯然小於後者，故以採取釘住利率政策為宜。

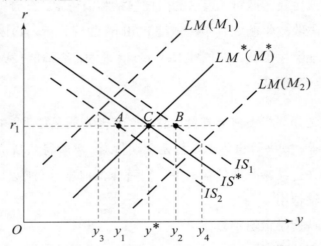

(b)當體系面臨貨幣面干擾小於實質面干擾時，代表 LM 曲線波動幅度小於 IS 曲線波動幅度，央行採取釘住利率政策（$r = r_1$，LM 曲線成為水平線），所得波動範圍為 $y_3 y_4$；央行採取釘住貨幣數量政策，所得波動範圍則為 $y_1 y_2$。前者顯然大於後者，故以採取釘住貨幣政策為宜。

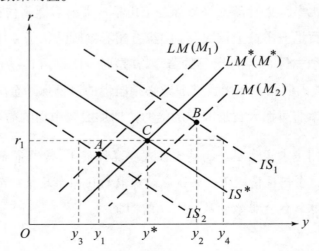

14.試回答下列問題：(1)央行出售 20 億元定存單給台新銀行，兩者的資產負債表將如何變化?央行此舉係為緊縮或放鬆信用?(2)央行調高活期存款準備率，同時又買進 15 億元國庫券，兩種活動是否相互矛盾? 對貨幣供給額與銀行營運有何影響?

 (1)

央行資產負債表	
資產	負債
	準備貨幣　　　　−20 億元
	央行定期存單　　　20 億元

台新銀行資產負債表	
資產	負債
準備金　　　　−20 億元	
央行定期存單　　20 億元	

央行此舉為緊縮信用。

(2)(a)央行調整存款準備率，可能導致有些銀行出現準備不足的現象，是以透過買入國庫券增加銀行體系準備，並無矛盾之處。

(b)央行調整存款準備率屬於全面性收縮動作（貨幣乘數下降），至於公開市場操作金額僅有 15 億元（準備貨幣增加），僅是針對某些準備部位過低的銀行，是以貨幣供給基本上應該是減少。另外，央行調整準備率，將會促使銀行增加提存法定準備，減少放款與投資，全面調整銀行的資產組合。

15.央行採取公開市場操作政策之優點為何? 何謂防禦性操作與動態性操作?

解析 (1)央行採取公開市場操作之優點包括：調整能力較為準確、實施較有彈性、央行具有自主權。

(2)防禦性操作係指央行進行公開市場操作之目的，在於抵銷外來干擾因素對國內貨幣市場之影響。

(3)動態性操作係指央行積極調整準備貨幣數量，達到寬鬆或緊縮貨幣供給目的。

16.面對財政部採取擴張性財政政策,央行採取釘住貨幣數量或釘住利率指標政策,將會造成何種不同影響?

(a)釘住貨幣數量

財政部採取擴張性財政政策,促使 IS 曲線右移,央行採取釘住貨幣數量指標,將維持 LM 曲線不變,結果促使利率與所得上漲。

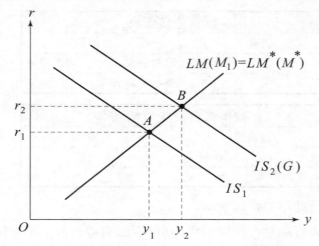

(b)釘住利率指標政策

財政部採取擴張性財政政策,促使 IS 曲線右移,促成利率上漲。當央行採取釘住利率指標時,此即意味著銀根緊縮,央行必須增加貨幣供給,促使利率回到原先水準,LM 曲線將進一步右移,結果促使利率維持不變與所得上漲。

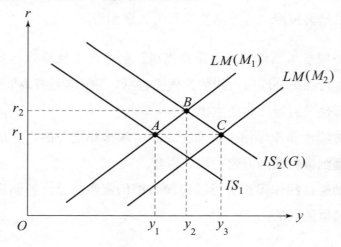

17.試說明央行貼現窗口扮演的功能? 當央行採取調整重貼現率時, 何以僅具有
宣告效果?

解析 央行貼現窗口將提供在央行開立準備金帳戶的銀行, 可利用該窗口
向央行申請短期融通, 其功能包括調整重貼現率、決定重貼現票據資
格與訂定融資限額等。至於央行採取重貼現率政策時, 通常僅具發揮
宣告效果, 透過影響銀行及人們對金融環境預期, 重新評估調整決
策, 進而改變銀行資金成本, 影響貼現融資意願。

18.何謂公開市場操作? 試就下列狀況分析何者為緊縮信用? 何者為放鬆信用?
(a)央行出售 100 億元長期債券。(b)央行出售 100 億元長期債券, 並以所獲的
資金用於清償到期之同額國庫券。(c)央行提高長期利率, 同時降低短期利率。
(d)縮短分期攤還型態放款的清償期限。

解析 (1)央行在公開市場 (貨幣、資本與外匯市場) 買賣證券 (票券或債券)
及外幣, 改變銀行業準備部位而影響貨幣數量與銀行信用數量, 此
即稱為公開市場操作。

(2)(a)此係屬於緊縮信用, 央行出售 100 億元長期債券, 將收回 100 億
元的現金, 造成強力貨幣減少。

(b)此係屬於互換操作, 影響利率期限結構, 貨幣供給並未改變。

(c)此係屬於緊縮信用, 促使長期投資與消費支出下降。

(d)此係屬於緊縮信用, 每期必須攤還本金數額擴大, 造成貸款需求
下降, 放款金額下降。

19.假設央行將出售 100 億元公債的資金,用於清償商銀持有 100 億元到期的央
行儲蓄券, 試說明: (a)央行係執行貨幣政策或財政政策?(b)央行執行該政策,
對貨幣數量與貨幣流通速度造成的影響為何?

解析 (a)此係央行透過公開市場進行互換操作, 維持貨幣數量不變, 故屬於
貨幣政策。

(b)假設央行出售 100 億元公債的對象係商銀, 並用於清償商銀持有
的到期央行儲蓄券, 則僅是商銀資產結構的調整, 對貨幣數量與貨

幣流通速度並無影響。央行出售 100 億元公債的對象若是社會大眾，則在體系內流通的貨幣數量減少，貨幣流通速度將會提高。同時，央行將該資金用於清償商銀持有的到期央行儲蓄券，短期內造成商銀持有的準備上升（無法迅速放款），對貨幣供給將造成緊縮現象。

20.試說明央行從事公開市場操作的類型。其實施將有主動性與消極性之分，兩者差異為何？

解析 央行從事公開市場操作類型主要區分成動態性操作與防禦性操作，前者係由央行在貨幣市場主動操作票券改變銀行持有的準備部位，進而直接改變體系內的貨幣供給。後者係央行追求穩定經濟活動運行，預測干擾銀行準備與貨幣供給的隨機因素，然後在公開市場進行反向操作，消極性的消弭干擾因素以維持銀行準備與貨幣供給不變。

21.何謂貼現放款？決定貼現放款的因素為何？央行經常利用重貼現率政策控制銀行的貼現放款，試問其效果為何？假設央行放棄重貼現率政策，則對貨幣供給將造成何種影響？

(a)貼現放款係指銀行依票據面值預扣利息買入票據，到期收回票據面值的放款。

(b)決定貼現放款的因素包括貼現率高低與提供作為擔保品的票據種類。

(c)央行採取重貼現率政策發揮的效果包括控制貨幣數量、影響利率水準、具有宣告效果。

(d)央行將無法藉由控制對銀行的短期貼現融資，進而達到控制貨幣供給的目的，同時也將喪失扮演最後融通者的角色。

三、計算題

某國的 LM 曲線可表為：$Y = 2,000r + 2(\dfrac{M}{P})$，IS 曲線可表為：$Y = 8,000 - 2,000r + \mu$，$\mu$ 是干擾項，$\mu = \pm 200$。假設物價水準 $P = 1$，自然產出水準為 4,000。金

融當局追求將產出值控制在愈接近 4,000 愈好，而不關心其他目標。金融當局考慮下列兩個政策：(a)釘住貨幣供給 $M = 1,000$，(b)釘住利率 $r = 2$，而讓貨幣數量變動。試計算下列問題：(1)採取釘住利率政策，計算 $\mu = \pm 200$ 時的產出值？(2)金融當局採取何種政策，將可促使產出值趨近於 4,000？

解析 (1)採取釘住貨幣供給 $(M = 1,000)$

$$\left. \begin{aligned} IS &: Y + 2,000r = 8,000 + \mu \\ LM &: Y - 2,000r = 0 \end{aligned} \right\} \rightarrow Y^* = 4,000 + \frac{\mu}{2} \begin{cases} \text{當 } \mu = 200,\ Y^* = 4,100 \\ \text{當 } \mu = -200,\ Y^* = 3,900 \end{cases}$$

採取釘住利率水準 $(r = 2)$

$$\left. \begin{aligned} IS &: Y = 4,000 + \mu \\ LM &: Y - 2M = 2,000 \end{aligned} \right\} \rightarrow \begin{cases} Y^* = 4,000 + \mu \\ M^* = 1,000 + \dfrac{\mu}{2} \end{cases} \begin{cases} \text{當 } \mu = 200,\ Y^* = 4,200 \\ \text{當 } \mu = -200,\ Y^* = 3,800 \end{cases}$$

(2)當經濟干擾因素來自於商品市場 μ 時，金融當局採取釘住貨幣數量造成產出波動幅度只有 $200(4,100 - 3,900)$，將優於釘住利率造成產出波動幅度 $400(4,200 - 3,800)$。

貨幣銀行學——理論與實際　　謝德宗／著

　　本書特色係採取產業經濟學觀點，結合經濟、會計、法律及制度等學門，將金融理論與實際運作融為一爐，以詮釋金融廠商決策行為，讓讀者在品嘗金融機構理論的過程中，直接掌握國內金融業脈動。

新經濟學通典　　林華德、謝德宗／著

　　一般討論經濟學的書籍，不是廣泛運用複雜精深的數學，使有興趣者望而生畏，就是將彼此間的相關性進行切割，導致讀者觀念片斷、缺乏連貫性。因此本書採取某一核心術語為主題，演繹此主題的相關概念，希望能讓讀者完整的了解經濟學的內涵及其發展源流，並提供初學者進入經濟學殿堂的敲門磚。

管理學　　張世佳／著

　　本書係依據技職體系之科大、技術學院及專校學生培育特色所編撰的管理用書，強調管理學術理論與實務應用並重。除了涵蓋各種基本的管理理論外，亦引進目前廣為企業引用的管理新議題，如「知識管理」、「平衡計分卡」及「從 A 到 A⁺」等。透過淺顯易懂的用語及圖列式的條理表達方式，來闡述管理理論要義，使學生能更平易的學習管理知識與精髓。此外，本書配合不同章節內容引用國內知名企業的本土管理個案，使學生在所熟識的企業情境下，研討各種卓越的管理經驗，強化學生實務應用能力。

管理學　　榮泰生／著

　　本書融合了美國著名教科書的精華、最新的研究發現以及作者多年擔任管理顧問的經驗，在撰寫的風格上力求平易近人，使讀者能夠很快地掌握重要觀念；在內容陳述上，做到觀念與實務兼具，使讀者能夠活學活用。除可作為大專院校「企業管理學」、「管理學」的教科書，以及各進階課程的參考書籍，從事實務工作者（包括管理者以及非管理者），也將發現本書是充實管理理論基礎、知識及技術的最佳工具。

行銷管理——觀念活用與實務應用　　李宗儒／編著

　　由國外經驗顯示，行銷學科的發展與個案探討，密不可分，因此本書有系統的整理國內外行銷相關書籍，讓讀者有一系統化的概念，以助其建立行銷架構與應用。同時亦將目前新興的議題融入書中，每一章節以簡單的實務案例作為引言，使讀者可以更清楚章節內介紹的理論觀念；並提出學習目標，在章節後列出思考與討論的題目，使讀者可以前後呼應，更加融會貫通。

當代人力資源管理　　沈介文、陳銘嘉、徐明儀／著

　　本書描述了當代人力資源管理的理論與實務，在內容方面包含三大主題，首先是任何管理者都需要知道的「策略規劃篇」，接著是人力資源管理執行者應該熟悉的「功能執行篇」，以及針對進一步學習者的「精英成長篇」；各主題皆獨立成篇，因此讀者或是教師都可以依據個人需求，決定學習與授課的先後順序；並附上本土之當代個案案例，同時提出思考性的問題，讓讀者融入所學，實為一本兼具嚴謹理論與生動實務的好書。

策略管理　　伍忠賢／著

　　本書作者曾擔任上市公司董事長特助，以及大型食品公司總經理、財務經理，累積數十年經驗，使本書內容跟實務之間零距離。全書內容及所附案例分析，對於準備研究所和 EMBA 入學考試，均能遊刃有餘。以標準化圖表來提綱挈領，採用雜誌行文方式寫作，易讀易記，使你閱讀輕鬆，愛不釋手。並引用著名管理期刊約四百篇之相關文獻，讓你可以深入相關主題，完整吸收。

國際金融理論與實際　　康信鴻／著

　　本書主要介紹國際金融的理論、制度與實際運作情形。在寫作上除強調理論與實際並重，文字敘述力求深入淺出、明瞭易懂，並在資料取材及舉例方面，力求本土化。全書各章均附有內容摘要及習題，以利讀者複習與自我測試，並提供臺灣當前外匯管理制度、國際金融與匯兌之相關法規。本書論述詳實，適合初學國際金融者，也適合企業界人士，深入研讀或隨時查閱之用。

財務管理——理論與實務　　張瑞芳／著

　　財務管理是企業的重心所在，關係經營的成敗；然而財務衍生的金融、資金、倫理等，構成一複雜而艱澀的困難學科。且有鑑於部分原文書及坊間教科書篇幅甚多，內容艱深難以理解，因此本書著重在概念的養成，希望言簡意賅、重點式的提要，能對莘莘學子及工商企業界人士有所助益。

國際財務管理　　伍忠賢／著

　　本書之編寫，以理論為架構，利用圖表之方式，對全球融資之目的、全球企業成長階段、財務組織型態關係、效率市場假說作有系統之介紹；以實務為骨肉，力求與實務零距離，讓你具備全球企業財務專員及財務長所需的基本知識。

商用微積分　　廖世仁、朱元祥／著

　　本書作者根據豐富的教學經驗，將商學院學生認為艱深的微積分觀念，以淺顯易懂的方式加以說明，希望能讓老師易教、學生易學，使學生能打下良好的微積分基礎。同時蒐集相關需要應用微積分的商業實務問題，使學生未來在實務上遭遇需用微積分解決的問題時能更得心應手，從此不再視微積分為畏途。

商用統計學　　顏月珠／著

　　本書除了學理與方法的介紹外，特別重視應用的條件、限制與比較。全書共分十五章，章節分明、字句簡要，所介紹的理論與方法可應用於任何行業，特別是工商企業的經營與管理，不但可作為大專院校的統計學教材、投考研究所的參考用書，亦可作為工商企業及各界人士實際作業的工具。